AF432959

# LA
# VÍA INICIÁTICA II

# SEBASTIÁN VÁZQUEZ

# LA VÍA INICIÁTICA II

## La religiosidad y el camino espiritual

Biblos

Primera edición: junio de 2025

© Sebastián Vázquez
© Editatum
www.editatum.com
www.libros-biblos.com

Diseño de cubierta: © Marta Villarín (EDITATUM)
Maquetación de interior: © EDITATUM
ISBN: 979-13-87539-51-1
Depósito legal: M-10579-2025
Impreso en España–*Printed in Spain*

# Índice

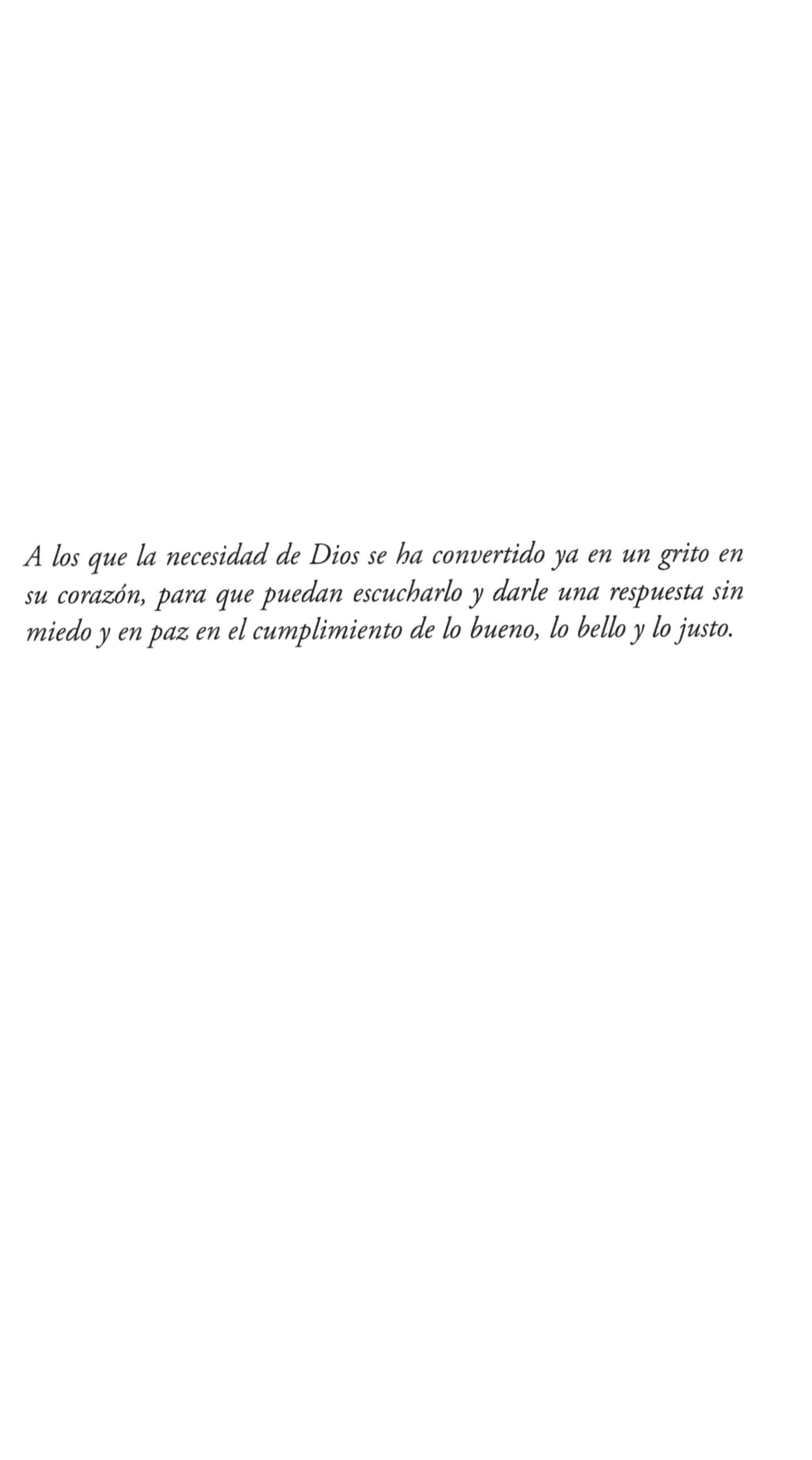

*A los que la necesidad de Dios se ha convertido ya en un grito en su corazón, para que puedan escucharlo y darle una respuesta sin miedo y en paz en el cumplimiento de lo bueno, lo bello y lo justo.*

# Introducción

Esta segunda parte de *La Vía iniciática* vuelve a tomar como referencia textos tomados de mi blog **tradicionoriginal.com.** Al igual que en el primer volumen, muchos artículos han sido reelaborados y otros textos son nuevos y no han sido publicados en el blog. Esta vez he seleccionado algunos textos que son respuesta a preguntas que a lo largo del tiempo me han planteado. Muchas de ellas de nuevo se refieren a doctrinas y creencias difundidas por la *new age,* lo que me hace comprender cómo han podido propagarse, por un lado por medio de una abundante literatura, conferencias y cursos, y por otro lado por la validación sin información o sin crítica de sus postulados y sin conocer su origen o fuentes, posiblemente debido precisamente a que esa numerosa literatura y el aparente elevado número de personas adscritas a su ideario se hayan considerado motivos suficientes para aceptar sus afirmaciones. Tampoco hay que olvidar el hecho de que sus creencias, si bien están pobremente elaboradas, en cambio son muy confortables y atractivas. Sobre la falsedad de este ideario hablé sucintamente en mi libro *La impostura de la nueva era* y en textos del anterior *La Vía iniciática.* En algunos apartados también abordo cuestiones que ya traté en el libro anterior, pero ampliándolas u ofreciendo nuevas perspectivas.

Sin embargo, la confrontación del ideario *new age* con la profunda enseñanza de las religiones tradicionales es la que deja en evidencia su mediocridad y escaso valor frente a la verdadera espiritualidad y el verdadero conocimiento. Por ello he tratado temas presentes en el cristianismo, el islam —especialmente el sufismo—, el budismo o el *advaita vedanta,* tomando como referentes sus grandes textos de sabiduría, sus enseñanzas y sus maestros. Es en las religiones tradicionales donde aparece con más fuerza la *religiosidad,* entendida como la pulsión interior que comienza con la necesidad de Dios y continúa buscando el modo de acercarse a Él: y antes o después se descubre que la vía de acceso es el amor que, como todo amor, espera ser consumado.

Sin embargo, es importante entender que ni la espiritualidad más profunda y activa ni el conocimiento forman parte exclusivamente de un pasado, pues, si así fuera, dejarían de estar conectadas a la vida en este presente; y si algo caracteriza a la verdadera enseñanza es que es viviente y dinámica, capaz de estar conectada a la Verdad inmutable, esa que los egipcios llamaron *Maat,* es decir, a lo Real, y por otro, de ser capaz de adaptarse a la realidad de la humanidad y sus contextos sociales y culturales en el tiempo en el que se manifiesta.

Así que nuevamente comenzamos por el mismo inicio que el anterior libro, por el principio imprescindible para aquellos que tienen una legítima e inexcusable necesidad interior, una verdadera necesidad de Dios que no se conforma con sucedáneos y que ya puede distinguir aquello que emana de la fuente y nutre de lo que no procede de ella y provoca la ignorancia espiritual.

Esta ignorancia espiritual se llama en el hinduismo *adviya* y nace de la ausencia de *buddhi,* es decir, de la inteligencia que tiene la capacidad de distinguir la verdad de lo que no lo es. Pero recordemos que *buddhi* funciona por *resonancia:* solo la luz reconoce la luz.

# El patrimonio de las religiones

## El concepto esotérico

Antes de abordar enseñanzas de las principales religiones, creo que es necesario poner el término esotérico en su contexto histórico, pues hoy es una palabra utilizada para definir y mostrar elementos doctrinales e ideológicos que originalmente no tenía y que le son ajenos.

Esta palabra en griego significa 'reservado' y proviene de la escuela pitagórica. En realidad, se refiere principalmente a la enseñanza de las religiones mistéricas, que eran principalmente orales y que no se divulgaban fuera del círculo de los fieles que accedían a ellas. Por otro lado, las principales religiones también poseen su propio *esoteros,* partiendo de la idea transmitida durante generaciones de que hay en ellas, además de unas enseñanzas y una praxis general, un nivel de conocimiento diferente más elevado y de acceso restringido. Un ejemplo es el sufismo, nacido en el marco del islam. Si la práctica del fiel musulmán se centra cotidianamente en las oraciones diarias, el sufismo añade otras prácticas como la de la *hadra* o recitaciones de los 99 nombres de Alá, además de incorporar enseñanzas que no están presentes ni en el Corán ni el los hadices del Profeta. Algo similar ocurriría con el llamado cristianismo gnóstico y sus enseñanzas y prácticas.

Si una religión muestra sus doctrinas y ritos abiertamente, y además abre las puertas a nuevos fieles divulgando sus enseñanzas, las religiones mistéricas solo las abren a los que acuden a ellas voluntariamente, además de que no difunden al exterior sus doctrinas salvo a través de alegorías o símbolos cuyas claves de interpretación están en manos de pocos. Es común que, como ocurrió en ciertas épocas, se divulgaran códigos falsos, que tenían la intención de confundir a los que se acercaban a estos grupos solo por curiosidad o con la pretensión de acceder a sus *misterios*. Un ejemplo clásico de *esoteros* fueron los famosos ritos de Eleusis, en los que los participantes debían guardar silencio sobre «lo que oían, veían y entendían» durante su celebración.

## El concepto iniciático

Podemos encontrar el origen de este concepto rastreando hasta el Antiguo Egipto. Se refiere a la revolucionaria idea de que *es posible acelerar los procesos de despertar espiritual*. En toda criatura viviente está inserta la ley de la evolución, primero en el marco de la realización de una función específica y, luego, una vez alcanzada la excelencia en ese cumplimiento, en la emergencia de la aspiración a alcanzar niveles evolutivos superiores. Todo ello está presente en el marco de la ley de la evolución que los egipcios representaron en la forma del escarabajo Kephri, llamado «aquel que es capaz de llegar a ser». Sin embargo, esa acción evolutiva de modo natural es lenta, pues está presente y dividida en gran cantidad de inteligencias vegetativas que, muchas veces, no actúan ni a la vez ni de modo homogéneo, pues precisamente son interferidas por la propia consciencia humana aún inmadura.

Sin embargo, el ser humano ya llega a la carne con esa consciencia de sí mismo individualizada, es decir, con la capacidad de actuar más allá del marco de lo vegetativo. Hay que entender como vegetativas las inteligencias que están asociadas a la vida y sus leyes, por lo que tienen la cualidad adaptativa que las singulariza, en tanto poseen la capacidad de interactuar y reaccionar entre ellas siempre que participen de la vida; al contrario de las leyes mecánicas, que operan sin adaptación ni interactuación con el medio sobre el que actúan.

Al tomar consciencia de sí mismo, primero como entidad espiritual, y entendiendo después que está inmerso en ese algo llamado *vida* que tiene sus propias leyes, puede aparecer en él la *necesidad de Dios,* que suele ser percibida también como una añoranza y separación de un origen al que pertenece. A su vez, el individuo puede comenzar a darse cuenta de que, de modo simultáneo, *vive* como *es vivido.* Dado que su naturaleza es especialmente reactiva, *vive* como sujeto activo y actor de una acción que es producto de una reacción previa; y *es vivido* como sujeto pasivo y receptor del resultado y efecto de esa acción que, a su vez, provocará una nueva reacción, y así en un circuito en el que se entrelazan, como formando un tejido, un sinfín de acciones-reacciones que, por su complejidad y velocidad, no son perceptibles en tanto estamos inmersos en su dinámica. Es un tejido vital que, a partir de la condición de reactividad mutua entre las diferentes urdimbres, une y activa todo lo creado.

A partir de entonces, y desde esa misma necesidad que llega a la consciencia, se ponen en marcha mecanismos *iniciáticos,* o sea, de aceleración. Esa primera aceleración da origen a un encuentro bien con la Vía, bien con un Maestro, bien con ambos. Y ese es el inicio, que significa que para esa persona comienza un camino. Para que ese camino sea real, es decir, que actúe, que sea funcional y ejecutivo, es imprescindible que en él esté presente la Gracia. Podemos entender como Gracia esa fuerza espiritual que dinamiza y acelera el crecimiento en Dios, pues actúa como un *alimento* susceptible de nutrir y, por tanto, fortalecer y hacer crecer el espíritu que es y habita en el ser humano.

La Gracia sería una suerte de enzima, de catalizador del metabolismo espiritual que actúa como un acelerante. Es la Vía, el Maestro, o ambos, quien procura esa aportación y conexión, si bien siempre está detrás la mano de Dios. Por parte del aspirante son su necesidad y sinceridad las que *llaman a la puerta del proceso.*

Esa necesidad y sinceridad son prueba de un corazón que, no estando aún ni vacío ni purificado, sin embargo ya es capaz de comenzar a recibir la Gracia y *despertar la semilla de luz* que duerme latente en su corazón y que crecerá a lo largo del camino. Necesita para recorrerlo abandono, confianza, coraje, disciplina, comprensión, paciencia... No es un camino fácil, si bien es sumamente sencillo, lo cual, paradójicamente, acentúa su dificultad.

Por otra parte, requiere la relativización de los sistemas de creencias que el candidato tenga, especialmente de aquellos que sean limitadores a la hora de que la inteligencia *se abra* a unirse a la consciencia. Cuantos más contenidos mentales, más límites. Lo primero es alcanzar un estado mental de «no sé», desde la perspectiva de que va desapareciendo cualquier tipo de seguridad respecto a lo que la mente ha construido con los saberes prestados, la propia imaginación, y sus propios y necesarios recursos naturales a la hora de proponer pensamientos que puedan ofrecer las mejores condiciones de confort y seguridad.

Durante el camino, se sucederán diversas etapas de crecimiento que llevarán a ciertas estancias, estaciones, o estados[1]. En esas estancias se van alcanzando determinados frutos, cuyo valor primario es seguir fortaleciendo al individuo y ayudarlo a crecer,

---

1. Como estancias las definió santa Teresa. Como estaciones, *maqam,* las definió el sufismo. Como estados las definió el budismo.

para luego, si Dios así lo quiere, poner esos frutos al servicio del prójimo y de la vida. Pero, dado que la mente es una de las últimas conquistas, por la necesidad de su presencia constante en el mundo, durante mucho tiempo de las etapas del recorrido ella no forma parte de este. Ese recorrido va desde el corazón a la consciencia, pues todo inicio de un trabajo espiritual verdadero comienza en el corazón. En realidad, es un mecanismo de seguridad, pues la mente, en su condición natural, trataría de encontrar razones, significados, asociaciones, etc. a algo a lo que no alcanza, y para ello recurriría a la imaginación o a la fantasía, lo cual solo sería un obstáculo. En realidad, la intervención de la mente en el proceso ralentizaría lo que se ha conseguido en la aceleración. Por eso en el trabajo iniciático están presentes corazón y consciencia, y lo que luego llega a la mente es el fruto obtenido. Es solo entonces cuando esta ya puede participar del proceso.

Esta idea de iniciación está presente en las religiones tradicionales, en las que muchas personas han buscado el modo de avanzar lo más rápidamente posible en su camino de acercamiento a Dios. Al poco, averiguan que, en realidad, consiste en ponerse en las condiciones correctas para que Dios te encuentre: la luz solo identifica la luz; si brillas podrás ser reconocido. El fuego que es el alma se transforma en hoguera con el alimento de la Gracia que actúa, valga el símil, como combustible.

Los monjes budistas meditan, los hesicastas oran, los sufíes celebran la *hadra,* las hermanas de santa Teresa se esmeraban en encontrar a Dios entre los pucheros, y los renunciantes de la India cubren sus cuerpos de cenizas y recitan mantras. Son distintas formas de buscar la aceleración del proceso desde sus propios credos, aunque es evidente que, para todos ellos, la experiencia, la praxis, constituía la piedra angular: de la experiencia a la comprensión y de la comprensión al conocimiento. No se puede alterar el proceso.

Los antiguos egipcios, un pueblo práctico, desarrolló y codificó la iniciación, entendida como una *tecnología* diseñada con el fin de proveer los medios para esa aceleración. Si bien hoy el proceso es más eficaz y seguro, a partir de las sucesivas aceleraciones que aportaron los grandes maestros como Buda, Jesús o Mohamed, las bases y premisas son iguales entonces que ahora, pues el ser humano, entendido como un *templo que vive,* mantiene el mismo diseño, está constituido del mismo modo y a partir de la misma sustancia, y participa de las mismas leyes desde hace miles de años. Sin embargo, los instrumentos y herramientas *espirituales* de las que dispone y, gracias a esos *maestros aceleradores,* son hoy más útiles y específicos, bien porque optimizan los que ya se utilizaban, bien porque han aportado otros nuevos más eficaces. Y, como siempre, la higuera ha de dar fruto, si no todo queda simplemente en palabras o en elucubraciones estériles.

Como tantas veces se ha dicho, en las religiones clásicas provenientes de una fuente espiritual y de conocimiento viva es donde podemos encontrar enseñanzas de un valor enorme, sobre todo si somos capaces de liberar estas religiones de prejuicios y discernir correctamente qué es aquello que postulan como fruto de la actividad humana y de la dinámica de la historia, de lo que pertenece a una verdadera enseñanza espiritual que trasciende y está más allá del tiempo o de los préstamos coyunturales de esta o aquella cultura con la que se asocia. De este modo, los textos que siguen procuran situar precisamente tanto contextos históricos y culturales como mostrar sus valiosas enseñanzas. Sean del cristianismo, del *advaita vedanta,* del sufismo o del zen, lo cierto es que en todas estas vías espirituales se conserva un patrimonio de sabiduría y de experiencia espiritual excepcional. Sin embargo, es importante separar aquello que, como se ha señalado, pertenece a la cultura, a la historia o a la intervención humana en lo que se refiere a la *construcción* de una religión y que debe ser superado, ya que en realidad forman un lastre ideológico que al final se convierte en un muro que impide acceder a la belleza espiritual y a la enseñanza que contienen.

## Consciencia, ser y *advaita vedanta*

Tanto desde la fisiología como desde la piscología a la filosofía, la consciencia humana sigue significando un desafío por todas las preguntas que plantea aún sin respuestas claras: ¿tiene una sede física?, ¿qué vínculo tiene con la mente o es independiente de ella?, ¿tiene funciones específicas? Y si es así, ¿cuáles son?, ¿es modificable? Y si es así, ¿qué la modifica?, ¿es la conciencia el fruto y consecuencia de algo o es fuente y origen?, ¿cuál es su origen, si lo tiene? Las preguntas se multiplican.

Sin embargo, parece que sí se puede afirmar que en la consciencia de sí mismo está la individualidad y que esa consciencia es el punto de partida del conocimiento tanto del mundo como de uno mismo; es decir, podemos deducir que sin consciencia ni hay identidad personal ni hay conocimiento.

Leemos en el diccionario la definición de *consciencia:* «Conocimiento inmediato y espontáneo que el sujeto tiene de sí mismo, de sus actos y reflexiones». También: «Capacidad de algunos seres vivos de reconocer la realidad circundante y de relacionarse con ella». Y pone como ejemplos explicativos: «Perdió la consciencia de lo que estaba pasando» o «El coma consiste en la pérdida total de la consciencia». Durante el sueño, cualquier ser humano vive cotidianamente el *apagado* de su consciencia, que recupera al salir de ese estado. Aún hoy no está claro para la ciencia cuáles son los factores que provocan el sueño en términos fisiológicos, ni tampoco la razón por la que el necesario y renovador reposo biológico lleva asociado la pérdida de la consciencia. Nuevas preguntas: ¿qué hace que se pierda la consciencia?, ¿por qué esa consciencia no es permanente?, ¿está la consciencia limitada y condicionada por la estructura biológica?, ¿lo está también por la mente?

Por otra parte, bien se sabe que ciertas sustancias son susceptibles de alterar y modificar la percepción, y que ello afecta a la consciencia, por lo que se deduce que esta, o una parte de ella, sí está en relación con el cuerpo, con la percepción sensorial, y también con la mente y su actividad, incluso si esta es ilusoria, como ocurre cuando está bajo la acción y el efecto de psicotrópicos.

Por tanto, parece que la consciencia tiene tanto un vínculo con la mente y sus actividades como con el cuerpo físico y las suyas, si bien queda por dilucidar si la consciencia es anterior y está en el origen de la actividad de mente y cuerpo.

Y la última pregunta enormemente importante: ¿está la consciencia asociada a la dimensión trascendente del ser humano?

En castellano, tanto *conciencia* como *consciencia* pueden ser sinónimos, aunque el diccionario atribuye a la conciencia la facultad de distinción entre el bien y el mal, entendida esta como una capacidad superior propia de los seres humanos y vinculada a su libre albedrío y a su posibilidad de elección; es decir, representa una función más elevada. De hecho, es un salto enorme respecto a las reacciones instintivas básicas que obedecen al principio de supervivencia.

## No dualidad

Como tantas veces se ha dicho, el *advaita vedanta* es posiblemente la cumbre más elevada del pensamiento humano. Eso se debe a que, en el contexto de una filosofía profunda y de gran impacto para el intelecto, se encuentra también una espiritualidad de enorme valor que conmueve por la resonancia interior que provoca: esa resonancia se refiere a cuando aparece la percepción del Uno.

Por ello, merece la pena repasar algunos de los postulados principales del *advaita vedanta,* término que significa «no dualidad». Para ello intentaré hacer un resumen comprensible a partir de mi propia comprensión.

Desde la perspectiva *advaita vedanta* se entiende que:

- La criatura humana está disociada, es múltiple y obedece a distintas fuerzas que la gobiernan y la mueven. A veces lo es por la mente y sus contenidos; otras por las emociones bien las gratificantes o las que provocan sufrimiento; otras por la búsqueda del placer y la huida del dolor; otras obedece a la acción del miedo. Sin embargo, el Ser, lo Real, es Uno y, por tanto, inafectable e inmutable respecto a lo anterior.
- No hay una separación entre el Ser y *Eso.*
- Desde la perspectiva *advaita* solo existe una Realidad, que es *Eso,* lo demás es exclusivamente fenoménico, impermanente, irreal e ilusorio. Esa ilusión se llama *maya.*
- El yo-ego surge como un producto de la actividad y movimiento en *maya* de mente, emociones, sensorialidad e impulsos vegetativos asociados a la supervivencia.
- La persona, al nacer, e inmersa en el mundo sensorial fenoménico, construye y desarrolla por medio de la *identificación de la consciencia con el cuerpo y con la mente junto a las actividades de ambos* una entidad que es el yo-ego. La consciencia

por medio de esa identificación queda entonces anclada y al servicio del yo-ego.

- La entidad resultante yo-ego es un producto que, por su propio devenir e inmersa esa identidad en la dinámica de la existencia, desvincula su consciencia de la consciencia del Ser y queda atada al yo-ego por su identificación con el cuerpo y sus demandas, y con los contenidos y actividad de su mente.

- Sin embargo, el *advaita* afirma que el Ser es consciente de Sí mismo, por lo que se puede deducir que sí existe un vínculo entre Ser y Consciencia.

- Se define como *Eso* la Realidad-Verdad omnisciente. *Eso* carece de atributos asimilables al concepto individualizado de persona y es por su propia naturaleza incognoscible, pues carece de acceso para la mente humana en tanto esta tiene su actividad en *maya.*

- *Eso* puede ser asimilado a la presencia de una Consciencia en la que están inmersas las consciencias individuales. Dice el *Yoga Vasisthasara:* «Del mismo modo que el océano es agua, el mundo y su contenido no es otra cosa que consciencia que llena el vacío infinito».

- *Eso* es Consciencia que, como un océano, contiene y siempre ha contenido la consciencia del Ser.

- El Ser es esa Realidad presente en el ser humano al que no condiciona ni afecta *maya.* El Ser solo *es.* En ese producto llamado yo-ego, las cosas ocurren al margen de su voluntad y volición. El yo-ego está inmerso en la gigantesca y dinámica corriente de *maya,* que discurre como un río que lo conduce de un lado a otro: del placer al dolor, de la abundancia a la carencia, de la calma a la agitación, de la salud a la enfermedad, etc. La voluntad y volición de la criatura humana solo actúan en un muy estrecho marco; el principal, pero muy importante, es el de la conciencia, que permite discernir lo correcto de lo incorrecto.

- *Maya* se muestra con dos grandes ilusiones: la primera es que el ser humano tiene el control sobre la dinámica de *maya,* de *lo que ocurre;* la otra ilusión es la de la división: *maya* muestra al Uno-Todo como una infinita y continua división y separación.

- *Maya* tiene otro poder llamado *mithya,* que consiste en cubrir la Realidad por medio de apariencias que a su vez esconden otras apariencias. Sin embargo, el despertar del Ser lleva a descubrir esas apariencias a partir de las desidentificaciones de la consciencia de sí mismo respecto al cuerpo, las emociones, los contenidos de la mente y sus respectivas actividades.

- La consciencia, superada su identificación con mente y cuerpo, entiende qué genera y a partir de qué materiales se construye el producto llamado ego-yo. Entiende también que ese producto que es el yo-ego es efímero y contingente.

- Dijo una vez Nisargadatta, uno de los grandes maestros *advaita* contemporáneos, a un interlocutor: «¿Usted cree que Dios le conoce? Él no conoce ni siquiera el mundo». Esta impactante afirmación hay que entenderla en el contexto de la enseñanza *advaita,* es decir, Dios ni conoce ni reconoce al yo-ego, pues es fruto de *maya,* únicamente conoce y reconoce al Ser; y tampoco conoce el mundo como fruto y acción de *maya;* Dios es Realidad.

- Solo cuando se diluye la identificación de la consciencia con el cuerpo y la mente y sus actividades aparece la consciencia del Ser. Así se producirá la fusión con el Uno.

- El individuo, antes de alcanzar la consciencia de Ser —en el hinduismo se llama *atman* al Ser—, ha de alcanzar su consciencia individual, llamada *jiva.* Solo entonces, habiendo alcanzado la consciencia individualizada ya libre de todas las influencias, préstamos, deudas y añadidos ajenos que haya incorporado tanto mentales, sensoriales como afectivos, podrá fundirse, ya purificada, en la Consciencia que es *Eso*.

- La práctica del *advaita* consiste en la permanente desidentificación con las ideas y creencias que el ser humano pueda tener —el Ser carece de ellas— y el desapego a las cosas que necesite utilizar —el Ser está libre de ellas—. De este modo, su consciencia deja de fragmentarse y podrá regresar al Uno de donde procede. El ser humano, en tanto inmerso en la dinámica de la vida, tiene indefectiblemente una mente especializada en dividir para conocer y elegir, y activada con sus propios contenidos de creencias e ideaciones; sin embargo, la clave está en la no identificación con esos contenidos, es decir, entender si son adquiridos o no en *maya,* y por tanto contingentes. Lo mismo ocurre con la identificación con el propio cuerpo con sus necesidades, deseos y limitaciones.

- A su vez, el practicante del *advaita* se esmera en tres disciplinas:
  - *Karma kanda,* que se refiere a la acción correcta que está siempre en *el camino del medio.* El objetivo es llevar la consciencia a la acción.
  - *Upasana kanda,* que se refiere a la actividad del cuerpo y de la mente procurando su mejor cuidado y correcto uso. El yoga y la meditación pertenecen a esta práctica. El objetivo es llevar la consciencia a mente y cuerpo.
  - *Gnyana kanda,* que se refiere a reconocer primero y acceder después a las fuentes del conocimiento. También se entiende que el verdadero conocimiento no depende ni de la voluntad ni del esfuerzo, si el que lo busca lo hace en donde no está o se encuentra alejado de él, sino que el acceso al conocimiento depende del acercamiento

a sus fuentes para impregnarse del mismo. Una fuente es el Maestro, otra la Enseñanza. El objetivo es encontrar y recorrer el camino que va desde la consciencia del yo-ego a la consciencia del Ser.

- La consciencia no es mente ni cerebro. La mente es un instrumento de la consciencia y el cerebro es un instrumento de la mente.

- Si la mente divide para saber, la consciencia unifica para conocer. Sus formas de acceso son diferentes: el saber procura distancia, el conocer se produce a partir de la penetración en el objeto de conocimiento. De ahí el aforismo propio del *advaita vedanta*: yo soy *Eso*.

- La consciencia pertenece al Ser; la mente, al yo-ego. Por tanto, el yo-ego ha de estar al servicio del Ser. Toda actividad del yo-ego alejado de la consciencia del Ser alimenta y acrecienta *maya*.

- La interacción del yo-ego con la dinámica de la existencia genera *maya* y lo incrementa. De este modo, la mayoría de lo que el ser humano *produce* y cuyo origen está en *maya* lo alimenta y perpetua, y quedará en *maya*.

- En el *advaita* hay un concepto muy importante: el testigo. Este concepto se refiere a que el Ser no involucrado ni afectado por el devenir —*por lo que ocurre*— en *maya*, sin embargo puede llegar a ser testigo de ese devenir y contemplarlo en tanto no hay ya afectación. Cuanta más presencia y desafecto hay en el testigo, más se expande su mirada e incrementa su comprensión, y más se aleja de la dinámica de *maya*, que cada vez le es más ajena y menos perturbadora. De este modo, su *inmersión* en *maya* es consciente, a la vez que va desapareciendo de él la afectación a partir de una paulatina desidentificación con respecto a *lo que ocurre*.

- Dijo Ramana Maharsi: «¿Por qué te preocupas? Deja que lo que viene venga, y que lo que se va se vaya». «Los pensamientos vienen y van, las emociones vienen y van; encuentra aquello que permanece».

- También dijo Ramana: «Usted es consciencia. Dado que usted es consciencia no tiene necesidad de llegar a ella o cultivarla. Lo único que ha de hacer es dejar de identificarse con las cosas que pertenecen al no–ser».

- Ramana define como no–ser aquello que forma parte y procede del yo–ego, que, por origen, se forma y es un producto de *maya;* por tanto no es, solo existe.

- El *advaita* invita a la comprensión de la diferencia entre Ser y existencia. Lo que es puede existir o no; lo que existe puede pertenecer al Ser o no. El ser humano, compuesto de Ser y de un yo–ego, es (Ser) y *existe* (yo–ego). Una silla existe, pero no *es*. Del mismo modo, cualquier ideación humana existe, pero no es. La identificación con los contenidos de la mente que existen, pero no son, es uno de los principales obstáculos para la realización del Ser.

- Todo lo anterior nos lleva a preguntarnos: ¿somos nosotros como criaturas el origen y la fuente de la consciencia o es la consciencia la fuente de lo que somos?, ¿es mi consciencia una en la consciencia de Dios?, ¿Dios y Consciencia son Uno?

- La otra gran enseñanza del *advaita* es que cuerpo, mente, ego y emociones pueden servir como instrumentos de acceso a la consciencia del Ser si se les desprovee de su poder limitador cuando están al servicio del yo–ego. La tarea consiste en que dejen de ser exclusivamente instrumentos del yo–ego y pasen a ser activados por la consciencia. El inicio de esa activación comienza en la mente, cuando esta ya discierne entre yo–ego y Ser y opta por el Ser. Entonces el cuerpo será instrumento y templo de la vida; la mente, sede de la inteligencia;

el yo–ego, un vestido útil para el Ser; las emociones, sendas que purificadas conduzcan a la única emoción: el éxtasis en el amor.

- Sí, en el *advaita,* detrás de su aparentemente fría filosofía, está presente el amor, que se muestra bajo los aspectos de la paz, la felicidad, el gozo, la luz o la liberación. Y sí, Dios está presente.

Ramana Maharsi también dijo:

«Dios, que es inmanente, se compadece en su Gracia del devoto y se le manifiesta en concordancia a su grado de evolución».
«Dios ilumina la mente y así ve en ella. Es el Corazón el que ilumina la mente».
«El universo no es nada sin la mente y la mente no es nada sin el Corazón».
«Todo el universo está en el cuerpo y todo el cuerpo está en el Corazón; por tanto, todo el universo está en el Corazón».

## El ser y eso

La primera premisa de que no hay distancia entre el Ser y *Eso* produce una enorme sacudida mental y parece que contradice los postulados de diferentes religiones, que proponen precisamente un camino para el encuentro con Dios. Sin embargo, desde mi punto de vista no hay contradicción, ya que el camino que emprende el ego-yo es hacia el Ser que Es, y ese Ser es Uno con Dios o con *Eso,* como define el *advaita* a esa Realidad última a la que el hinduismo llama también Brahman.

Sin embargo, aparecen con contundencia una serie de preguntas: ¿cuál es el origen de *maya?*, ¿por qué existe *maya?*

Lo primero que hay que decir es que *maya* es un *espejo* que refleja la realidad inmóvil y pasiva de modo móvil y dinámico, otorgando a esa Realidad los factores de tiempo y espacio que, como un marco, limitan y contienen ese reflejo. Pero esa imagen, en sí misma, es solo eso, una imagen, carece de identidad y de autonomía. A su vez, la percepción sensorial e intelectiva humanas, siempre limitadas, distorsiona esa imagen. Podemos así imaginar a un pez que se pregunta qué es el agua que no percibe, aunque está inmerso en ella: la Realidad está en todas partes.

En cuanto al origen de *maya,* lo encontramos en el misterio del paso del Uno a la dualidad; *maya* es ese *dos* que da origen a la expansión de la multiplicidad. Este paso que da el Uno hacia la multiplicidad se ha intentado explicar desde distintas religiones y filosofías: desde la necesidad de dar respuesta a la propia y natural expansión por parte del Uno como una forma de expresión de autoconocimiento al deseo de contemplarse a Sí mismo como un acto propio y consustancial a la Consciencia, o por la propia emanación de la Consciencia, cuya aparición genera a su vez un vacío, dando así origen a la dualidad de presencia y ausencia. Pero no hay dos ni tres sin el uno. No hay tú y él sin el yo: primero es el uno y el yo, luego surge lo demás que está contenido en ellos. El dos, el tres, etc. están contenidos en el Uno; el tú, él, ellos... están contenidos en el yo. En cuanto al tiempo, ayer y mañana existen porque existe el hoy: por el presente. Y la consciencia solo conoce el presente, el ayer y el mañana solo están en la mente, pertenecen a *maya.*

A su vez, *maya* no es solo un espejo, está formada por una sucesión de espejos. Sin embargo, la inteligencia humana —una manifestación de la consciencia— es susceptible de percibir por afectación a *mahat,* un término que define en el hinduismo a la Inteligencia Cósmica detrás de la cual está el origen del diseño de *maya.* Esto implica que *maya* ni es caótica, ni en ella tiene cabida el azar, ni carece de significados, pues está *creada* por la Inteligencia Cósmica y obedece a sus leyes.

¿Es el mundo resultado de una única energía versátil consciente a la que la mente proporciona unas formas que percibe como una multiplicidad? ¿Esa energía consciente emana de la única Consciencia?

Pero es importante destacar que *maya* no tiene poder para perturbar la inmensidad, ni la calma, ni la omnisciencia de *Eso* inconmensurable y eterno en cuyo vacío se gesta la creación y de cuyo silencio brota el verbo.

Pero *maya* tiene poder sobre el ser humano. Lo perturba por su dinámica que este tanto teme como no comprende. Lo anestesia y le provoca falsas ilusiones que persigue: yo hago, yo opino, yo proyecto, yo creo, yo sé... Lo aleja de la acción correcta ante la preferencia a dar prioridad a la satisfacción de deseos, logro de placeres, huida del conflicto y el dolor... Lo provoca pereza mental e ignorancia espiritual. Lo provoca separación respecto al otro y frente a sí mismo, dando de este modo origen al sufrimiento.

Dijo Ramana:

> «La dificultad que tiene el hombre es que piensa que él es el hacedor, pero es el poder superior el que hace todo. Cuando el hombre acepta esto, es libre».

Salir poco a poco de la ilusión de *maya* se parece a un despertar del estado de dormido. Es entonces cuando *maya* empieza a parecerse a un sueño en lo personal y a un *juego*, llamado *lilah*, en lo colectivo, entendido este juego como una gran obra de teatro en la que unos desempeñan su papel sin saberlo y otros, una minoría, lo hacen sabiendo que solo son actores: son conscientes de que su personaje solo existe, y tiene valor y significado cuando la obra es representada, una obra que sigue un libreto, un libreto escrito por alguien, un libreto originado en el propósito de una inteligencia: no hay caos, no hay azar, pero la criatura sumida en *maya* no lo ve y mira en dirección opuesta al origen, a la causa.

A partir de un punto, el *advaita vedanta* no intenta explicar lo inexplicable, el misterio está presente y no hay respuesta para todo: sería preciso hacer las preguntas correctas que provocasen las respuestas correctas y no es fácil si esas preguntas proceden de premisas falsas.

La Consciencia Omnisciente y su Inteligencia solo son accesibles, y en muy raras ocasiones, a través de la experiencia de acceso de la propia consciencia al Ser que permite el vislumbre de la Realidad. Dado que toda definición o explicación requiere de referentes más o menos reconocibles, sucede que dicha experiencia carece de referentes, pues precisamente el *estado de Ser* no se asienta en referentes de ningún tipo: está libre de ellos, pues simplemente esos referentes pertenecen a *lo que ocurre: maya* es un sueño en el que el ser humano sueña en él.

Pero el paso del yo al Ser es posible. El paso del sueño al despertar es posible. Fundirse en el Uno es posible. Eso nos enseñaron los Maestros y nos mostraron el cómo. Benditos sean.


## El Uno: Plotino y el neoplatonismo

El concepto de Uno también aparece en la filosofía de Occidente. Para ello es necesario acudir a Plotino (siglo III), egipcio de nacimiento pero de educación y cultura helénica. Está considerado el máximo representante del neoplatonismo y el que más claro expone la idea del Uno, una idea que influirá enormemente en el desarrollo posterior de muchas corrientes de pensamiento, incluidas la cristiana, la judía y la islámica. Las ideas de Plotino, que en realidad es un continuador de una filosofía muy antigua, toman forma tanto en el hermetismo alejandrino antiguo como luego en el hermetismo del Renacimiento. También se percibe su influencia en la cábala y en gran parte de las enseñanzas de esoterismo europeo de corte cristiano, en este caso principalmente en lo referido a la idea de las emanaciones.

A su vez aborda también el concepto de alma, tomando indudables referencias aristotélicas, pero con aportaciones de ese neoplatonismo en el que está muy presente el *esoteros* pitagórico, aunque también aparecen en su obra muchos conceptos de la cosmogonía egipcia, sobre todo de la heliopolitana. Se conservan de Plotino las *Enéadas,* seis textos de nueve tratados cada uno en los que expone su pensamiento. Fueron recopiladas por su discípulo Porfirio. Estos textos son dados a conocer sobre todo a través de san Agustín, el gran creador de la cosmovisión cristiana que nace de su enorme altura como filósofo y teólogo.

La influencia del *esoteros,* tanto pitagórico como egipcio, posiblemente se deba a las enseñanzas del que fuera el maestro de Plotino, el enigmático Amonio Saccas, el filósofo alejandrino, para muchos el verdadero fundador de la filosofía neoplatónica. Se sabe poco de él, salvo que no escribió nunca, que su enseñanza era estrictamente oral y que pedía a sus discípulos secreto. Orígenes, que, recordémoslo, es un pilar fundamental en el pensamiento cristiano, acudió a su escuela y fue seguidor suyo; hoy es considerado el mayor teólogo cristiano, solo por detrás de san Agustín. Otro alumno suyo fue otro Orígenes, llamado «el Pagano», a quien Porfirio en su obra *La vida de Plotino* menciona con respeto. A Amonio *Saccas* se le llamaba «el instruido por Dios». El sobrenombre, *Saccas,* se supone que deriva de su oficio de cargador de sacos en el puerto. Se cree también que nació en familia cristiana, para luego pasar a ser considerado un hereje gnóstico y luego pagano. Sin embargo, es sorprendente que su legado, al menos en parte, cimentase el cristianismo triunfante en una época en la que este se estaba construyendo doctrinal y filosóficamente.

Volviendo a Plotino, este sería un resumen de sus ideas principales.

- Antes de la dinámica y acto de la creación, ese Uno *vivía* en un estado de calma inexpresiva absoluta, siendo suficiente y perfecto en sí mismo y sin ninguna alteración. Pero, por algún motivo misterioso, ese Uno *despierta* como un acto de amor frente a sí mismo, en el que se contempla como en un espejo. A partir de ahí se producen las *emanaciones* (para los pitagóricos esas emanaciones eran secuencias matemáticas y armónicas, de ahí los números que, en realidad, son solo nueve, ya que el diez, la *tetraktys* de Pitágoras, es la perfección del nueve que retorna de nuevo al uno).
- Toda emanación es susceptible de volver a su origen, de retornar al Uno. Toda emanación, según se aleja del Uno, pierde su perfección y la memoria de su origen.
- El Uno, despertándose a través de la toma de conciencia de sí mismo —idea que comparte la doctrina de la creación heliopolitana, en la cual se dice que Atum inicia la creación tomando conciencia de sí mismo—, para contemplarse crea una imagen de sí. Esa imagen ya pierde parte del Todo que caracteriza al Uno y ya no es perfecta.
- Esta imagen, llamada *nous,* es dual. Se expresa como Inteligencia y Espíritu, que, ya alejadas del Uno, no comparten completamente ni su perfección ni su totalidad.
- Ese Espíritu e Inteligencia, al fusionarse, crean el Alma Universal, que es la fuente de la que nacen todas las almas individuales, que, siendo producto de esa emanación del Uno, serían como diferentes aspectos de esa unidad que, por distancia y lejanía de su fuente, no tienen memoria de su

origen ni conservan su perfección. Por tanto, tenemos una estructura trina que emana del Uno: Espíritu, Inteligencia y Alma Universal.

- Las almas utilizan un *vehículo* para acceder a la materia. Es justo ese vehículo el que, también por descendimiento, se convierte en materia. Esta es la razón de la triplicidad del alma: una corpórea (convertida en carne y sangre que ignora su origen); otra mediadora (la que ha provocado el descendimiento y que provocará la ascensión) y la que ha emanado del Alma Universal y que guarda un grado de pureza y de memoria de su origen.

En esa triplicidad que somos están presentes el Espíritu, la Inteligencia y el Alma Universal. La Naturaleza, entendida como conjunto de todo lo Creado (incluido el ser humano), es a su vez un espejo del Alma Universal que contiene, esta vez de forma unificada, toda la Creación que percibimos fragmentada en diversas formas (plantas, animales, etc.). Así mismo nosotros formamos parte de esa fragmentación, cuya unicidad, lo Creado, es a su vez imagen de ese Uno. Sin embargo, es necesario el paso desde las ideaciones meramente intelectuales y especulativas a la experiencia; las primeras son estériles, la experiencia provee de un fruto.

## Kabir y la experiencia

A veces surgen personajes cuyo mensaje espiritual trasciende el marco de las religiones. Este tiene su base casi exclusiva en la experiencia interior. Un ejemplo de ello es Kabir (siglo xv), uno de los más respetados y populares maestros de la India, hoy venerado por musulmanes, hindúes y *sijs*. Posiblemente analfabeto, sin embargo se le reconoce como un poeta místico excelso que no dejó nada escrito, pues sus *Palabras,* en forma de cánticos rimados, fueron recopilados por sus discípulos.

Para Kabir solo existe la relación íntima entre el alma humana y Dios. Para él, seguir el islam o el hinduismo es algo secundario, es indiferente una religión u otra; de hecho, propone una suerte de sincretismo, en una época de fuertes enfrentamientos entre hindúes y musulmanes. También rechaza las escrituras y ritos, y censura a los hipócritas que hacían exposición pública de sus renuncias o mostraban manifestaciones visibles de piedad. Para él era indiferente decir Alá, Rama o cualquier otro nombre. Pero Kabir estaba en contacto con santones hindúes y maestros sufíes, y es contemporáneo del Guru Nanak, el fundador del sijismo, que, como él, predicó la abolición de los ritos, y el amor y devoción al Dios único, antes de que esta religión de los *sijs se militarizara.* En la actualidad Kabir es uno de los santos más venerados del sijismo.

Pero en su mensaje se aprecian rasgos muy identificables, como el que se refiere a la unidad absoluta del Ser: «Se ha vuelto yo aquel al que yo llamaba otro».

Y Dios está cerca siempre y su acceso es la experiencia: «Dios es el aliento de todo cuanto respira». Toda la vida es divina y se abre ante los ojos de quien ha abandonado el yo que lo separa del otro. Kabir caía en éxtasis y ahí le era mostrada la Verdad. Su experiencia era su mensaje, y este se centraba en el viaje de regreso al origen de la unicidad absoluta del Ser.

Sus padres adoptivos fueron musulmanes y en esa fue criado, aunque se cree que su madre era hinduista. Casado, con hijos, el oficio con el que se ganaba el sustento era el de tejedor. Otra revolución en su enseñanza fue que, al igual que le era indiferente la religión de unos u otros, para él tampoco existían ni castas, ni sexo, ni nivel social o intelectual. De este modo se creó muchos enemigos entre musulmanes e hinduistas apegados, a la literalidad y dogmas que no comprendían, pero también ganó el respeto y el cariño de quienes se acercaban a él para participar de su *baraka;* de hecho, a su muerte unos y otros disputaron por su cadáver, y hoy su tumba musulmana y su estela funeraria hindú siguen juntas y son veneradas por miembros de ambas religiones, lo cual es algo verdaderamente insólito.

Una vez recitó:

«No me busques en templos, ni en la mezquita, ni en la Meca, ni donde se encuentran los dioses hinduistas; tampoco estoy en ritos ni ceremonias, ni en el ascetismo, ni en sus renuncias. Si de verdad me buscas, me verás y llegará el momento en que me encuentres».
«Él está en mí, está en ti, al igual que la vida está en cada simiente».

Debemos al premio Nobel Rabindranath Tagore que tradujese al inglés su obra. Así se dio a conocer en Occidente un maestro espiritual de enorme envergadura, que nos legó un mensaje tan profundo y actual como cargado de futuro.

## Éxtasis

Esta experiencia ha sido *descrita* por fieles de distintas religiones como santa Teresa, san Francisco, Rumi o el mencionado Kabir. Sobre ella podemos deducir que se produce cuando la Presencia Divina presente en forma de Gracia *se desborda* de su contenedor, el corazón, y alcanza tanto al cuerpo como a la consciencia, manifestándose como un estado de gozo y beatitud en el que los límites de la sensorialidad ordinaria se difuminan, o incluso se desvanecen, y aparecen entonces los vislumbres de una Realidad en cercanía con la Fuente. Dicha cercanía, a su vez, es la parte principal de la continuidad de la experiencia, en la que se produce una conmoción cuya intensidad está en relación directa con esa cercanía.

Leemos a Teresa de Jesús:

«El alma no se contenta ahora con nada menos que con Dios. El dolor no es corporal, es espiritual, aunque el cuerpo tiene su parte en él. Es un intercambio amoroso tan dulce el que ahora tiene lugar entre el alma y Dios que le pido a Dios en su bondad que haga experimentarlo a cualquiera que pueda pensar que miento».

¿Y si todo se resumiese en la reflexión de otro místico, san Juan de la Cruz?

«Más parece que el secreto de la vida consiste simplemente en aceptarla tal cual es, simplemente aceptarla tal cual es».

## Experiencia y comprensión

Toda comprensión va detrás de la experiencia, solo después aparece el conocimiento.

El conocimiento, siendo integrativo y unificador, da a la experiencia y su comprensión el salto de asimilarlo en un todo coherente más allá del contexto de la propia experiencia. Esta será la vía para acceder a una comprensión que trasciende el mero proceso intelectual.

Cuando la mente ejerce violencia sobre sí misma y se afana en buscar comprensión de algo sobre lo que no hay experiencia, el fruto de esa violencia se transforma o en fantasías producto de la propia mente y sus contenidos, o en préstamos de explicaciones y comprensiones adquiridas de otros.

Pero ni la fantasía ni pseudo comprensiones prestadas carentes de experiencia podrán transformarse en conocimiento. La experiencia está vivificada, pero ni la fantasía ni la comprensión intelectual lo están. Y el conocimiento es siempre viviente, pertenece a la vida.

# Los conflictos y el puente

Pero hay que recordar que en la vida percibida como dualidad siempre está presente el conflicto. Si miramos al ser humano de modo simple, veremos que nace, o como decían los egipcios, llega a la existencia, con tres cosas: una consciencia de sí mismo individualizada, un cuerpo biológico adaptado a la vida y capaz de interactuar con ella, y con aquella chispa divina, esencia espiritual, o como queramos llamarlo, que es su verdadera naturaleza y capaz de, en las condiciones adecuadas, permeabilizarse y llegar a esa individualidad, a esa consciencia y al propio cuerpo físico que, a partir de ello, le aportará, a modo de nutrición, elementos que acelerarán su evolución y crecimiento: crece su individualidad cada vez más asociada a una función y a un servicio, crece su cuerpo en el sentido de que es capaz de absorber más de esa esencia espiritual que luego alcanzará a la consciencia que también crece y que cada vez abarca más integrando opuestos y unificando lo separado.

Por eso, si algo caracteriza al ser humano es su consciencia de sí mismo como ser individual. La otra característica principal es que, asociado a esta, dispone de un libre albedrío que le permite, dentro de límites muy concretos, tener posibilidades de elección. Asociado a esa capacidad de elección y a la propia acción resultante es cuando muchas veces aparece el error, algo propio de la naturaleza humana. Sin embargo, el error sirve magníficamente como factor de aprendizaje. Estas características, propias del ser humano, van de la mano de aquellas otras específicas de su condición animal, de la que procede una parte importante de su constitución orgánica, de su cuerpo bilógico, también en evolución, adaptado a la vida. Dos de ellas son tremendamente poderosas y, en el mundo animal que compartimos, forman los dos pilares en los que se basa su existencia: el impulso sexual

—mediante el cual se garantiza la siguiente generación— y el impulso de supervivencia —que procura la participación en la vida durante el mayor tiempo posible—.

Estos fuertes impulsos de la vida actúan en el ser humano conviviendo con esa consciencia de sí mismo que lleva inserta de modo natural un código ético moral. Los animales matan por comer, por defenderse o por garantizarse el liderazgo de la manada, sin ningún sentimiento asociado, pues cumplen sencillamente la demanda de la vida. Pero en el ser humano eso no es así: una consciencia de sí mismo presenta unos filtros morales innatos que son capaces de actuar por encima de esos impulsos primigenios. Luego el libre albedrío determinará qué acción ejecutar atendiendo a qué factores se priorizan, pues esos filtros morales y éticos procedentes de la evolución humana pueden a veces ser bloqueados para priorizar esos impulsos primigenios habitualmente matizados por aquello que es propio del ser humano: una carga mental ideológica y cultural, y la construcción de un ego más o menos adaptado a los entornos vitales que le rodean. Y todo ello produce dilemas, conflictos, tanto internos como externos. Y, además, en muchas ocasiones, esa carga mental e ideológica se convierte en coartada y justificación para actuar bajo esos impulsos, eliminando los filtros ético-morales, llevando al individuo o a la sociedad hasta la aberración y la barbarie: la historia es testigo de ello, basta ver todos los que han sido asesinados en nombre de ideologías o en nombre de Dios.

Si además metemos en la ecuación que algunas personas tienen una fuerte conciencia asociada al recuerdo de que en realidad su verdadera naturaleza es espiritual todo parece más complejo, cuando la realidad es que todo se simplifica. Esa simplificación se debe al fruto del proceso de identificar la consciencia de sí mismo con ese origen y esencia espiritual que comienza a entender que es. El *yo,* que es un producto, simplemente está, y está porque es necesario y útil como mediador y puente entre el Ser y la Vida.

Cuando esa consciencia espiritual va madurando, se empieza a entender la atemporalidad del Ser, en tanto se percibe la temporalidad de la existencia a partir de su contingencia, y entonces la Vida se muestra como oportunidad y no como desafío; no hay nada que demostrar: el Ser es. Tampoco hay nada que temer: el Ser es.

Y si hay temor, algo natural e inscrito en la parte de nuestra naturaleza animal dentro del código de supervivencia, por decirlo de algún modo, nuestra consciencia tiene herramientas para ser capaz de *ponerlo a un lado*. Y eso mismo vale para todo aquello que pertenece a esa naturaleza animal: *se puede poner a un lado* procurando que no ocupe mucho espacio y que no moleste. Y efectivamente, es un error intentar anular esa naturaleza animal, pues forma parte de nuestra constitución, pero *simplemente* hay que quitarle el poder que pudiera tener frente a la consciencia y su código natural ético moral. Según el relato bíblico, el ser humano comió del Árbol del Bien y del Mal: debería saber distinguir.

Ese *poner al lado* significa también no cargar nuestra naturaleza animal de significados que no posee y a su vez entender que muchos de nuestros condicionantes vitales no son más que respuestas más o menos sofisticadas que tienen que ver con los dos impulsos mencionados: sexo y supervivencia. Desde sentirse guapos y deseados o demandar que se reconozcan nuestros valores o el temor a no tener dinero suficiente, por poner unos ejemplos, son demandas internas que en realidad tienen su raíz en los dos impulsos básicos mencionados: si estoy guapo podré tener más posibilidades de cópula; si se me reconoce la valía en el grupo tendré acceso a los privilegios de la élite dominante; si tengo mucho dinero me dará seguridad de comida, cobijo, defensa y bienestar, etc. Es normal, forma parte de nuestra naturaleza humana. Allí donde hay un *yo* hay conflicto, precisamente por su condición de puente entre una naturaleza y otra.

Gran parte del conflicto humano se debe a que está permanentemente en estado de evolución: por un lado, está su naturaleza animal; por otro, su naturaleza espiritual; en medio, un sistema de paso de una condición a otra, en la cual se encuentra nuestra consciencia, nuestra individualidad, nuestra mente y sus contenidos, nuestras emociones, etc.; es decir, todo ese constructo que llamamos *yo* o ego, y que en realidad es solo *un tiempo y un lugar de paso;* en definitiva, ese yo es solo un puente que debería sernos útil. El tiempo es ese breve periodo que hay entre el nacimiento y la muerte, en el que construimos ese puente que llamamos *yo;* el lugar son los contextos asociados con los entornos culturales, religiosos, sociales o ideológicos que nos han servido para construir las bases de ese *yo.* Es un puente que conduce desde la naturaleza animal hasta la toma de consciencia individual como Ser espiritual.

Pero, una vez construido ese producto llamado *yo,* entendido este constructo como puente evolutivo, este está hecho para cruzarlo. Una vez cruzado, ese puente ya no sirve; además, posiblemente más adelante habrá otros puentes que construir. ¿A dónde nos lleva ese puente? Se intuye que solo cruzándolo es posible saberlo.

Hay un relato budista que dice que Buda comparó la vida con un viaje en barca que cruza un río; una vez alcanzada la otra orilla, la barca ya no sirve y sería insensato cargar con ella ya en tierra.

Vienen también a la memoria muchos relatos mágicos de peregrinos que para cruzar un puente se encontraban con que debían resolver un enigma o entregar una prenda para que les franqueasen el paso, lo cual propone una última pregunta: ¿cómo será el ser humano que haya abandonado la carga del yo y no esté ya en posesión de ninguna prenda que dejar o que no pueda resolver ningún enigma, porque no tiene tampoco una mente capaz de albergar enigmas? O, a lo mejor, lo que ocurre es que por ello desaparecen los que piden prendas o plantean enigmas. Efectivamente, parece todo mucho más fácil sin prendas que cargar y sin complicados enigmas que resolver. Y una de las más pesadas cargas es el de un pasado que se ha solidificado en la mente.

## El peso del pasado

Cuando el pasado se acumula no deja sitio al presente, y menos al futuro, que justo se construye con los materiales del presente, un presente que se ha de construir solo con los materiales del pasado que son útiles y valiosos, lo demás es un estorbo. Llenamos la mente y el corazón de recuerdos del pasado y, si además ese pasado queda idealizado o se le añade fantasía, podemos enfrentarnos a un problema, pues el presente siempre quedará en desventaja ante ese pasado. En cuanto al futuro, será abordado desde el temor de que no se parezca a ese pasado idealizado. Además, esos recuerdos muchas veces representan un peso que se hace insoportable para avanzar en la vida y contamina cada nueva experiencia. Por ello hay un pasado útil y otro inútil. El útil es aquel que se ha convertido en experiencia práctica y sabiduría vital; el inútil es el que ha dejado residuos como rencor, culpa, rabia...; es decir, elementos que a modo de una *basura* que no ha sido eliminada, contaminan y pesan en el corazón y la mente. Tantas veces se ha dicho que el pasado no existe... Es verdad, pero ¿cuántas veces permanece en forma de residuo en la memoria? Sin embargo, lo que es evidente es que sobre el pasado *no se puede actuar,* no se puede volver atrás, y si hay rectificación o perdón, solo es posible en el presente. A menudo acumulamos en la mente recuerdos o ideas inútiles o innecesarias para nuestra realidad presente. Un recuerdo puede ser una bendición o una carga inasumible: no es justo, ni para nosotros ni para los que nos rodean.

Así, en la Vía, siempre en acción, se ha de avanzar ligeros de equipaje y sabiendo que hay reglas. Pero ¿qué reglas?

## ¿Qué reglas seguir?

*«No se hizo el hombre para el sábado si no el sábado para el hombre»*
Jesús de Nazaret

Esta contundente y poderosa frase de Jesús de Nazaret pone de manifiesto la necesidad de incorporar unas cuotas suficientes de libertad interior para que las reglas del mundo no limiten ni subordinen nuestro desarrollo espiritual, y asumiendo, lógicamente, la responsabilidad que ello conlleva tanto en términos de discernimiento como de acción.

Dicho de otro modo: hay que estar atentos a que lo válido no ocupe el lugar de lo verdadero, evitar que lo accesorio prime sobre lo fundamental, intentar que lo que nace de la ignorancia o de la ofuscación no nos gobierne; saber distinguir cuándo se ha de renovar o se ha conservar; cuándo hay que unir y cuándo hay que separar, cuándo hacer o cuándo permitir que las cosas se hagan; saber cuál es el tiempo adecuado para cada tarea y cuál no.

Un ser humano que aspire a un desarrollo interno no puede dejar que haya reglas impuestas que no le permitan ese desarrollo, por tanto ha de conocer de dónde proceden. Da igual que sean las de otros o sean las que nos hemos instalado nosotros mismos. Pero, atención, el reto es hacerlo desde una posición de mayor compromiso moral, de mayor exigencia ética, de una mayor implementación en nuestra vida de valores y virtudes. Es cierto que este precepto es de muy alta exigencia y precisa de la comprensión de la autodisciplina, del ejercicio de saber qué sabemos y qué no sabemos, del control de la autoindulgencia, de la capacidad de apreciación del propio error y de rectificar...; es decir, un nivel de madurez y compromiso elevado. Y, lo más importante, saber cuándo uno debe de someterse a qué reglas o a cuáles no. Como otras veces, el resultado es la prueba: lo que el bien procura.

Todo está regido por leyes y normas: por un lado, las del mundo, unas veces justas y otras, no; por otro lado, las leyes de Dios. En medio, la posibilidad de establecer un código personal con nuestras propias reglas y en armonía con la ley divina. Y, efectivamente, aparece la gran pregunta: ¿qué leyes divinas?

En el ejemplo de la frase de Jesús, él tira por tierra la *ley del sabat,* en el entendimiento de que hay una ley divina superior y que el sometimiento al sábado justo puede representar un obstáculo.

Además, la iluminadora frase de Jesús señala claramente el error que aparece cuando se trastocan los conceptos y se privilegia lo accesorio sobre lo fundamental, lo válido sobre lo verdadero: nunca el sábado, lo que no tiene vida, puede primar sobre el ser humano viviente.


## Perplejidad, rebelión y batallas

Pero, efectivamente, el mundo tiene sus reglas. Por eso a muchos nos ha pasado que, un día, mirando al mundo, caemos en la perplejidad de no saber si nosotros somos un reflejo de él o él un reflejo nuestro, o ambas cosas. Me refiero a un mundo donde están integrados humanidad, demás seres vivientes y planeta.

A veces, esa perplejidad lleva aparejada el poder contemplar cómo el mundo empieza a desplegarse como un paisaje que se amplía y que se abre, descubriendo aspectos que antes nos habían pasado desapercibidos, debido a que se muestran adornados solamente de modestia y sencillez. Como si esa fuera su estrategia para proteger la inocencia que le es propia.

Y en ese mundo, y profundamente vinculado a él, desde hace miles de años habita una criatura llamada humanidad, compuesta por millones de entidades que se perciben disociadas de aquello a lo que pertenecen; disociadas y a menudo en lucha. Esa criatura, humanidad, efímera respecto al órgano que la contiene, la tierra, se ha reproducido ininterrumpidamente hasta alcanzar en esta época un número de individuos nunca conocido hasta la fecha. Y si bien cada entidad individual que somos vivimos durante un brevísimo soplo, como si fuéramos producto de una respiración, esa criatura llamada humanidad no muere —al menos, hasta ahora no lo ha hecho—, lleva existiendo sobre este planeta cientos de miles de años.

Las entidades individualizadas que somos, al igual que las células de nuestro cuerpo, morimos y nacemos constantemente, pero el conjunto, la entidad colectiva en la que estamos integrados, la humanidad, sigue creciendo, posiblemente con un fin. En 1950, después de las matanzas de las dos guerras mundiales, la humanidad constaba de 2500 millones de individuos; hoy somos más de 7500 millones. Tres veces más de entidades con respiración propia para participar en y con lo que respira, con corazón propio para participar y ritmar con lo que late, con carne, sangre y hueso para encarnar, con consciencia para acceder a aquello susceptible de ser conocido por medio de la inteligencia que sirve al propósito.

Conquistar su consciencia individual le ha llevado al ser humano muchos miles de años, aunque, tal vez, visto desde la perspectiva de los tiempos del planeta que habitamos, eso haya ocurrido hace poco. Y tal vez también sea por eso por lo que el ser humano se aferra y disfruta de su yo, de su consciencia individual recién adquirida, si bien, a veces, le hace estar en guerra no solo con los demás, sino también consigo mismo. Siempre me ha llamado la atención que al *neter* egipcio *Kons,* la consciencia, se le represente con la coleta lateral de los niños; es como si en el Antiguo Egipto ya supieran que nuestra consciencia individual es muy *joven:* joven para maravillarse aunque no entienda; joven para intentar conquistar lo susceptible de ser conocido aun si es por medios incorrectos e equivocados; joven para poder ser aún confundida y engañada; pero también joven para poder crecer y madurar, y para estar aún en conexión con la inocencia.

Los egipcios tenían también una diosa llamada Neit. Esta representaba la inteligencia viviente del tejido conectivo, tanto visible como invisible, que mantenía unida y conectada la totalidad de lo viviente, sustentada en un propósito y con un orden inteligente matemático y geométrico. Entre sus numerosos nombres, era llamada «la que reúne a los dioses». Siendo femenina, era «dos tercios masculina».

Cada *viviente* es susceptible de participar en la creación continua como inteligencia con conciencia de sí mismo que desde su individualidad puede actuar realizando libremente su función, entendiendo y aceptando el servicio al Todo y a su propósito. Por otro lado, son vivientes y actúan como tales inteligencias vegetativas sin conciencia de sí mismas que responden al cumplimiento de su función, gobernadas por una inteligencia superior que conoce el propósito y las vincula a las matemáticas y geometría presentes en el tejido de Neit.

Y, en medio y participando de ambas, criaturas como la humanidad, compuesta por entidades en proceso de: por un lado, afianzar y completar la conquista ya alcanzada de su individualidad para llevarla a su término; por otro lado, compuesta de inteligencias vegetativas y primarias presentes también en el ser humano, que actúan de forma autónoma respondiendo a la reactividad, es decir, el factor principal de su diseño. Entendiendo además que esas inteligencias vegetativas están conectadas a la *gran inteligencia* por razón del tejido común que las contiene y que comparten, y que están presentes en todo lo creado y, por tanto, todas conectadas entre sí, y a su vez, conectadas a un Todo y en un Todo.

Y ahí aparece el conflicto: por un lado mi yo, mi conquistada conciencia individual, tan querida, que alimento y afianzo de mil modos y maneras; por otro, mis inteligencias vitales vegetativas con su autonomía y caracterizadas por la reactividad y su función primaria de asegurar la supervivencia. Finalmente, la pertenencia a un colectivo, llamado humanidad —que posiblemente no sea más que el primer estadio de una pertenencia a otro colectivo más amplio y grandioso—, de la que participo en esencia, sustancia, diseño y función, pero que me empuja al conflicto en cuanto que otra entidad individual quiera imponer su yo frente a mi yo, o yo quiera imponer mi yo frente a otro yo. O cuando la fuerza de mi conexión al propósito divino me impulsa sin remedio a asociarme a fuerzas más elevadas para las que ciertos aspectos de mí yo le son irrelevantes y prescindibles. Por tanto, o renuncio a esos aspectos de mi yo o entraré en conflicto conmigo mismo, pues ese impulso forma parte de mí. Es la fuerza de la evolución, que los egipcios representaron como Kepri, el escarabajo *capaz de llegar a ser:* una fuerza presente en todo lo creado.

Sin embargo, ahí nace la rebelión: rebelión frente a otros yo individuales que se quieren imponer ante mí o que yo me quiero imponer ante ellos; rebelión frente a la humanidad, que me lleva a la unificación con lo que no deseo y rechazo y a compartirlo;

rebelión ante el impulso que me lleva, por evolución, a integrarme a fuerzas superiores que ni quieren ni necesitan aspectos muy queridos de mi yo; rebelión ante las inteligencias vegetativas que no comprendo cómo actúan o interpreto mal; rebelión, al fin, frente a mí mismo, pues mi conciencia, aún en proceso de crecimiento, no alcanza a entender el orden y justicia de lo creado y la violento por medio de creencias, fantasías, etc., sin aún comprender que la conciencia solo se desarrolla y puede actuar a partir de lo que es por su naturaleza cognoscible, o sea, viviente. Solo se puede conocer aquello que es susceptible de ser conocido, es decir, por medio y a través de la inteligencia inherente a lo viviente, y no por medio de lo que habita en la mente inferior susceptible de alimentarse de *cadáveres,* es decir, del falso conocimiento del mundo, de creencias y fantasías, por lo que nunca produce fruto: es la higuera que fue maldita. La inteligencia solo se nutre de lo vivo y por eso da fruto.

Y no olvidemos que, si la consciencia unifica, la mente divide, pues está diseñada para eso, para captar la diferencia, y así poder elegir y disponer de la posibilidad de poder amar a lo que es diferente y, por ese medio, unificarlo con uno mismo, para después integrarlo en la consciencia, es decir, disponer de la oportunidad de conocerlo.

Si esa elección que toma la mente está en sintonía primero con el amor y luego con la consciencia o no, forma parte del ejercicio del aprendizaje del discernimiento y del amor que llevará al crecimiento de esa conciencia y al crecimiento del amor.

Pero esa rebelión, en sí misma natural, puede convertirse en algo doloroso para el individuo cuando la división, en vez de convertirla en suma (para sumar primero hay que dividir), la convierto en resta y declara al *otro* como enemigo. Y así empieza la guerra: Caín contra Abel, Set contra Osiris, hermano contra hermano.

## Luz, esencia, sustancia y forma

Fue Platón el que desarrolló la hipótesis de que el mundo de las formas accesibles, por medio de la sensorialidad y la percepción intelectiva, en realidad son solo expresiones, más o menos groseras, de lo que él llamo *las ideas*. Estas ideas vendrían a ser una suerte de modelos perfectos e inalterables de los cuales las formas solo serían copias imperfectas.

Por ejemplo, en el mundo de las ideas existiría la de la esfera perfecta, pero en nuestra realidad la forma de la esfera perfecta no puede existir en tanto que el propio paso del mundo de las ideas al mundo de las formas hace que se altere su forma final, aunque sea de modo milimétrico. De igual modo, cada esfera en el plano de las formas es diferente a cualquier otra esfera, al ser todas copias imperfectas de esa esfera arquetípica.

También de la Antigua Grecia viene el término arquetipo cuya traducción sería la de *arqué,* origen, y tipo, modelo, es decir, *modelo original.* Como sabemos, C. G. Jung aplicó esta hipótesis llevándola a la psicología, si bien este campo de lo que hoy conocemos como psicología en la filosofía griega estaba enmarcado dentro de la teoría ética y el *eudomonismo,* es decir, la búsqueda de la felicidad.

Según Platón, todo tiene su modelo, pero el paso desde la idea a la forma se hace a través de la *sustancia,* que según Aristóteles sí se individualiza. La sustancia, si bien en origen nunca cambia, al encuentro con la forma genera las especificaciones propias y únicas de cada estructura creada, y así la sustancia se adapta a la forma. Dicha sustancia tiene existencia real, si bien, como dice Platón, en su origen no tiene color, ni forma, es impalpable, no puede contemplarse.

Fueron los neopitagóricos, sobre todo Plotino, los que desarrollaron la teoría de las tres sustancias definidas como *estados del*

*Ser* o *hipostasis:* el alma, la inteligencia y el Uno. La inteligencia sería la parte más elevada del alma y el Uno la parte más elevada de la inteligencia. De esta idea nace la cristiana de la Trinidad, aplicada a la divinidad o la de la concepción trina del ser humano, conformado por espíritu, alma y cuerpo.

Según Platón, las ideas nacen en la mente de Dios. Muchas de esas ideas son inteligibles para el ser humano, dado que, si bien están manifestadas en las formas, son solo asequibles para el intelecto en ciertas ocasiones. Sin embargo, la mayoría de ellas son ininteligibles e inasequibles para el ser humano. Surge ahora la pregunta: ¿todas las ideas de Dios están plasmadas en las formas?

*Las ideas de Dios son seres vivos; las ideas de los hombres son imágenes abstractas sin vida.*

En el Antiguo Egipto, de cuya sabiduría bebió Platón, existía la idea de la proveniencia de la creación a partir de una esencia-luz. A esa *esencia-luz* la mostraron con el jeroglífico *mayor*[2] del ojo de Horus: el ojo que, cuando mira, crea.

Dicha *esencia* es trasformada en *sustancia* por del *pensamiento creador* de Ptha llamado *sia*. A su vez, esa sustancia, emanada del pensamiento creador, es bajada y llevada a la lengua que la transforma en *sonido* a través del *verbo creador, hu.* Dicho verbo, como sonido primordial, se transformaba en distintas vibraciones estructuradas en *palabras-nombres individualizados, que al ser nombrados creaban las formas.* La forma más elevada de la creación era la del ser humano y por ello el cuerpo era concebido como un templo.

---

2. En términos de lo referido al mensaje simbólico y esotérico de los jeroglíficos, se puede decir que utilizaban unos *mayores,* es decir, cuya polisemia de significados proponía niveles muy altos de comprensión, y otros *menores,* cuya función principal era la comunicativa.

Es el corazón de Ptha, sede del pensamiento creador, *sia,* el que hace nacer a Maat, es decir, orden, equilibrio, ley y justicia.

Es la lengua de Ptha, sede del verbo creador, *hu,* la que hace nacer a Thot, es decir, el conocimiento y la aplicación de lo anterior en términos de matemáticas, geometría, música, arquitectura, medicina, etc.

En ambos, Maat y Thot, queda la delegación y custodia de las leyes de la vida y del conocimiento del que han emanado las leyes.

La suma del pensamiento creador y del verbo creador genera la Vida. En la Vida están presentes *esencia, sustancia y forma,* con el objetivo de ser funcionales en el cumplimiento del propósito divino.

Y hay algo importante: la esencia luz se transforma en sustancia luz por medio del *pensamiento* creador, con propósito e inteligencia, se manifiesta por medio del *verbo* creador, que lo primero que crea es la *luz.* En el Génesis se lee: «Dijo Dios: hágase la luz y la luz fue hecha». Y el Evangelio de Juan comienza con: «Al principio era el Verbo, y el Verbo estaba en Dios y el Verbo era Dios».

Pero ahora volvamos a una de las grandes fuentes de sabiduría y conocimiento.

# La sabiduría del Antiguo Egipto

La enorme sabiduría del Antiguo Egipto es una fuente a la que siempre se puede acudir a beber. Sin embargo, es cierto que no es fácil acceder a veces a esa fuente por distintos motivos. Uno de ellos es la distancia cultural y de pensamiento que nos separa de aquellos egipcios, en términos de lectura y comprensión de la realidad circundante, es decir, de la Vida. Una vida hecha para ser vivida —ellos— y no para ser explicada —nosotros—. Otra dificultad de acceso al pensamiento egipcio es que la aparente complejidad de sus ideas en realidad no es tal, en tanto se comprenden a partir de la sencillez de las bases de las que parten. Esa base es la Vida, lo viviente, y la mirada con la que la vida se percibe. Efectivamente, esa percepción parte de la sacralidad que para ellos era inherente a la vida. Por eso, a partir de un momento en la historia se comenzó a llamar «el Libro de la Vida» al entendimiento de cómo la propia Vida es la que muestra su enseñanza a quien la sabe mirar adecuadamente: a veces mostrándose de modo diáfano a la luz solar de Ra; otras veces como Amón, el oculto, que justo se oculta bajo mil y una apariencias. Sin embargo, a medida qué el *conocimiento* fue perdiéndose, se llegó a creer que efectivamente este era un libro físico, al que incluso se le dio la autoría del dios Thot, debido a que este *neter* era poseedor de la sabiduría a partir del cual se podía *descifrar la escritura de la naturaleza*. La otra clave de acceso a la lectura de ese Libro de la Vida consistía en poner la mirada en la función.

Entendiendo la Vida como una totalidad, en el legado de la religión egipcia aparecen tanto estrellas como el Sol o Sirio, que para ellos no eran *algo* sino *alguien:* plantas sagradas como el loto, el papiro, el lino o el sicomoro, las sagradas aguas del Nilo o muy distintos animales que incluían desde humildes escarabajos a imponentes leones, y así majestuosos halcones, mansas vacas, peligrosos cocodrilos, serpientes o escorpiones, o patos, gatos, babuinos, ibis... Todos y todo lo que pertenece y forma parte de la Vida.

Recordando a los alquimistas, una de las claves de su conocimiento estaba en el hecho de que consideraban los elementos químicos con los que trabajaban como *alguien* y no algo. Desde esta perspectiva, si un elemento era reactivo frente a otros y cumplía una función, pertenecía a lo viviente. La reacción del mercurio al formar amalgamas, por ejemplo, mostraba su condición de vivo.

## El concepto de función y los *neteru*

Lo primero que hay que saber sobre el Antiguo Egipto es que cualquier acercamiento a su sabiduría desde la perspectiva actual de una mentalidad sustentada por la cultura cristiana occidental o por el pensamiento racionalista está destinada a la confusión y al error. Siempre es inútil mirar una cultura según los patrones de otra, pero en el caso egipcio eso se multiplica.

Es necesario comprender algunos conceptos fundamentales. El primero de ellos es el de función, que va íntimamente ligado al de viviente. Otro factor fundamental reside en comprender que los egipcios no tenían dioses, entendidos estos tal y como los entendían los griegos. Cuando llegan los griegos o los persas, o antes los hicsos, y se encuentran con los *neteru,* los mal llamados dioses egipcios hicieron lo más fácil y también lógico, que fue asimilarlos a sus propios dioses. Pero el problema reside en que representan ideas diferentes. El concepto que hay detrás de los dioses griegos no tiene nada que ver con los *neteru.* Un *neter* —*neteru* es el plural—, es la expresión de la inteligencia divina manifestada en una función viviente. Unas funciones también presentes en lo que podíamos llamar el ámbito de la metafísica, pues física y metafísica eran para ellos vasos comunicantes.

Lógicamente esa inteligencia está al servicio del propósito, de la intención de Dios. Los egipcios digamos que no manejaban la misma idea de Dios que luego implementaron las culturas del Libro. Para ellos Dios era tan incognoscible, tan profundo, que no teorizaron sobre este concepto. Pero en lo creado sí podían ver expresiones superiores de su obra, y los *neteru* ofrecen en cambio posibilidades de comprensión enormes y muy sutiles. Pero ¿cómo entendemos esa función? Imaginemos que en alguna selva perdida de la Amazonía crece una planta capaz de curar el cáncer —es solo una hipótesis—; es decir, esa planta porta una inteligencia sanadora poderosa y específica para curar una enfermedad terrible, forma parte de su función. Desde luego cumple también las otras funciones inherentes al reino vegetal, como la de producir oxígeno. Sin embargo, nadie sabe que esa planta es capaz de curar el cáncer; es más, ni siquiera nadie sabe que existe. Esa planta tiene pues su función dormida, no es ejecutiva, esa inteligencia no está actuando. Pero continuamos imaginando a un explorador que llega allí, que recoge plantas, que alguien investiga, que se descubre su propiedad, que empieza a utilizarse en enfermos con éxito, etc. ¿Qué pasó? pues que esa inteligencia viviente entra en acción, cumple la función que porta su inteligencia. Los *neteru* son exactamente eso, funciones vivientes que tienen que ver con los principios y evolución de lo creado, por lo que, naturalmente, tienen una condición divina.

Para entender su pensamiento pondré un ejemplo. Si hoy preguntamos a cualquier persona qué es el Sol, responderá que es una estrella compuesta básicamente de hidrógeno, alrededor de la cual giran planetas, etc.; es decir, decimos que el sol es *algo*. Pero si escuchásemos a un egipcio decir que el sol es *alguien,* toda la perspectiva cambia. Esa es la *mirada egipcia* a la que me refiero. Ahora queda valorar si eran simplemente unos idólatras ignorantes que adoraban al sol porque da luz y calor, o entendían que en tanto el Sol era un *factor* fundamental para la vida, él también era viviente en tanto cumplía una función, una función a la que asociaban la presencia de una inteligencia, y que la inteligencia estaba asociada a una consciencia. Por tanto, el Sol tenía los atributos de alguien y no de algo.

El Sol es viviente, la vida de todos depende de él. Ellos ponían en valor y en comprensión este hecho, y le daban su significado. El Sol porta una inteligencia que lógicamente le hace realizar su función de un modo preciso. Es inteligente y realiza una función extraordinaria. ¿Podemos afirmar que no tiene conciencia de sí mismo?, ¿podemos afirmar que no tiene una conciencia individualizada incluso superior a la nuestra? Los egipcios pensaban que era alguien y lo llamaron Ra.

# El gran legado de Egipto

El Antiguo Egipto construyó un edificio religioso y filosófico de un inmenso valor que emanó directamente de la fuente del conocimiento, y que, con sucesivas dificultades, sin embargo, pudo ser elaborado, custodiado y transmitido. Pusieron a disposición de la transmisión de ese conocimiento tomado del Libro de la Vida toda una vasta estructura, que comprendía desde la arquitectura hasta el diseño de rituales, con el fin de mantener vivo y operativo ese conocimiento. Además, procuraron legarlo al futuro a partir de un principio universal: lo igual reconoce lo igual; es decir, el conocimiento reconoce el conocimiento.

Sin embargo, hoy es necesario distinguir lo que meramente pertenecía a los materiales de construcción y transmisión de ese conocimiento de lo que es el contenido de esa transmisión. Es por tanto ese contenido lo que nos interesa y el que es necesario rescatar y guardar.

Ellos nos transmitieron unas ideas fundamentales:

- La más importante se refería al concepto de *maat*, un principio referido al orden, al equilibrio, a la ley y a la justicia de naturaleza divina. Todo lo creado estaba sometido a *maat*. Los egipcios intentaron que toda su sociedad estuviera bajo este principio.
- Que toda enseñanza real se basa en el Libro de la Vida, que en este hay un capítulo principal referido al ser humano y que el cuerpo físico y su estructura significan una clave de acceso al conocimiento del ser humano, ya que las funciones del cuerpo, tanto las visibles como las sutiles, en realidad son un espejo de las funciones cósmicas. Entendían, por tanto, que el ser humano estaba compuesto también de otros cuerpos sutiles que operaban y reaccionaban a esos

mundos sutiles y a sus energías. Si el ser humano *contenía* el universo, podía acceder a él.

- Que para leer el Libro de la Vida había que entender el concepto de función, que detrás de cada función hay una inteligencia o inteligencias activas y que detrás de cada inteligencia había un propósito al que la inteligencia *obedecía.* A las inteligencias operativas principales presentes en la Vida y sus procesos, tanto las manifestadas de modo permanente como las solo manifiestas ocasionalmente, le dieron el nombre de *neteru,* término que los griegos confundieron con dioses.

- Desarrollaron y utilizaron todos los medios a su alcance, incluidas la arquitectura, el arte o la ingeniería, para lograr captar, recibir, usar, guardar y multiplicar energías estelares, solares, y las propias de la Vida terrena útiles y necesarias para ayudar a mantener *maat* tanto en la vida, en los templos, como en la muerte, en las tumbas y edificios funerarios. La *tecnología* sutil necesaria aplicada para esos fines era *heka,* un término que los griegos definieron como «magia». El uso de *heka* partía del conocimiento de las diferentes energías y fuerzas presentes en la Vida, en *ank,* de cómo actuaban y qué efectos producían. Para el uso de *heka* era imprescindible el desarrollo y cultivo del *sekem,* una suerte de fuerza espiritual sin la cual no era posible para el ser humano penetrar en el campo de energía de *heka.*

- Que después de la muerte física se podía acceder al segundo nacimiento en la luz. Reunir los *materiales luminosos* y activar el procedimiento para hacerlo era el objetivo de la vida orgánica. Pero, por otro lado, entendían que también podía producirse una segunda muerte, referida esta a la extinción de la consciencia de uno mismo y la desaparición de la individualidad. La clave para evitar la segunda muerte y acceder al segundo nacimiento residía en ser capaces de vivir en *maat,* es decir, en equilibrio, armonía, justicia y verdad en pensamiento, palabra y acción. Además, era necesario alejarse de la ignorancia espiritual.

- Para acelerar y consolidar *maat* elaboraron unos procedimientos destinados a purificar el corazón y *divinizar* la carne, ayudados de unas ceremonias que se llamaron *ritos iniciáticos*, con el fin de que después de la muerte física fuera más fácil ese segundo nacimiento en la luz. Dichos ritos pertenecían y estaban operativos dentro un contexto vital y espiritual denominado *Vía iniciática*. Estos ritos dentro del contexto mencionado requerían una serie de condiciones previas por parte del candidato, como la sinceridad, la capacidad para aprender, la disciplina interior y exterior, la paciencia, etc. Por parte de los sacerdotes oficiantes de los ritos, se requería de modo indispensable disponer de *sekem,* la fuerza espiritual operativa, y conocer las leyes a través de las cuales *heka* actuaba. Todos esos rituales eran de naturaleza sagrada.

Todo lo expuesto es válido hoy, con la diferencia de que la iniciación, entendida como el acceso a la Vía, es actualmente mucho menos compleja, y su acción y efecto no requiere de elaboradas ceremonias que, si bien fueron antes útiles, hoy no son necesarias, dado el proceso de evolución y avance en lo que se refiere al acceso a lo sagrado, gracias al trabajo de grandes maestros como Buda, Zoroastro, Jesús o Mahoma, que facilitaron sucesivamente la posibilidad de que el ser humano pueda estar cada vez más cerca de Dios. No obstante, como dice el Corán, Dios en realidad está más cerca del hombre que su propia yugular. Y esto lo sabían en el Antiguo Egipto.

## La fiesta de Opet

En el ideario egipcio presente en la teología solar de Heliópolis se enseñaba que una semilla de luz solar era puesta por Ra en el corazón espiritual, el *ib,* del ser humano. Como sabemos, de esta teología se pasa a la teología de Amón, al que se vincula con Ra en la forma de Amón-Ra. Si esa semilla de Ra es de índole lumínico, cuando llega a Amón es física: es el semen entendido como semilla de la vida. Es por ello por lo que se representó a Amón como un carnero, un animal capaz de producir una enorme cantidad de semen. En el templo de Karnak, casa de Amón, habitaba también su esposa, Mut, bajo la forma unas veces de buitre hembra y otras de leona. De ambos nace su hijo Kons, representado como un joven. Los tres forman la trinidad tebana que, en la fiesta de Opet, era conducida por los sacerdotes, a cuyo frente estaba el mismo faraón, hasta el templo cercano de Luxor, en el que se celebraban unas fiestas mistéricas por un lado y, por otro lado, unas fiestas populares dedicadas a la renovación de la vida. Esta fiesta se celebraba al inicio de la época de la estación de la inundación, cuando crecía el Nilo y regaba las fértiles tierras, en el mes de Djehuty, sobre el 20 de julio, al inicio del signo de Leo, cuando la *estrella brillante del año nuevo,* o en egipcio Sopdet, la estrella que hoy llamamos Sirio, aparecía por el horizonte. Este hecho era también el inicio del año y esta estrella se identificó con Isis, es decir, con la iniciación, con la vida que comienza.

Para evidenciar esa relación de Amón-semen se utilizó y se expresó bajo la forma de Amón-Min, el *neter* que se representa con el falo erecto, pues no puede haber inseminación si el falo no está *activo;* su activación se muestra estando erecto y listo para fecundar con su semen. Este semen porta luz, una luz susceptible de coagularse y mostrarse bajo una forma. Su culto lo potenció la faraona Hatshepsut, la gran sacerdotisa de Amón. Por su parte, la receptora de dicho semen era su esposa, Mut, ahora bajo la forma de buitre. Esta *neteret* representada como buitre es la expresión de la pureza. Recordemos que el buitre *purifica* y limpia la podredumbre en forma de carroña y además no se contamina con ella. Es un recipiente puro. Más tarde, Mut, como leona, en este caso identificada con Sekmet, utilizará su poder para cuidar y alimentar a su vástago.

El hijo es Kons, nombre del que se deriva la palabra *consciencia*. Efectivamente, si el ser humano dispone de un recipiente puro en origen donado por Mut y de una luz divina donada por Amón específica del ser humano, Kons muestra todo aquello que representa la conquista de la consciencia individual de uno mismo. Pero todo ello ha de tomar forma en un cuerpo–templo que lo albergue, le dé forma, lo proteja, lo nutra, y lo haga crecer y dar fruto. El milagro de la vida física a través del encuentro sexual es un capítulo fundamental del Libro de la Vida, ya que reproduce como en un espejo en el que mirar, la génesis espiritual: el semen que porta el código *ser humano* es espejo de la semilla de luz que Ra pone en el corazón; el cuerpo físico es el espejo de la estructura espiritual, el *ib,* el receptáculo de esa luz; la consciencia individual humana es el reflejo de la consciencia única. Sin embargo, Kons es mostrado como un joven, al igual que la consciencia humana lo es: una consciencia que todavía ha de crecer y, para ello, ha de nutrirse de la luz. Esto era lo que representaba la fiesta de Opet, en la que era imprescindible la presencia del faraón como sumo sacerdote y encarnación de Horus, la luz.

Amón, la semilla divina; Mut, el recipiente puro; Kons, la consciencia como fruto de esa unión. Esa trinidad se hacía uno en un lugar: el cuerpo humano. Por ello se hacía la procesión de esa trinidad desde el templo de Karnak hasta el de Luxor. No es extraño por tanto que el templo de Luxor fuera llamado el *templo del hombre* y que fuese el lugar de la más alta enseñanza iniciática: el gran misterio no reside fuera del hombre, sino que *el ser humano mismo es el misterio.* Para acceder a ese misterio, lo hicieron a través de la lectura del Libro de la Vida.

## El Libro de la Vida

Dentro de muchas tradiciones espirituales, no solo en Egipto, siempre se ha dicho que en realidad solo existe un libro en el que están escritos los secretos de la creación: ese es el Libro de la Vida. A partir de ello se infería que un capítulo eran los elementos, otros los animales, las plantas, los planetas, los seres humanos, etc.; a su vez, por ejemplo, dentro del capítulo de los animales, un apartado serían los pájaros, otro los mamíferos, y así sucesivamente con cada reino. Los capítulos de tal libro serían 24, compuesto cada uno a su vez de distintos apartados. Volvemos al Génesis 3 y leemos: «Dijo Dios: "Haya luz", y hubo luz». Y al Evangelio de Juan en 1:1: «Al principio era el Verbo, y el Verbo estaba en Dios, y el Verbo era Dios». Estos dos brevísimos textos nos dicen que primero fue el Verbo (el Verbo era Dios) y que luego Dios hizo la luz, si bien antes había creado cielo, tierra y aguas. Leamos el inicio del Génesis. «Al principio creó Dios los cielos y la tierra. La tierra estaba confusa y vacía, y las tinieblas cubrían el abismo, pero el espíritu de Dios se cernía sobre las aguas». Ya en el Antiguo Egipto esas aguas primordiales fueron llamadas Nun y en ellas tomó consciencia de Sí mismo Atum. También en Egipto tenemos en la teología solar de Heliópolis el nacimiento de la luz y en Hermópolis el relato de la creación de Thot mediante su voz. Tampoco podemos olvidar al respecto el *Logos* griego o la importancia del nombre de Dios para las religiones del Libro. De todo ello se deduce que el verbo, como sonido primero, y la palabra, como estructura formada por sonidos con significado después, adquirieron una enorme importancia, especialmente en su uso sagrado. En Egipto, la base principal de *heka,* la magia era el uso de la palabra.

En ese Libro de la Vida, cada capítulo fue referido a un sonido plasmado en una grafía, una letra, y en una imagen. La forma más específica para la *lectura* del Libro de la Vida fue el jeroglífico egipcio. Por otro lado, se definieron 24 sonidos primordiales, mostrados por letras que formaron los primeros alfabetos. Se suponía que esos 24 sonidos provenían del *cielo*. Esta idea llegó hasta el medievo cristiano, que lo reflejó en su iconografía por medio de los 24 ancianos que portaban instrumentos musicales. Pero sobre todo ello volveremos más adelante. Antes, haremos una visita necesaria a la gran dama egipcia Hathor, también señora de la música, pues no se puede hablar de sonido sin hablar de la música.

## La señora Hathor

En el Antiguo Egipto, la *neteret* Hathor era la señora de la sensorialidad, la belleza, la música, la danza, los perfumes... También la señora de la nutrición y de los cielos, en tanto su vínculo con el ser humano, es decir, la relación entre el macrocosmos y el microcosmos.

Sin embargo, en determinadas culturas y religiones ya dogmatizadas, el disfrute de la sensorialidad quedó estigmatizado. Incluso en algunas se sustituyó por el autocastigo, la culpa, e incluso se proclamó un expreso rechazo al disfrute, en una falta de comprensión de que el disfrute de la belleza y la alegría consecuente acercan al ser humano a la divinidad.

Sin embargo, es también cierto que la sensorialidad puede ser, en efecto, una puerta a los lugares oscuros de la naturaleza humana, especialmente cuando a esa sensorialidad se le hurta la belleza y se la separa de la inocencia primordial propia del cuerpo. Cuando esa puerta se traspasa es cuando el individuo sufre el daño ocasionado por violentar la inocencia. Como sabemos, esos lugares oscuros habitan siempre en la mente menor y son fruto de los propios contenidos de la mente.

Pero, a su vez, la sensorialidad, el contacto con la belleza y su fruto (disfrutar significa *recoger la fruta*) es también puerta de acceso o, más bien, de retorno al paraíso, un paraíso siempre vinculado a la inocencia.

Es por eso por lo que la belleza, *nefer*, era tan importante en Egipto y en el mundo clásico. Su presencia o ausencia es una *pista* extremadamente útil para distinguir lo que lleva asociado un fruto o no lo lleva. Recordemos que Jesús maldijo a la higuera porque no daba fruto. Cualquier persona involucrada sinceramente en el camino de su crecimiento interior debe aprender a diferenciar la higuera que da fruto de la que no lo da. Y junto a la belleza siempre hay un fruto.

Todo lo que lleva dicho fruto *el bien procura;* lo demás es estéril y carente de vida. El fruto procura nutrición y, por tanto, crecimiento. Lo que no nutre ni hace crecer pertenece a Set, el estéril que mata a su hermano Osiris y luego lo trocea. Había en Egipto una hierogamia entre Hathor y Horu: la belleza, el disfrute y la nutrición de Hathor son las que conducen hasta Horus, hasta la luz, esta vez concebida la luz como un fruto.

Por tanto, no nos olvidemos de disfrutar, de sacar el fruto y nutrirnos de él, de hacernos bellos a través de la belleza, de cultivar la inocencia y practicar el bien, la clásica unión de ética y estética. Pero en Déndera, la casa de Hathor, también estaba muy presente, como no podía ser de otra manera, la Gran Madre celeste: Nut.

## Nut, la madre celeste

Una lectora, al leer uno de mis libros de Egipto, me escribió mostrando sorpresa por el hecho de que en la religión egipcia el cielo estuviera vinculado a lo femenino y la tierra a lo masculino.

Efectivamente, durante los milenios que duró la religión egipcia esto fue así concebido. La diosa principal del cielo era Nut y Geb, su consorte, el dios de la tierra. A su vez, otras muchas diosas también compartieron esa naturaleza celeste, como por ejemplo Isis, por su vinculación con la estrella Sirio, por lo que posteriormente fue llamada Isis–Urania, o también bajo la forma de Hathor. Era en su templo de Dendera, un templo *celestial,* donde se celebraban los ritos iniciáticos relacionados con la experiencia–conocimiento de que el ser humano, tanto en diseño como en constitución, es de origen estelar.

Es la próspera sociedad y cultura griegas, no olvidemos que fuertemente militarizada, la que afianza el modelo social de patriarcado, lo cual tiene influencia en sus diferentes relatos religiosos en el que toman protagonismo poco a poco las figuras masculinas sobre las femeninas con Zeus en la cúspide jerárquica del Olimpo. Un Zeus caracterizado por su gran actividad sexual, lo que provoca que muchas mujeres, tanto mortales como diosas, sean víctimas de sus enamoramientos y apetitos. Para satisfacerlos, Zeus no duda en emplear todo tipo de artimañas o de disfraces. Tal vez por eso llevaba el título de «padre de los dioses y de los hombres». De este modo, Zeus ya adquirió una indudable condición celeste. A partir de ello, se elaboró todo el relato de dioses y diosas bajo la perspectiva de lo masculino vinculado a lo celeste, pues rayos, nubes y meteoros estaban bajo el gobierno de Zeus. Recordemos que *deus,* de donde procede nuestra palabra *dios,* no es más que la pronunciación latina de Zeus, por lo que no resulta extraño que se extendiera la idea de un dios padre fuertemente masculinizado y poderoso a partir de las representaciones en imágenes del señor del Olimpo.

A ello se unió otro de los relatos teológicos más influyentes, que fue el de considerar a Gea, la tierra, como la madre de Urano, el cielo, ambos dioses primordiales y preolímpicos. A esta Gea se le dio el nombre de «madre universal». De este modo, para Grecia el cielo nace de la tierra, cuando para Egipto es la tierra la que nace del cielo. Una de las representaciones más clásicas de Nut la muestra dando a luz al sol, su hijo. Sin embargo, en ambos casos, tanto en Egipto como en Grecia, lo femenino precede a lo masculino y es por tanto primordial en tanto génesis. Es a partir del triunfo del culto olímpico cuando la tradición de Occidente, tomada en gran parte de la cultura de Grecia y luego de Roma, establece definitivamente el vínculo de mujer–madre–tierra y hombre–padre–cielo.

Sin embargo, el cristianismo retoma la idea de lo femenino como principio celestial a través de María, con la enseñanza implícita que muestra la función de encarnar lo celeste: si en ella, la mujer, no habitara ya lo celeste, no podría encarnarlo. De este modo se la puede vincular tanto con el cielo como con la tierra; es decir se, muestra también a través de la función de maternidad que lleva a la forma a aquello que todavía no la tiene.

Esa doble presencia en cielo y tierra también lo vemos mediante el principio de nutrición: desde la leche de los pechos de Hera que forman la Vía Láctea a la nutricia diosa vaca Hathor. La nutrición, propia de la función femenina, sin la que la vida no existiría, es tanto espiritual —la gracia, el maná, el néctar, la ambrosía, el *soma*— como física, bien sean los frutos de la tierra o agua de los manantiales; es decir, ella es el sustento de la vida tanto física como espiritual.

En tanto la participación masculina en el proceso, esta está especificada en la función de *generar y plantar la semilla,* algo en principio más cercano a la tierra, pero sin olvidar que esa semilla porta una inteligencia propia del fuego. Ahí reside el misterio del semen, que en Egipto lo vemos vinculado al culto a Amón bajo la forma de Min, y a cuyo cargo estaban las *divinas adoratrices de Amón,* que tomaban sobre sí la responsabilidad de la custodia y el servicio a la Vida.

Para resumir, podemos decir que vincular el principio femenino a la tierra, a la materia, no signifique olvidar que, en lo más profundo, aparece lo femenino como origen y función celestial. En coherencia, si algo destacó en Déndera fue la observación y el estudio de los astros plasmado en el famoso zodiaco de Déndera. Pero, antes de subir a sus terrazas a contemplar los astros, bajemos a sus criptas.

## Déndera y Horsomtus

Todo viajero a Egipto que haya visitado el maravilloso templo de Déndera, seguramente haya descendido a las criptas que son visitables y se habrá encontrado con una representación que, sorprendentemente, en ciertos círculos de la nueva era aún se afirma que son prueba del uso de la energía eléctrica por parte de los egipcios.

Hace poco he recibido un enlace para que viese un vídeo sobre misterios egipcios. Aunque parezca mentira, el documental pone énfasis en el *misterio* del tanque, el helicóptero y el submarino que *se ven* en el templo de Abydos. A pesar de que está demostrado hasta la saciedad que son solo jeroglíficos superpuestos, el conspicuo presentador del programa lo muestra como algo enigmático lleno de misterios. Lo mismo ocurre con las ya clásicas *bombillas* de las criptas de Déndera. Continuamos también a la espera de que alguien nos diga donde las enchufaban.

Dejando al margen la ironía, me sigo preguntando la razón de la difusión de esos bulos, que no se sostienen y que son patentemente estúpidos, y qué objetivos se buscan con su propagación. Egipto y la cultura faraónica ha sido objeto y destino de tal cantidad de bulos y teorías fantásticas, se podrían llenar con ellos una biblioteca. La lista va desde la «sala de los archivos» del vidente Cayce, cuyas supuestas profecías fueron manipulaciones de su hijo —dijo que se encontraría esta sala bajo la Esfinge antes de 1998 y que en esta sala se hallaría la prueba del origen atlante de la cultura egipcia—, o hasta la recurrente afirmación de que unos extraterrestres laboriosos se afanaron en construir enormes pirámides de piedra con no se sabe qué propósitos.

Da la sensación de que estos bulos y fantasías, al igual que ocurre a veces con las rígidas afirmaciones de la arqueología oficial, solo tratan de alejar a la cultura egipcia de su marco de conocimiento. Hace no mucho, recibí también un supuesto texto que pretendidamente se hallaba en un templo de la diosa Sekmet. En este caso no era una manipulación, era simplemente falso, alguien sencillamente se lo había inventado. Luego lo divulgó por internet mintiendo conscientemente. ¿Por qué razón? La verdad es que es difícil entender los motivos que llevan a estas afirmaciones sin sentido o a mentir o manipular presuntas pruebas. La cultura del Antiguo Egipto no necesita que se le añadan falsos misterios, su propia historia y su legado por sí solos son un desafío y es justo ese desafío el que para algunos resulta desestabilizador. Para ello se recurre al clásico de ofrecer respuestas fáciles, por muy fantásticas que resulten, a problemas complejos: si no sabemos cómo se edificaron las pirámides, en vez de asumir y confesar la ignorancia al respecto, lo cual parecería lo natural, se sustituye la ignorancia por los extraterrestres y se da así fin al enigma. Pero, gracias a Dios, el Antiguo Egipto continúa siendo una fuente de sabiduría y conocimiento, a pesar de que, tanto desde la fría mirada de la arqueología como desde las fantasías de nueva era, se le ha intentado arrebatar su sacralidad.

Sin embargo, un pequeño interés sobre el conocimiento de sus dioses y su simbología nos da respuesta. Las pretendidas *bombillas* muestran con claridad meridiana un loto del que surge una serpiente. Esta es la representación del *neter* Horsomtus, una de las muchas formas de Horus, o sea, la luz. Esta deidad se representa comúnmente como un niño (inocencia) que nace de un loto (porta el perfume de la esencia de los dioses); otras veces se muestra como una serpiente saliendo también de un loto, como en Déndera. Ese niño se representa con la doble corona y lleva los cetros faraónicos dando a entender su «condición real». Por si esto no fuese suficientemente claro, vemos que esa «bombilla» está sostenida por el pilar *djed* o columna de Osiris. Ambas simbologías tienen un profundo significado esotérico y espiritual vinculado a los ritos iniciáticos de Horus que se celebraban en Déndera. Brevemente, puedo decir que muestra el vínculo entre la luz, el perfume del loto, la inocencia y la respiración. Por así decirlo, representa una luz q*ue huele bien* y de naturaleza real que tiene el perfume de los dioses; es esa luz *perfumada* la que el *ba* del difunto deberá llevar en su corazón *ib* a la ceremonia de la pesada del corazón en el juicio de Osiris.

Es la chispa–semilla de luz solar de Ra presente en todo ser humano, ya transmutada en una luz–sustancia celeste, que los dioses reconocen por su singular resplandor y su aroma. Al igual que el loto azul desprende su aroma cuando le toca el primer rayo solar.

El nombre de Horsomtus muestra el jeroglífico del halcón-Horus (luz), el de *eterno* (inmortalidad), y el de la tráquea y los pulmones (respiración). Por decirlo de algún modo, representa ese tipo de luz susceptible de ser ya respirada —de ahí su perfume— por los inocentes que ya han sido coronados. A estos, Horus los reconoce como un igual, y pueden convertirse en eternos y *luminosos:* estos son los famosos compañeros de Horus o *Semsu* Hor.

Es una lástima que la enorme grandeza de conocimiento metafísico y espiritual lleno de sutileza y belleza de los antiguos egipcios quede reducido a un patético y torpe esfuerzo por encontrar en su cultura elementos que se puedan identificar con nuestra tecnología actual. Pero ese maravilloso templo, residencia de la señora Hathor, lleno de enseñanzas y matices, nos abre la puerta a comprensiones muy valiosas. Y ahora sí, subiremos a sus terrazas en las que constantemente se observaban los movimientos de los astros.

## Los astros gobernadores

La astrología actual, si bien de origen muy antiguo, proviene de los griegos, de los que toma desde el nombre hasta la mitología que rodea a los dioses–planetas. Su fuente clásica más conocida es el *Tetrabiblos* de Claudio Ptolomeo, escrito en Alejandría en el siglo II. De este mismo autor es el voluminoso *Almagesto,* compuesto de trece tomos en los que describe las 48 constelaciones clásicas que toma del perdido catálogo celeste de Hiparco de Nicea, astrónomo y matemático griego del siglo II a. de C.

El *Almagesto* ya establece un método de predicción de los eclipses y expone un sistema para calcular las posiciones y movimientos de los planetas, si bien parte de una concepción geocéntrica a partir de la cual se basa la observación del movimiento de los cuerpos celestes, bien planetas, bien estrellas.

Tomando como referencia los trabajos de Ptolomeo, posteriormente alcanzó un gran desarrollo la astrología árabe. Lamentablemente, muchas de sus obras se han perdido y otras están olvidadas y sin traducir. Nuestra astrología actual es *una* de las distintas que existieron y que subsisten, pues no debemos olvidar que otras culturas desarrollaron su propia astrología, como la china o la astrología védica, que hoy siguen en activo. En ambas hay premisas y parámetros que difieren entre sí y a su vez difieren también de la que podemos llamar astrología occidental. También hay que recordar el estudio y conocimiento de los astros entre las antiguas culturas mesopotámicas que sin duda influyó tanto entre griegos como entre árabes. Sin embargo, todas se basan en la idea de la relación entre microcosmos (ser humano) y macrocosmos (universo). Originariamente, la astrología tenía un uso respecto al devenir global de imperios, países o pueblos, lo que posteriormente se llamó *astrología mundial.* solo después se empezó a utilizar como consulta individual en los nacimientos de reyes o príncipes, para luego extenderse a todos los que pudiesen costearse que un astrólogo le levantase la carta astral. Hay datos que nos hacen suponer que los egipcios utilizaron un tipo de astrología basada en las estrellas *fijas* y que heredaron los árabes, y no tanto en los planetas móviles. En cuanto a la astrología griega, esta tomó como referencia los siete planetas clásicos: Sol, Luna, Mercurio, Venus, Marte, Júpiter y Saturno. Dolo en fechas recientes, se introdujeron los nuevos planetas descubiertos como Urano, Neptuno y Plutón. A partir de aquí y, junto a la explosión de la psicología y el hecho de que no fuese en absoluto necesario tener el más mínimo conocimiento de astronomía, pues los cálculos sobre las posiciones planetarias los empezaron a hacer los ordenadores solo introduciendo una fecha y lugar de nacimiento. La astrología derivó hasta la que hoy conocemos y que se utiliza fundamentalmente como análisis característico, para lo cual se usan sencillos manuales de consulta.

Hasta épocas recientes, los poderosos consultaban a los astrólogos que debían conocer astronomía, no para que les explicaran cómo era su carácter, sino para que les dijeran cómo iban a ser las próximas cosechas, si debían o no y cuándo entrar en batalla, si era mejor iniciar tal o cual negocio, si tenía camarillas de traidores a su alrededor, cuándo una boda era más propicia o si se preveían plagas o catástrofes, es decir, se utilizaba con una intención práctica.

Por otro lado, la relación de la astrología con el hermetismo es indudable, basta leer el *Poimandrés*, el *Asclepio* o el *Estobeo* para confirmarlo. En estos textos se habla de «los siete gobernadores o administradores» y del principio ya mencionado en el que se basa la astrología: la relación entre el macrocosmos y el microcosmos. Entre ambos, hay unas fuerzas gobernantes y ejecutivas —los siete planetas— y un escenario en el que se manifiestan y que son su «campo de trabajo». Los doce signos del zodiaco relacionados míticamente con los trabajos de Hércules. Estos *gobernadores,* que en el hermetismo «obedecen a Dios» o Gran Mente según los textos mencionados, son el Sol, Luna, Venus, Marte, Júpiter, Saturno y Mercurio. Estos son los gobernantes de unas fuerzas basadas en leyes presentes en toda la creación. Por decirlo de algún modo y, tomando como base el principio de relación macrocosmos y microcosmos, estos planetas entendidos como fuerzas e inteligencias servidoras de la gran Inteligencia Cósmica, Estarían presentes y activas en el ser humano.

Fue el alquimista holandés Johan George Gichtel (1638-1710) el que en su obra *Theosophia Practica* sitúa en el cuerpo humano los siete planetas que vincula tanto a órganos físicos como a estructuras energéticas que reflejan las calidades y cualidades de los planetas. Como es sabido, el neoteósofo Leadbeater es el que copia este sistema cambiando los planetas por *chakras*[3] alterando y desvirtuando así tanto la tradicional idea tántrica de los *chakras,* como los planteamientos astrológicos y alquímicos que muestra Gichtel en su obra.

¿Y sobre qué gobiernan cada uno de ellos? Vamos a verlo muy brevemente según se enseñaba en el pasado.

Lo primero que hay que decir es que *actúan* en parejas: Sol y Luna, Venus y Marte, Júpiter y Saturno. El único que está solo por su propio carácter dual es Mercurio.

---

3. Trato este tema en mi obra *La impostura de la nueva era.*

Representan la manifestación de *siete inteligencias* presentes en la creación, cada una de ellas regida por sus propias leyes en coherencia y armonía con la ley superior emanada de la Inteligencia de la Gran Mente:

- Sol. Inteligencia de la consciencia: el *logos*.
- Luna. Inteligencia de lo vegetativo: el *pathos*.
- Venus. inteligencia de la creación y la generación: el *eros*.
- Marte. Inteligencia de la destrucción y la fuerza: el *tanatos*.
- Júpiter. Inteligencia de la renovación y expansión: el *solve*.
- Saturno. Inteligencia de la restricción, consolidación y conservación: el *coagula*.
- Mercurio. Inteligencia de la relación y comunicación: el *logios*.

Según el hermetismo, toda la creación está regida por estas fuerzas, que actúan cíclicamente. A su vez, estas fuerzas y sus gobernadores, entendiendo estos como los responsables de que esas leyes se *cumplan* en tiempo y forma, también están presentes en lo orgánico. Si Saturno es una fuerza consolidante con ciclos temporales largos, en el cuerpo podemos verlo manifestado en los huesos, estructuras sólidas duraderas en el tiempo. Si Venus es la fuerza creativa, asociada también a la belleza del fruto, en el cuerpo vemos que está manifestada en los órganos sexuales especialmente femeninos o en la sensualidad o en las artes. Marte, en cambio, se asocia a los órganos sexuales masculinos, ya que la fecundación que procura el embarazo, es una *victoria,* un triunfo de la vida, un triunfo que en el mundo animal comienza por la pelea con otros machos por el derecho a aparearse. La relación entre estos *gobernadores* y sus *campos de trabajo,* los signos zodiacales, adquieren a su vez significados complejos. No es lo mismo que la Luna, por ejemplo, se encuentre en Cáncer, donde se muestra cómoda y activa en su función vegetativa, a que esté en

Leo, lo cual hará que su función quede más interferida. Veamos algunas características de estos planetas gobernadores:

**Sol y Luna.** El Sol administra todo lo que está a la luz, todo lo que pertenece a la conciencia, entendida esta como la conciencia de uno mismo y también entendida como la capacidad de conocer. Esta capacidad de conocer implica la de diferenciar lo real de la fantasía y de ser capaz de distinguir lo que se sabe de lo que no se sabe. Lo que se sabe y ha llegado a la conciencia habita ya en la luz. Los conocimientos prestados pertenecen y permanecen en el intelecto y no han llegado a la luz de consciencia. El Sol es por tanto inteligencia asociada a la luz. Es la luz la que permite la percepción correcta fuera de las sombras de la fantasía e ignorancia. Es la percepción correcta la llave que abre la inteligencia. La llegada de esa luz que disuelve las tinieblas es la iluminación.

Lo que habita en la sombra es lo que aún no es conocido. También en las sombras habita la fantasía que nunca llegará a la conciencia. De este modo, el Sol gobierna sobre todo lo que pertenece a la conciencia y a lo que habita en ella. Se refiere a la *inteligencia asociada a la conciencia.* También se refiere a todo aquello que ya ha llegado *a la vista,* que no se esconde, y por tanto, a todo lo que se refiere a la luz *física* que procura la visión. En cambio, la Luna gobierna todo lo vegetativo, así como todo lo relativo a la energía, en el entendimiento de que esta funciona de modo autónomo e inercial siguiendo leyes naturales a las que difícilmente llega la sensorialidad humana, a esas energías no perceptibles pero que sin embargo actúan sobre el ser humano. Se refiere también a esa estructura vegetativa e inteligente a la que la conciencia no llega aún y funciona de *modo autónomo,* es decir, a donde la luz no llega o llega muy poco. La Luna gobierna todos los procesos de la naturaleza que actúan desde la *inteligencia vegetativa.* A ella le pertenece toda la inteligencia vegetativa de la creación. Actúa principalmente cuando la conciencia *está apagada,* es decir, durante el sueño, y es susceptible de transferir a la conciencia elementos vegetativos que *ya están maduros* y que pueden ser incorporados en forma de conocimiento.

**Venus y Marte.** Estos gobernantes actúan sobre las fuerzas que se denominan *eros* y *tanatos.* Venus gobierna las fuerzas del *eros,* de lo que une, de las fuerzas atractivas que actúan a través de aquello que *seduce* para atraer, bien sea belleza, placeres o dones de tipo activo que actúan con ese fin de la unión y creación. Por eso procura entornos de belleza, armonía y abundancia. Está asociada a la *inteligencia de la creación cuya manifestación mayor es la belleza.* Es la fuerza de atracción que une los opuestos, y genera y nutre la vida. Marte gobierna sobre lo que divide, sobre el conflicto desde sus causas a sus efectos. La división crea el enemigo y genera los medios para combatirlo y para su desaparición. Para ello necesita fuerza destructiva y materiales duros. Está asociada a la *inteligencia de la fuerza* destructiva, a su ímpetu y violencia. A su vez, esa fuerza destructiva puede ser o bien el inicio de una renovación o bien que sea una destrucción estéril y sin fruto. Para que la fuerza destructiva de Marte signifique la llegada de una renovación, debe asociarse al *eros* de Venus y plantar en su terreno fértil la semilla de la renovación.

**Júpiter y Saturno.** Si Júpiter expande, Saturno restringe; si Júpiter traspasa los límites, Saturno pone unos nuevos; si Júpiter avanza, Saturno retiene; si Júpiter disuelve, Saturno solidifica; si Júpiter moviliza, Saturno inmoviliza; si Júpiter dilapida, Saturno conserva; si Júpiter es abundancia, Saturno es escasez; si Júpiter aumenta, Saturno reduce... Pero en el mundo creado y en el hombre hay un tiempo para Júpiter y otro para Saturno. Júpiter es la *inteligencia de las fuerzas que construyen lo nuevo,* Saturno es la *inteligencia que mantiene y conserva lo construido que ha de permanecer.* Por otro lado, si Venus, eros, y Marte, *tanatos,* mostraban el *cómo,* Júpiter es el *locus,* el lugar, muestra el *dónde,* y Saturno es el *tempus,* el tiempo, y muestra el *cuándo.*

**Mercurio.** Es la fuerza comunicativa, es el tejido que une todo lo creado y también lo que une lo creado con lo aún no creado. Es también gobernante de las leyes que sostienen y mantienen el cosmos, especialmente las referidas a la relación macrocosmos-microcosmos. Mercurio es a la vez mensajero de los dioses y su heraldo. Mercurio es la fuerza que eleva lo de los hombres a los dioses y desciende lo de los dioses a los hombres. Esto se debe a que aquello que pertenece a lo divino por su propia naturaleza no es ni mesurable, ni cognoscible, ni inteligible para la humanidad. Por ello es necesaria la función mercurial, que posibilita medir, conocer y hacer inteligible la labor de los dioses, siempre que sea Mercurio el intermediario que ni contamina ni distorsiona el lenguaje de lo divino. Por otro lado, Mercurio es el gran *reactivo,* es ese elemento que, cuando aparece en una estructura homogénea pero muy pasiva, la reactiva en función del mensaje que porte. Si es el mensaje de Venus, activará, por ejemplo, amor y belleza; si es de Marte, activará conflicto y lucha, etc.

Estas fuerzas presentes en la naturaleza ya fueron observadas y conocidas por los egipcios, que las consideraron como inteligencias fruto de una inteligencia primordial y son a las que llamaron *neteru.* Sin embargo, si muchos de esos *neteru* estaban vinculados a la vida, otros lo estaban con la muerte.

# Las principales ideas funerarias del Antiguo Egipto

Ya abordé en el anterior libro, *La vía iniciática,* algunos de los aspectos más importantes del ideario religioso del Antiguo Egipto, pero, si hay algo que lo distingue es su minucioso y descriptivo relato de lo que ocurre después de la muerte, por lo que vuelvo sobre ello elaborando un pequeño resumen.

Toda la enorme y compleja estructura funeraria ideológica, ritual y constructiva de los antiguos egipcios tenía un solo fin, que era doble:

a) Evitar la segunda muerte.
b) Lograr el segundo nacimiento, para lo cual se necesitaba haber construido un cuerpo de luz.

Estas dos ideas daban ya a entender que nacer en la vida física que ellos llamaban *llegar a la existencia* en realidad era una etapa de paso previo a ese segundo nacimiento. En esta vida física ya se habían logrado dos grandes conquistas: a) disponer de un cuerpo físico; b) disponer de una consciencia de sí mismo individualizada. Por medio de ambas *herramientas* se podía construir el *cuerpo de luz.* El elemento a partir del cual era posible hacerlo era la chispa de luz, como un pequeño fuego frío, que Ra, el sol, depositaba en todos los corazones cuando se llegaba a la existencia. Por tanto, un ser humano contaba con un cuerpo físico, el cual se entendía como un templo, ya que albergaba la Vida y su sacralidad, una consciencia de sí mismo susceptible de integrase en la Consciencia del Ser, una chispa de luz divina emanada de la Fuente de Luz.

Sin embargo, antes de acceder a ese segundo nacimiento había que evitar la segunda muerte, es decir, la extinción de esa consciencia de sí mismo individualizada. Entendían que la primera estructura, el cuerpo físico, dejaba de cumplir su función (la primera muerte); pero esa consciencia de sí mismo, que llamaron *ba,* debía permanecer viva junto al *ka* y a su corazón *ib,* para llegar al Juicio de Osiris y luego transfigurarse en un ser lumínico, un *aj.* No obstante, ese *ba* podía morir también y extinguirse después de la muerte física, al igual que el cuerpo biológico. Y eso intentaban evitarlo por todos los medios posibles.

Ese *ba* podía extinguirse y *morir* de tres maneras:

a) No siendo capaz de salir del cuerpo físico a la hora de la muerte debido a la densidad–opacidad que ese cuerpo físico había acumulado en vida. Entonces el *ba* se descomponía a la vez que el cuerpo en un proceso que resultaba doloroso.

b) Podía morir durante su recorrido por la *duat.* Ese recorrido por la *duat* le permitiría llegar al Juicio de Osiris y significaba encontrarse con la *cosecha* de su vida. Si en ella había sembrado odio, violencia, dolor o ignorancia, o había actuado de modo egoísta y hablado mal de otros o de sí mismo, si había buscado solo su beneficio perjudicando a otros, o juzgado a otros indebidamente. Todo eso sería lo que encontraría en la *duat,* ya que en este viaje veía ante sí el fruto de su vida, pero multiplicado.

Recordemos que el *ba* era la individualidad con consciencia de sí mismo que, al abandonar el cuerpo físico, dejaba atrás la identificación con la entidad orgánica, sensorial e intelectiva que había construido durante la vida física, para tomar consciencia de sí mismo como entidad espiritual libre de la identificación con el *yo.* En el recorrido por la *duat,* si los frutos que había sembrado eran los que tenían su fuente principal en su identificación con el *yo* temporal perecedero y contingente, le sería muy difícil abandonar esa identificación y entender su verdadera naturaleza espiritual, lo cual lo abocaba a una lenta extinción.

c) Por fin, esa segunda muerte podía ocurrir al llegar al Juicio de Osiris y no superar las dos pruebas. En la primera prueba se le hacía una serie de preguntas, concretamente cuarenta y dos, sobre su vida, para declararlo o no *justo de voz,* y luego se pesaba su corazón espiritual, el *ib,* que debía ser ligero, pues solo podía tener luz en su interior. Si era más pesado que la pluma de Maat, su corazón era devorado por una bestia llamada Amit.

Pero podía suceder que aquella luz puesta por Ra al nacer fuera ahora una luz transmutada *alquímicamente,* a través de un proceso que comenzaba con la adquisición de nuevos elementos aportados también por el vehículo biológico bajo ciertas condiciones; esas condiciones se resumían en haber vivido en *maat,* y de este modo su siembra en la vida habría sido la del bien, lo bueno, lo justo y lo bello. Y esa luz, en crecimiento, es la que permitiría construir el cuerpo de luz. Pasado con éxito el Juicio y reconocido entonces como un ser *luminoso,* podía nacer en el reino de Osiris, es decir, lograr el *segundo nacimiento.*

Todo ello partía de su concepción de que un ser humano disponía de varias estructuras diferenciadas pero unidas. Eran nueve y los llamaron «los nueve cuerpos de luz».

- El cuerpo físico, que servía de atadura a los demás. Se llamaba *kat* y su imagen era la del *ka.*
- El *ka,* que sería un a modo de doble energético previo al cuerpo físico, que sería una *copia* del *ka.* Este cumplía muchas y

complejas funciones, siendo la principal la de favorecer la vida en *maat*.

- El *kaibit*, la sombra, una suerte de residuo al que nunca había llegado la luz y que se dejaba al morir el cuerpo físico disolviéndose con el tiempo.
- El *rem,* el nombre o vibración personal de cada ser humano, con el que había llegado a la existencia y con el que sería llamado al morir. Sería una suerte de código individualizado.
- El *ba,* un concepto parecido al aristotélico y cristiano de alma. Era la entidad individual con consciencia de sí mismo.
- El *sekem,* la fuerza energética vital, que podía convertirse en una fuerza activa de orden espiritual.
- El *ib* o corazón espiritual, el contenedor de la luz.
- El *aj,* el resultado de la transfiguración del *ba* una vez fundido con el *ib.*
- El *sahu,* el nuevo ser de luz nacido en la luz.

Estos dos últimos *nacían* después de la muerte física.

Rituales funerarios y tumbas por tanto tenían la función de ayudar al difunto en su tránsito por la *duat.* En el Juicio de Osiris, por ello, construcciones, ritos, textos e imágenes tenían las funciones de purificación, protección, ofrenda, llamada y presentación de los difuntos a los *neteru* y guía[4].

Al final, todo se simplificaba bajo la sencillez de vivir en *maat* y practicar la virtud, conceptos que han estado de un modo u otro siempre presentes en todas las religiones tradicionales.

---

4. Todo esto con más detalle lo explico en mi libro *La muerte en el Antiguo Egipto.*

# Sufismo

## El fiel

Según la enseñanza del sufismo, la vía del fiel ha de sustentarse en dos pilares: su comportamiento exterior y su vida interior. En ambos casos ser bien guiado en la Vía es imprescindible.

La *vida interior* se fundamenta en el fruto del trabajo espiritual, que conduce al encuentro en Dios y con Dios y al consecuente crecimiento. En esa vida interior se dan cita la fe, y el poner la propia voluntad en manos de la voluntad de Dios y en su sabiduría: Él sabe, Él dispone, Él se ocupa.

En cuanto al *comportamiento exterior,* se caracteriza por la adquisición de las virtudes del *said, el afortunado,* esto es, indiferencia y calma ante las contingencias del mundo, la expresión de la nobleza y dignidad mostradas como generosidad, honestidad, humildad y sinceridad, el desapego a las cosas materiales, el rechazo a la importancia personal a la autocomplacencia y vanagloria, el cultivo del respeto a los demás y a sí mismo, etc.; es decir, la incorporación consciente de todas aquellas virtudes y valores que procuran que el fiel, en su relación con la vida, se descubra como *el afortunado,* tanto por lo que Dios le da como por lo que no le dio o le quita. El fiel dice: «Sobre lo que me dio y tengo, agradecimiento; por lo que no me dio y no tengo, entendimiento y abandono; por lo que me dio y luego me quitó, comprensión y aceptación». Dado que solo Dios sabe, Él es el más sabio, el fiel se sabe afortunado con lo que tiene, con lo que no tiene y no le ha sido dado, y con lo que le fue quitado.

La definición de fiel en castellano es 'el que guarda fe', 'el constante en sus afectos', 'el que cumple sus obligaciones', 'el que no defrauda la confianza depositada en él'. Ya estas definiciones nos dan medida de lo que significaba solo el mero uso del término. Uno de los nombres de Dios en el islam es *Al Mumin,* que se traduce habitualmente como 'el Fiel', si bien este nombre también se aplica a la función de protector. La fidelidad es una forma de protección de uno mismo y de aquello a lo que se guarda fidelidad. Esto se debe a que la fidelidad es firmeza y fuerza. El fiel es afortunado y fuerte.

La fidelidad no se negocia ni se presta; no se puede deber fidelidad a dos señores a la vez, es un engaño sobre todo hacia uno mismo. Dice Ibn Arabí sobre el nombre de Al Mumin que además de significar 'el Fiel', también es 'el que confirma la fe', 'el que confirma la sinceridad del alma', pues el que no es fiel no es sincero y la sinceridad es fundamental en la Vía. Además, la fidelidad se halla y se sustenta en el amor, y es el fruto del vínculo entre *el amante y el amado.*

Dijo el poeta: «¿Quién, ante el amor divino del Amado, elige servir a otro y hacerlo su señor?».

Al final, siempre hay que elegir.

# Ibn Arabi, Abu Madyan y la elección

Dice Ibn Arabi en su *Tratado sobre la caballería espiritual,* refiriéndose a una anécdota del *sheykh* Abu Madyan, que «Dios nos envía el dinero para darnos la posibilidad de elegir». En mi opinión, es lo más sabio que se ha podido decir respecto al dinero y a la posibilidad del ser humano de elegir. Abu Madyan, al que Ibn Arabi consideraba su maestro, recibía la caridad en forma de su comida diaria, unas veces más sabrosa y rica, y otras más modesta y frugal. Sin embargo, cuando recibía dinero en vez de comida, debía *elegir* qué comida compraba con lo recibido. En el primer caso, no elegía, comía lo que le traían ese día; en el segundo debía elegir qué comprar y cuánto. Efectivamente, en lo que se refiere a la comida, nosotros podemos abrir la nevera y sacar la leche, fruta, huevos u otros alimentos, incluso según nuestro nivel adquisitivo podemos elegir ir a unos restaurantes u otros; sin embargo, un alto porcentaje de la población mundial no puede tomar esas decisiones, porque sencillamente no tiene esa posibilidad de elegir y come lo que puede y cuando puede. Y así ocurre en otros campos de acción.

Nosotros pertenecemos a esa parte privilegiada de la población mundial que podemos elegir —frente al tercer mundo, somos ricos—. Esta posibilidad de elegir nos permite, a su vez, ejercitar el discernimiento y ser conscientes de *qué* elegimos, *por qué* lo elegimos o *para qué* lo elegimos. Y esto no es un asunto menor. Asimismo, nos lleva a entender cuando el dinero nos resulta herramienta de elección o se convierte en cadena que esclaviza.

Al igual que Dios *envía* el dinero a unas personas, a otras les concede otras posibilidades de elección, en función de los talentos con los que les dota: inteligencia, creatividad, diferentes capacidades, etc. Algunas personas reúnen varios de estos *envíos* de Dios y reúnen inteligencia a riqueza, o fuerza a belleza; de este modo, se incrementa su posibilidad de discernir y de elegir: pueden decidir qué hacen con su inteligencia, energía, capacidades, dinero...; saber dónde lo *gastan;* dónde lo ponen o les permite ser sencillamente conscientes cuando estos dones están al servicio de *qué* o de *quién.*

Asimismo, se entiende que toda decisión lleva implícita asumir los resultados y consecuencias inherentes a esa decisión.

Por otro lado, esta reflexión que nos ofrece Ibn Arabi nos permite distinguir que la capacidad de elegir —siempre en el marco de lo posible— no tiene nada que ver con la libertad. La libertad tiene que ver con la cantidad y grosor de las cadenas que atan a un ser humano. Una persona puede disponer de enormes posibilidades de elección y no ser libre por las cadenas que lo atan, bien en forma de deseos, miedos, contenidos mentales restrictivos, etc. En cambio, otra persona con escasas posibilidades de elección sí puede serlo. Incluso, a veces, una mayor posibilidad de elección mal gestionada puede representar un impedimento que impide acceder a la libertad, entendida esta como la posibilidad de quitarnos las cadenas que nos atan. Y, como sabemos, las cadenas más fuertes son las que nos hemos puesto nosotros mismos.

## La libertad y los límites

Islam significa 'sumisión', sumisión a la voluntad de Dios, que, a modo de aparente paradoja, en realidad significa la consecución de la libertad. La libertad verdadera solo se conquista cuando se puede prescindir ya de cualquier *deseo, rechazo, creencias, fantasías y apegos.*

No se puede confundir libertad con la posibilidad o no de elegir. La elección parte del discernimiento y de la propia posibilidad.

A su vez, se comprende el factor diferenciador de la necesidad. Respirar no es una opción que se elija ni algo que sea prescindible.

La libertad está vinculada en cambio a las cadenas, a lo que nos ata y, sobre todo, limita. Límites que condicionan la posibilidad de *ser* cada vez más completo y alcanzar la potencialidad y la totalidad de lo que se *es*.

Deseos, rechazos, creencias, fantasías, apegos y objetos son cadenas capaces de atar y, lo más importante, limitar. A mayor cantidad de deseos, de rechazos, de creencias, de fantasías, de apegos y de objetos, más cadenas y más límites que impiden la expansión y el poder alcanzar la potencialidad inherente a la propia condición de ser humano.

Los materiales básicos del que están hechas las cadenas son el miedo y el no comprender adecuadamente que, si bien nuestra raíz es humana, nuestra naturaleza primordial no lo es; es decir, la ignorancia.

El amor es expansivo, también lo es la inteligencia, entendida como capacidad de acceso a lo que *es* sin la intermediación del intelecto.

Y la naturaleza de la consciencia tiende también a la expansión, hacia lo ilimitado. Ocurre cuando la consciencia de sí mismo rompe esos límites impuestos por deseos, rechazos, creencias, fantasías, apegos y objetos. Todo empieza cuando se descubre que no son más que los barrotes de una prisión.

El camino a la libertad continúa cuando el deseo va mutando en aceptación, el rechazo en comprensión, las creencias en el bendito «no sé», la fantasía en realidad, los apegos en amor y los objetos en simples instrumentos destinados a la mera utilidad.

No es fácil desde luego, pero merece la pena comenzar a darse cuenta de ello. Y volvemos a incidir en las cadenas de la ilusión del control y la de la seguridad, que muchos seres humanos, en su ignorancia, suponen que todo depende de ellos y que no hay nada en manos de Dios, porque, si así fuera, ¿dónde queda mi voluntad?

## La voluntad

El término *voluntad* deriva del latín voluntas que significa 'querer', 'desear'. La voluntad es una de las grandes fuerzas activas del ser humano; sin embargo, es diferente cuando está bajo el poder del ego de cuando no lo está; y sus efectos son distintos. En la enseñanza sufí y en lo que concierne a las estaciones de la Vía, las *maqamat,* una de ellas se refiere a cuando el poder del ego sobre la voluntad se va extinguiendo.

La voluntad se manifiesta en la acción y obedece a su fuente impulsora, que puede ser enormemente diversa; en realidad, la voluntad es *neutra,* es un instrumento útil y necesario para el ser humano, que puede utilizar con el fin de conseguir lo que desea. Sin embargo, y como tantas veces, la pregunta «¿qué quiero?» se torna fundamental, y eso se debe a que en la voluntad hay implícito un esfuerzo, y un esfuerzo necesita energía, y la energía es limitada. Además, hacer un esfuerzo desconectado de la realidad es estéril, es como arar en el mar. Dice el Padrenuestro: «... hágase Tu voluntad así en la Tierra como en el cielo...»; y María contestó al arcángel Gabriel: «Hágase en mí según Tu palabra». El término *islam* significa 'sumisión', referida esta a la voluntad divina. El fiel entrega su voluntad y libremente la pone en manos de Dios. Pero dice un dicho sufí: «Ponte a rezar, pero antes ata tu camello». La enseñanza muestra que hay que diferenciar lo que nace de nuestra *voluntas* como continuidad y acción consecuente con la voluntad del Padre de lo que es la *voluntas* sobre lo que compete a su campo de acción humana, es decir, atar el camello.

En ambos casos y, como tantas veces, el sentido común y el discernimiento muestran la diferencia entre la *voluntas* como herramienta en poder del ego, la *voluntas* que sabe cuándo hay que aplicarla para «atar el camello» y la *voluntas* de la ofrenda de la libertad propia puesta en las manos de Dios.

En tanto, para el fiel la voluntad que le pertenece se aplica en su vida diaria en términos de continuidad en la tarea, de disciplina, de fortaleza, de templanza o de dominio sobre sí mismo; es decir, una voluntad aplicada a atar el camello para poder luego ir a rezar. Y todo ello sin saber si habrá o no habrá un mañana.

## Omar Kayyam, la seguridad y la soberbia

Omar Kayyam, en sus *Rubaiyyat,* nos invitaba a que bebiéramos y riéramos hoy, pues decía que, en realidad, no sabemos con certeza si habrá un mañana o si estaremos muertos.

Sin embargo, está inserta en nuestra genética como especie la búsqueda constante de todo lo que creemos que nos proporciona seguridad; seguridad para el presente y seguridad para el futuro. Y todo esto habita en la mente ocupando un espacio muy amplio. Por ello hacemos planes, prevemos acciones, construimos proyectos y diseñamos futuros. Además, buscamos aliados exteriores —antes se ponían velas a los santos y ahora se apela a «hermanos de luz o de otras dimensiones»—, o nos tratan de convencer del disparate de que tenemos un poder tal que nos permite *decretar* al *universo* sobre aquello que nos interesa, y que este, sumiso, nos lo concederá. A Dios antes se le pedía y rogaba, ahora se le ordena.

Pero la realidad de lo que es parece que va por otro camino y tanto santos, *hermanos de luz* o incluso el propio universo tal vez en armonía con el propósito divino y su matemática, obedezcan a Dios por encima de las velas y los decretos nacidos de una estúpida soberbia.

Y sí, llegamos a esa palabra, Dios, que hoy, o bien está secuestrada por las viejas religiones o bien ha quedado sepultada ante el empuje de estas creencias actuales carentes de una espiritualidad. Ya lo anunció Nietzsche en *La gaya ciencia:* «Dios ha muerto. Dios sigue muerto. Y nosotros lo hemos matado. ¿Cómo nos consolaremos los asesinos de todos los asesinos?».

Pero Kayyam y tantos otros nos advirtieron de que, sobre la ignorancia, se añadía la enorme arrogancia humana.

Ojalá esta situación tan anómala como sorprendente pueda servir para, al menos, reflexionar un poco. Tal vez nos ayude a entender que no hay otra seguridad mayor que la de estar en manos de Dios. Solo Él sabe.

Y Nietzsche se equivocó: Dios está más vivo que nunca, y las fantasías, ignorancia y arrogancia de las neocreencias han demostrado ser vanas e inútiles. Junto a Omar Kayyam y *los amigos de la Vía,* brindemos y riamos por ello. Además, *la gente de la Vía* no está segura de casi nada y duda de casi todo, ¿cómo no hacerlo ante las mil y una doctrinas y prácticas que tiene ante sí, algunas verdaderamente complejas y exigentes, sobre todo si se las saca de su contexto?

# La enseñanza de Buda

## Tantra

Un lector me preguntó por el tantrismo. Trataré de responder, si bien ya escribí brevemente sobre este tema en el libro anterior. El tantrismo es una doctrina y práctica que según la mayoría de historiadores surge en India en el siglo IV. Su origen es incierto, pero hay acuerdo en considerar que es védico. Su práctica resultaba, y resulta, compleja, con rituales de adoración, los *tantrika puja,* la recitación de *mantras,* prácticas de ejercicios que requerían el uso de *mudras,* lectura y memorización de textos, dibujos de mandalas y horas de meditación... Sobre todo se solicitaba al practicante la renuncia y el desapego totales, así como la presencia de un maestro experimentado en su elaborada práctica, debido a la complejidad de esta. Un aspecto importante que considerar es que se creía popularmente que sus practicantes, los *mahasiddas,* poseían *poderes* excepcionales. Siendo su origen védico, el tantrismo se permeabilizó en el hinduismo, especialmente en el yoga, en el budismo, el jainismo y sobre todo en la religión tibetana *bon,* de tipo chamánico, previa a la llegada del budismo al Tíbet.

De esta unión nació la rama del budismo tibetano *Vajrayana* o lamaísmo, de fuerte contenido tántrico, que, siendo la menos practicada de todas las escuelas y ramas del budismo, sin embargo es la más conocida y seguida en Occidente, debido a su difusión por parte de lamas en Europa y Estados Unidos y por la difusión en Occidente del llamado neotantrismo. Este es claramente una corrupción tanto del tantrismo como del budismo, y carece de valor, ya que lógicamente dejó de lado la parte más dura del tantrismo, es decir, su fuerte ascetismo, su total renuncia material y la dedicación exclusiva a sus exigentes prácticas. En este sentido valga el ejemplo del budismo tibetano, que requiere la memorización de largos textos sagrados en tibetano clásico, prolongadas sesiones de meditación o llevar una vida ascética.

Otra característica del tantrismo clásico es su división en dos ramas: la de la mano derecha —que exige un celibato total, además de todas las renuncias mencionadas— y la de la mano izquierda —que, en cambio, requiere al practicante adentrarse en lo más profundo de la naturaleza humana, incluida la práctica del sexo—. Obviamente es esta segunda la que despertó el interés en el pseudoesoterismo occidental.

En el neotantrismo, es este aspecto sexual el más relevante y casi único, y al que se le han despojado actualmente de elementos básicos previos que tradicionalmente se exigían como ritos de purificación, ayunos, meditación, recitación de mantras... El neotantrismo se centra en el rito *maithuna,* entendido como un acto sexual más o menos ritualizado y sofisticado. Fuera de ello, no hay nada en el pseudotantrismo salvo seductores discursos y promesas. Otro factor de éxito especialmente para los teósofos, los primeros difusores del neotantrismo en Occidente, fue el de favorecer la aparición de *poderes,* pues la mezcla de chakras, *kundalini* y sexo asociado a la conquista de poderes resultó un cóctel irresistible para muchos occidentales, a los que tampoco les preocupó demasiado indagar más allá. Respecto a este rito *mahituna* y su significado, ya escribí un capítulo al respecto en mi anterior libro, *La Vía iniciática.* En resumen, baste recordar que *mahituna* es el encuentro y unión entre consciencia y energía.

Como tan a menudo ha ocurrido, el paso a Occidente de doctrinas y prácticas orientales que, lógicamente, tienen un significado, valor y operatividad dentro de un contexto muy determinado, y a veces muy complejo, se deja en el camino factores que resultan un estorbo a la hora de *importar* tal o cual doctrina o práctica. Otro ejemplo actual es el famoso *mindfulness.* Hoy día hay cantidad de libros y cursos sobre esta práctica, pero pocos saben, o no les interesa saber, que el origen está en el *Sutra de la atención* o *Anapanasati Sutta,* atribuido tradicionalmente a Buda. El texto contiene las llamadas «cuatro fundaciones de la atención», especialmente, los «siete factores de la iluminación», el primero de los cuales resulta ser *sati* —en pali, la lengua de Buda— o *smrti* —en sánscrito, un término que los ingleses tradujeron como *mindfulness* y en castellano como 'atención plena'—. El texto dice literalmente: «Cuando la atención *(sati)* está presente en él, el *monje* lo sabe». Este es un texto para los monjes destinado a favorecer su *despertar,* su iluminación, lo cual requería, por parte de los monjes, un enorme compromiso ético y unas prácticas asociadas muy exigentes. La conquista de *sati* implica entrenamientos previos imprescindibles: uno de ellos es la *no atención* hacia aquello que dentro y fuera de la mente genera deseos y apegos. Obviamente un curso o un libro no basta para ello: los monjes budistas dedicaban su vida a este objetivo. Para poner en contexto *a sati* hay que recordar que este concepto, tan importante en el budismo, es uno de los que conforman la base de esta doctrina, es decir, el llamado Noble Sendero Óctuplo, la referencia vital y doctrinal emanada de Buda. Recordémoslo:

- La senda de la recta comprensión
- La senda del recto pensamiento
- La senda de la recta palabra
- La senda de la recta acción
- La senda de la recta forma de vida
- La senda del recto esfuerzo..
- La senda de la recta atención *(sati)*
- La senda de la recta concentración

En el budismo, el camino ha de ser recorrido en su integridad. No tiene sentido practicar *sati* si se deja de lado el resto de sendas, como la recta acción, el recto pensamiento o la recta palabra.

No hay que olvidar que Buda elabora este camino a partir de su indagación sobre el sufrimiento humano y como fruto de su iluminación. De ahí es de donde surge el enunciado de las Cuatro Nobles Verdades que podemos leer en el mismo *Sutra de la atención,* y que son los pilares del budismo:

- La noble verdad del sufrimiento
- La noble verdad del origen del sufrimiento
- La noble verdad de que puede cesar el sufrimiento
- La noble verdad de que hay un camino que conduce al cese del sufrimiento

Este camino es el Noble Sendero Óctuplo citado. Toda su enseñanza queda reflejada en una frase de enorme sabiduría y potencia: «El dolor es inevitable, el sufrimiento es opcional».

Dicho esto, cualquier práctica de meditación es positiva, cualquier práctica que lleve algo de paz a la mente y corazón es buena, cualquier práctica que aminore la ansiedad y el estrés es saludable. Desde esta perspectiva, la práctica de *mindfulness* puede serlo, pero creo que sería más correcto vincularlo con su origen budista, ya que este contexto pleno de sabiduría le otorgaría significados y valores de mucho mayor alcance dada la enorme potencia de enseñanza y sabiduría del budismo. Un ejemplo es la idea de karma.

## Karma, acción y el *Bhagavad Gita*

A veces sorprende que ideas de calado pertenecientes a un credo o filosofía lleguen a otros credos perdiendo completamente su significado, mediante una asimilación forzada a las ideas del nuevo credo que las adopta. Un ejemplo es el de karma.

Hay vídeos en internet con el título «Karma inmediato» en el que se ve a alguien que intenta cometer un delito que no puede llevar a cabo y que, en cambio, recibe su merecido en ese mismo momento; es decir, recibe su castigo por la acción que intentaba cometer en el contexto de la vieja y conocida idea de la punición y del «ojo por ojo». Por ejemplo, en un vídeo se ve cómo unos motoristas intentan robar el bolso a una anciana, pero torpemente se caen de la moto y se lesionan mientras la señora escapa.

Pero el karma no es eso, no es punición. *Karma* significa 'acción', pero, sobre todo en términos filosóficos, 'deber'. Si el karma es deuda, que puede serlo, esa deuda no se salda con la punición, se salda pagando con la acción, y esa acción solo puede ser o compensatoria o rectificadora. En el «ojo por ojo», si alguien ha derramado sangre, su sangre será derramada; en la ley del karma, quien ha derramado sangre saldará esa deuda con el deber de evitar que se derrame más sangre. Por eso dijo Ghandi: «Ojo por ojo y la humanidad quedará ciega». Él sí conocía la ley del karma y su factor correctivo y no de castigo.

El «ojo por ojo» tiene su origen en el famoso Código de Hammurabi y en un contexto legislativo y social humano puede entenderse tanto la punición como la retribución por medio del dolor o de la pérdida. Pero, en términos espirituales, no funciona así.

Cualquiera que haya leído el *Bhagavad Gita* puede acceder a la enorme sabiduría que contiene respecto al concepto de acción. Es el mismo Krishna bajo la forma de un cochero quien instruye a Arjuna cuando está a punto de iniciarse una batalla en la que se enfrentará a unos parientes.

Krishna le recuerda cuál es su deber como líder y define *karma* como «el yoga de las obras»; de hecho, el *karma yoga* es uno de los tres yogas mayores. También le enseña que el yoga de las obras es superior a la renuncia a la acción. Sin embargo, también le muestra la sublime enseñanza de renunciar a los frutos de las obras, pues estos no dependen de quien las ejecuta. La impecabilidad en la acción cumpliendo su deber le corresponde a Arjuna, incluso en medio de una batalla; los frutos de su acción no le corresponden.

Le muestra la diferencia de cuando la voluntad está al servicio del deber o al servicio de los deseos. La acción (karma) realizada al servicio del deseo es inherentemente imperfecta y deberá ser corregida con otra nueva acción (karma) correcta. Le dice: «Quien puede contemplar la no acción (es decir, libre de deseo) en la acción y quien puede contemplar la acción permaneciendo en la no acción (libre de deseo) es hombre de razón recta y claro pensamiento».

Sigue: «Quien no tiene deseo respecto al fruto de sus acciones, quien está satisfecho sin dependencias, no actúa, aunque esté introducido en la acción».

Krishna enseña a Arjuna que todo ser nacido está destinado a la acción: la vida es acción. Pero todo responde a entender de dónde emana y procede dicha acción: del deseo, del miedo... Le conmina a entender qué sucede cuando se espera el fruto de la acción. Le invita a alcanzar el estado en el que la acción no es fruto del deseo, alcanzar el estado de no tener ningún deseo respecto a los frutos de la acción.

La acción es causa y efecto. Si la acción parte del deseo, su fruto estará vinculado a ese deseo como satisfacción o como frustración, pero seguirá dentro del ciclo del deseo: un deseo nace de otro deseo. Krishna afirma: «La Naturaleza origina la cadena de las causas, de los efectos y de las acciones».

Pero, si en el orden de la naturaleza y de la vida no existe la punición, en cambio sí existe la corrección; y si existe deuda (la acción del deber no cumplido), por tanto tiene que haber pago, que ha de efectuarse con acciones.

Krishna le enseña a Arjuna al respecto el significado de sacrificio, entendido este como ofrenda, como dádiva a los dioses. Y la acción puede ser una ofrenda. Así se entiende que la propia acción es sacrificio que se convierte en ofrenda, y a los dioses solo se les ofrece lo mejor. Y en la vida no hay ninguna renuncia que hacer, salvo la referida a la satisfacción de la voluntad anclada en el deseo.

Y todo ello en medio del conflicto, de la batalla que va a comenzar y que encoge el corazón del aguerrido Arjuna. Es justo ahí, en el caos del conflicto con toda su carga de pasiones, caos e intereses, donde la acción del deber libre de deseos ha de ser más impecable, como una ofrenda que se integre y sume a la realización de lo bueno, lo bello y lo justo.

Las enseñanzas de Krishna llevan a Arjuna a entender su verdadera naturaleza inmortal, comprende el mundo como irreal e ilusorio, sabe de la necesidad de purificar su mente y su corazón. Así lleva a cabo la acción desapegada del deseo, desinteresada e impecable en el propósito del cumplimiento del deber. Respecto a los frutos de la acción, también sabe que no le pertenecen.

# Budismo *chan*

El budismo *chan* nace de la fusión del budismo procedente del norte de la India con diferentes aspectos del taoísmo. Su nombre viene de la pronunciación china del sánscrito *dhyan,* que significa 'meditación'. Esta meditación se refiere a la transmisión que Buda legó a su sucesor Mahakaspaya en la famosa escena de la flor que tenía Buda en su mano. Cuenta el relato que Buda salió a dar un discurso con una bella flor en la mano. Al rato, Mahakaspaya empezó a reírse. Mientras los demás únicamente prestaron atención a las palabras de Buda, solo Mahakasyapa había advertido que la enseñanza estaba en la flor. De ahí nace el vínculo entre este episodio de atención con la meditación y su logro del estado meditativo y la comprensión, entendida esta como el acceso a lo fundamental dejando de lado lo accesorio y periférico. Sin comprensión, la meditación vale de poco. El símbolo de esa comprensión es la flor de Buda, la flor de loto. Mahakasyapa fue el sucesor de Buda y de este linaje procede el famoso Bodhidharma, el introductor del budismo en China. Sobre este episodio dijo Buda:

«Poseo la visión del dharma, la mente del nirvana; sé lo que es la forma y la no forma; la verdadera enseñanza no se basa en palabras ni letras, es una transmisión sutil fuera de las escrituras, por eso confío la enseñanza a Mahakasyapa».

Respecto al concepto *mente del nirvana,* Buda también describió los cuatro trances, en los que moró, y lo que obtuvo en ellos. Al salir de estos estados dijo:

«Yo, sometido a nacimiento, envejecimiento, enfermedad, sufrimiento y muerte, y sabiendo lo que se cierne sobre lo que está sujeto a ello, y anhelando lo que no está sometido a nacimiento, envejecimiento, sufrimiento y muerte, experimenté el nirvana. Alcancé el conocimiento, la visión pura y mi liberación espiritual».

Dharma ha de entenderse como el camino que conduce al nirvana, tanto como enseñanza, como forma y conducta de vida.

Respecto al estado de nirvana, ha de entenderse como un estado de plenitud no condicionado por los factores orgánicos o mentales a los que está comúnmente atada la consciencia. Es un estado de gozo y de clara percepción de la realidad. Es un estado de unidad en el que no existe lo otro, ni existen ni el sí ni el no, ni el deseo ni el rechazo. Hay quietud, silencio, todo está bien, todo es perfecto y no hay dualidad. Es un estado vinculado a la iluminación en el que en realidad lo que se produce es la liberación de las ataduras de la mente, que entonces comienza a expandirse.

Cuando el budismo *chan* cruza de China a Japón, es allí donde toma el nombre de zen, debido a la pronunciación japonesa de *chan*. Se cuenta que entre Bodhidarma y un discípulo suyo llamado Hueiko se produjo el siguiente diálogo, que retrata muy bien la naturaleza del zen:

> *—Maestro, te pido que pacifiques mi espíritu.*
> *—Tráelo ante mí.*
> *—Cuando lo busco no lo encuentro.*
> *—Entonces es que ya lo he pacificado.*

A continuación, Hueiko alcanzó el despertar y Bodhidarma le entregó la continuidad y la transmisión del linaje del modo tradicional: de espíritu a espíritu. A partir de entonces Hueiko se convierte en el segundo patriarca del budismo chino —el primero es Bodhidarma—, hasta el famoso sexto y último patriarca, Huei-Neng (siglo VIII), ya que después de su muerte el budismo *chan* se dividió en cinco escuelas.

Como toda enseñanza verdadera, en su origen es sutil y viviente. Solo después es convertida en doctrina repleta de prescripciones y el conocimiento es sustituido por dogmas y por libros. Eso ocurrió en el budismo, como después con el cristianismo o con el islam. Es por eso por lo que el budismo es tan variado. Por ejemplo, al pasar por el Tíbet da origen a un tipo de budismo mágico, ceremonial, repleto de deidades. Cuando se funde con la vieja y chamánica religión tibetana *bon po* y da origen al budismo tibetano o *vajrayana,* al igual que como hemos visto al llegar a China se funde con el más ligero y filosófico taoísmo dando origen al budismo *chan.* Este, al llegar al Japón y ser aceptado por las capas sociales más altas, especialmente entre los samuráis, le confieren al budismo tanto su estética como su rigor, naciendo así las distintas escuelas zen, pues una de ellas es el resultado de la unión del budismo con la primitiva religión japonesa del *shinto,* que justo empezaba a formarse como tal a la llegada del budismo.

Pero budismo solo hay uno y su resumen es tan breve como el que propuso Buda: seguir el Camino Óctuple, hasta alcanzar la iluminación y la liberación. En términos más actuales diríamos que consiste en aquietar la mente, no dejar que las pasiones te dominen y practicar la virtud. Nuevamente la sencillez es el gran obstáculo: por eso es tan difícil ser buen budista, como ser buen cristiano o buen musulmán.

# La sabiduría de Buda y la iluminación

Shiddarta Gautama, el Buda, nos dejó un patrimonio de sabiduría de la cual estas sentencias son solo una pequeña muestra:

«El dolor es inevitable, pero el sufrimiento es opcional».

«La verdad es aquello que produce resultados».

«Todo lo que somos es fruto de lo que pensamos».

«Mantente indiferente ante la ganancia y la pérdida; ante la victoria y la derrota».

«La felicidad está en la obtención de la sabiduría. La felicidad está en abstenerse del mal».

«El pasado es un sueño. El futuro un espejismo. El presente, una nube que pasa».

«Todos los estados mentales perjudiciales tienen sus raíces en la ignorancia y convergen en la ignorancia. Al abolir la ignorancia, todos los demás estados perjudiciales serán también abolidos».

«No cometas el error que representa buscar la satisfacción por medios inherentemente insatisfactorios».

«Sé como un cadáver que no reacciona ni a los halagos ni a los insultos».

«Más valiosa que la conquista en la batalla de cien mil enemigos es la conquista de uno mismo».

«En el mundo el odio no cesa con el odio, solo cesa con el amor. Esta es una ley eterna».

«En cualquier batalla resultan derrotados tanto vencidos como vencedores».

«El apego a las propias opiniones es sumamente peligroso».

«El ser humano no puede controlar los avatares de la vida, pero sí puede controlar su mente».

«Mente clara, corazón tierno, eso es todo».

Buda fue alguien muy grande. Por resumir diremos que básicamente incorporó dos cosas fundamentales al desarrollo espiritual de la humanidad. Por un lado, enseñó todo lo anteriormente expuesto sobre el sufrimiento, su origen y el modo de que pueda cesar, y añadió que la responsabilidad de crecimiento espiritual y de iluminación está en cada cual. La sociedad estaba en ese momento sumida en una pasividad espiritual pendiente del capricho de los dioses. Buda dijo: «Hay una responsabilidad que es tuya. No eres solo una víctima que pueda estar todo el día responsabilizando de todo a los dioses». Eso ya fue algo enorme, un avance brutal. Pero no fue solo eso, además dijo: «Te pongo delante los instrumentos para eliminar el sufrimiento, incluso para iluminarte». La meditación es en realidad un encuentro con la mente, con la personalidad, con lo que no trasciende. La meditación da la oportunidad de impedir que el ego gobierne la vida. Buda explicó que se trata de que no seas tú quien obedezca a tu mente, sino que tu mente sea quien te obedezca a ti. La meditación procura liberarte de las ataduras del ego y sus conflictos, y de los contenidos de la mente, que son la mayoría de las veces cadenas que impiden su expansión y su acceso a otros *lugares,* como a ese llamado nirvana. Le meditación provee un buen escenario para la aparición de la Presencia de Dios. Buda se iluminó y así enseñó el camino. La iluminación es un hecho real, orgánico, de orden lumínico, como su nombre indica, no algo abstracto ni simbólico: Buda es la prueba y él detalló la experiencia de iluminación que vivió bajo el árbol *bodhi.* Entonces tenía treinta y seis años. Antes debió vencer a los nueve ejércitos de Mara, con los que este demonio derrotaba a los hombres. Son insatisfacción, voluptuosidad, hambre y sed, pereza, ansia, duda, hipocresía, cobardía, vanidad y orgullo.

## Iluminación

El trabajo iniciático, entendido como aquel que es real, que produce frutos, hace que dejen de funcionar ciertos circuitos energéticos y activa otros. Así comienza a formarse un cuerpo de luz. La iluminación empieza por el cerebro, lentamente, que es lo más común, o de golpe, lo cual puede ser hasta peligroso. Poco a poco, esa combustión —pues en realidad es una combustión— se va extendiendo a otras células, y al final resulta algo similar a una ignición. En el Evangelio lo vemos en la llamada Transfiguración o la adquisición total del cuerpo de luz, algo a lo que llegan muy pocos seres.

No es sorprendente si se recuerda que en el cuerpo humano hay combustiones constantes: la respiración o cuando comemos. También hay otra de otro orden. Está en el plexo solar y es una combustión muy parecida a la del sol. Representa un punto de fusión entre las fuerzas más densas que están por debajo del diafragma y las más sutiles que están por encima de él y rodean el corazón y los pulmones. En él está todo: el ser humano es síntesis de lo creado.

También está en él toda la inteligencia creadora y todo lo que obedece al propósito divino. Si uno va hacia uno mismo y se mira con ojos inocentes, puede verlo y reconocerlo. Esto sucede poco a poco. La iluminación es solo el principio, no el final como se suele creer.

La iluminación espontánea de un individuo es algo realmente raro, pero, como depende de Dios, Él elige a quien quiere. Cualquier persona, a través de su sinceridad, de su necesidad de Dios, de la práctica de la virtud, de eliminar de su mente apegos, aversiones y deseos, de su trabajo interior en suma, puede acceder a la iluminación.

Esta iluminación, para la mayoría, es una parte del proceso de crecimiento en la vía que se recorre con un Maestro o dentro de una escuela iniciática verdadera y viva. Para que la iluminación se produzca debe intervenir la nutrición, la Gracia, que forma parte como un ingrediente de la alquimia interior. Esa nutrición se produce a través de ese conducto que en India se llama *antakarana* o que los egipcios llamaban «el lugar donde sopla el halcón». Está situado en el enganche de la vértebra atlas. Como tantas veces se ha dicho, el cuerpo es el *laboratorio* en el que todo ocurre, es un templo vivo. Buda lo vivió y lo mostró al mundo.

## Tomar refugio en el Buda

Habitualmente se llama así al sencillo acto en el que una persona decide profesar y seguir la senda del budismo: tomar refugio en el Buda. Pero esta frase tiene un significado más profundo, pues se refiere a cuando una persona accede y se refugia en el *lugar de la paz.* Eso se hace por medio de la meditación o de la oración, o siguiendo el *dharma,* es decir, tomando refugio en la enseñanza y la guía del maestro; o siguiendo la *shanga* adoptando las virtudes que practica el monje que nacen del desapego, especialmente el apego al propio ego, y de la renuncia a aceptar las ataduras del mundo. Y esta idea es muy importante: no se trata de rechazar el mundo, se trata de rechazar sus ataduras.

Tomar refugio en el Buda significa tanto tomar refugio en nuestra naturaleza búdica profunda como en el Buda, entendido como maestro. Así mismo, resulta de ir encontrando poco a poco ese lugar interior que, a modo de paraíso, está en el corazón de todos, pero cuyo acceso está disponible solo bajo unas sencillas condiciones. Ese refugio interior, sereno, bello y en paz que cada uno tiene en su corazón, es sobre todo hoy una bendición ante la cada vez más intensa confusión y agitación que provienen del mundo. Ese lugar de paz tiene sin embargo una llave y esa llave aparece cuando se comprende que «todo está bien y es bien». El resto solo ocurre.

Es como cuando Mahakaspaya vio el loto en las manos de Buda y rio, fruto de la comprensión que alcanzó. Sin embargo, el budismo, con siglos de historia detrás, es diverso, y comprende desde el fasto del ritual del budismo tibetano hasta la sobriedad con su no menos elaborada ritualística del zen, o la doctrina que conecta con el *advaita* presente en el *Sutra del corazón*.

Este texto de sabiduría comienza refiriéndose a los cinco *skandas* o *agregados,* que forman un velo que oculta a la verdadera naturaleza búdica e impiden el despertar. Recordemos que Buda significa 'el Despierto'. Los agregados son: las formas, los sentimientos, las sensaciones y las emociones, las percepciones (incluida la memoria), las formaciones y los estados mentales y la conciencia (entendida esta como aquella que es la respuesta resultante de la experiencia sensorial). Según la doctrina budista, estos agregados son la causa de los apegos y los rechazos de la mente y son el origen del sufrimiento humano. Añado breves extractos de este Sutra clásico:

«La forma es vacío, el vacío es forma; la forma no es diferente al vacío. Lo que es vacío es forma, lo que es forma es vacío. Así son las sensaciones, las percepciones, los impulsos, la conciencia».

«Todos los fenómenos son vacío. No son producidos ni destruidos, ni son puros ni impuros, ni son completos ni incompletos».

«En el vacío no hay forma, ni sensaciones, ni percepciones, ni impulsos, ni conciencia. No hay ojo, ni oído, ni nariz, ni lengua, ni cuerpo, ni mente; no hay formas, sonidos, colores, olores, sabores, tactos ni objetos mentales; no hay conciencia de los sentidos».

«No hay ignorancia, ni ausencia de ella, ni hay todo lo que procede de ella; no hay ni vejez, ni muerte, ni extinción de la vejez y la muerte».

«No hay sufrimiento, ni su causa, ni su cese, ni sendero de liberación».

Esta última frase parece que fuera totalmente en contra de uno de los cimientos básicos de la doctrina que enseñó Buda, es decir, la necesidad de seguir el Camino Óctuplo que libera al ser humano del sufrimiento. En mi opinión no hay contradicción: lo que conduce al estado en el que ya no hay sendero de liberación es precisamente el sendero budista, o el camino cristiano u otro que conduzca hacia el mismo fin; en definitiva, la Vía, entendida como aquella que es útil y capaz de acercar a esa criatura llamada ser humano al amor de Dios. Si comenzamos con la complejidad del tantrismo, tal vez esté en el amor y en la sencillez de alcanzar un corazón puro y una mente limpia la llave que abra la puerta a la Realidad, allí donde Dios es.

# En clave cristiana

Más allá de sus devenires históricos, etapas oscuras o intervenciones humanas en aras de la búsqueda y mantenimiento del poder, lo cierto es que el cristianismo posee unas enseñanzas y claves de muy profunda espiritualidad que merecen ser conocidas y comprendidas. Los siguientes textos tratan de diferentes aspectos contenidos en el mensaje cristiano, un mensaje que posee y propone distintos niveles de lectura, de enseñanza y de conocimiento.

## Adviento en un mundo en conflicto

En cualquier tradición espiritual verdadera, la llegada de un tiempo en el que es más fácil acceder de modo natural a la recepción de lo que emana de la Gracia, pide una preparación previa que permita el acceso e incorporación de esa emanación sustancialmente renovadora. En el cristianismo, la etapa de preparación a la Natividad se ha llamado Adviento, cuyo nombre ya indica un advenimiento, una venida: una llegada para quien lo recibe y para la que hay que prepararse, y así darle la bienvenida que merece. Eso que llega, representado en la imagen de un niño divino, nos habla de luz y de inocencia nacidas de la pureza de María madre, pues todo lo que llega ha de tener un receptáculo que lo acoja. Y como sabemos, la pureza reconoce a la pureza, la inocencia a la inocencia, y la luz a la luz. Es por ello por lo que la preparación de Adviento es necesaria para tener listas en términos de la posibilidad individual de cada cual, su propia pureza, su inocencia y su luz.

La celebración del periodo de Adviento procede del siglo IV. En las tradiciones cristianas de Oriente se practicaba con ayuno y junto a la oración durante las tres semanas previas al nacimiento de Jesús en la *Epifanía,* es decir, el momento en el que acontecía el misterio de la llegada de la divinidad a la carne y a la sangre: la encarnación.

Dado que el lugar, la cuna que lo acoge, es el corazón, es claro que esa purificación se refiere al corazón espiritual, si bien los procedimientos de purificación física y energética favorecen la preparación del advenimiento. En el relato evangélico, el niño Jesús nace de noche en un lugar apartado. La lectura de esta narración nos ofrece la enseñanza de mantener el corazón alejado del mundo en el silencio de la noche estrellada, es decir, «vivir en el mundo sin ser del mundo», o dicho de otro modo, procurar que el mundo nunca sea el amo que gobierne el corazón y lo tenga atado con sus cadenas, es decir, alejado del poder de Herodes.

Dado el mundo actual en conflicto y caos previos a necesarios cambios estructurales, parece más necesario que nunca mantener el corazón en paz y bajo el silencio de la noche estrellada que llama a elevar la mirada a lo alto con la gratitud a la Vida que nos ofrece la posibilidad de ser receptores de esa venida.

Nunca antes este Misterio de la Encarnación ha sido ni más necesario ni más activo. Y es por ello por lo que, en estos tiempos turbulentos, solo los corazones en paz, inocentes y libres del amo del mundo, podrán hacerle frente y vencer.

## La Natividad

La idea de poner el belén se debe a san Francisco de Asís, alguien que había alcanzado una enorme estatura espiritual. Poner el belén implica hacer los preparativos para la llegada del niño divino. En 1223, después de leer el Evangelio de Lucas, Francisco pensó en recrear la escena del nacimiento del niño Jesús en una gruta de Greccio cerca de Rieti. Fue santa Clara, compañera de san Francisco, y ya muerto este, la que empezó la costumbre de poner un belén en los conventos franciscanos. Así cada novicia de las clarisas, a su ingreso, debía llevar una pieza para el belén.

A finales del siglo xv ya aparecen en Nápoles figuritas de barro de belén y se propaga la costumbre a España a través de Carlos III (estamos a principios del xviii), que era de Nápoles. Después se extiende al resto de la Europa católica y más tarde llega a América, difundiendo esta costumbre principalmente los franciscanos. En breve tiempo, se populariza en los hogares de los países católicos iniciar la Navidad poniendo el belén.

Es curioso observar que los elementos iconográficos de esta tradición precisamente no se basan muy exactamente en los textos evangélicos canónicos. Como sabemos, solo Mateo y Lucas citan el nacimiento de Jesús. Repasándolos, vemos que, por ejemplo, Mateo sí cita la estrella, pero Lucas no. Mateo nunca habla ni de pesebre ni de gruta, y solo cita el término casa. Lucas sí menciona el pesebre, pero no la gruta. Ninguno de los dos dicen nada de la mula y el buey tradicionales.

En cuanto a los Reyes Magos, Mateo, que es el único que los menciona, solo utiliza el término *magos,* sin aclarar ni su número ni sus nombres. Por ejemplo, las antiguas iglesias sirias y armenias creían que eran doce, en el siglo II se pensaban que eran dos y los coptos daban la cifra de sesenta. Es Orígenes en el siglo III el que establece la cifra de tres, atendiendo a los tres presentes de oro, incienso y mirra que cita Mateo. En esa fecha se les añade la condición de Reyes, ya que el término *magos* tenía connotaciones peyorativas. Esta atribución real se la da Quinto Tertuliano. En cuanto a los nombres, aparecen en el siglo VI, siendo muchísimos los diferentes que les iban poniendo en las distintas iglesias. Un ejemplo de este *proceso* lo tenemos en Baltasar, que no fue negro hasta el siglo XVI, pues en esas fechas, por política ecuménica, se decidió que simbólicamente los tres reyes representaran tres razas.

Volviendo a la gruta, al buey y a la mula, es evidente que san Francisco debía conocer muy bien el llamado evangelio apócrifo, es decir, no admitido por la iglesia, de *Pseudo Mateo,* donde se habla de la estrella que brilla encima de la gruta del nacimiento, de que María salió de la gruta al tercer día con el niño y que lo colocó en un pesebre, donde lo adoraron y dieron calor el buey y la mula. Es decir, los datos principales de la formación de un belén se toman de un texto apócrifo.

Hay que decir sin embargo que el relato más extenso y detallado del nacimiento de Jesús lo tenemos en el evangelio apócrifo llamado *Protoevengelio de Santiago.* Este es un texto en griego del siglo II. Se conservan de él varios manuscritos medievales. No es el único apócrifo que trata sobre la natividad, pues se conservan, además de los dos mencionados, el *Libro de la natividad de María* y *Libro sobre la infancia del Salvador.*

Respecto a la fecha del nacimiento de Jesús, hay que decir que no está citada en ningún texto. Por tanto hubo muchas especulaciones en torno a ello en los primeros tiempos, hasta que el papa Fabián, que ejerció entre los años 236 hasta el 250, decidió acabar con el tema y declaró sacrílego al que buscase una fecha. Se especulaba con algunas como 6 de enero, 25 de marzo, 20 de abril o 20 o 25 de mayo. La iglesia armenia optó por el 6 de enero y es la que hoy celebran los ortodoxos.

Es en el concilio de Nicea, año 325, cuando se decide definitivamente la divinidad de Jesús y se establece la datación de su nacimiento el 25 de diciembre. En esta fecha los romanos celebraban con gran esplendor el fin de las fiestas saturnales por un lado y, por otro, el *natalis solis invicti,* el nacimiento del sol invicto, que coincidía con el solsticio de invierno, festividad muy celebrada en numerosísimas culturas del hemisferio norte desde épocas muy remotas. Durante el papado de Liberio, entre los años 352 y 366, se fija está fecha como inmutable, aunque las iglesias de Oriente continuaron celebrando el nacimiento, hasta hoy día, el 6 de enero. Sin embargo, hay que decir que el cristianismo solo celebró la Navidad con liturgia y boato a partir del siglo VIII.

Otros dioses como Horus o Mitra ya también nacían tradicionalmente en esa fecha en la que se celebraba desde tiempos remotos tanto la muerte del sol —la noche más larga del año—, pero también la garantía de que el sol, o sea la luz, volvía a nacer de nuevo, es decir, resucitaba.

Debemos recordar que Lucas cita a los pastores y que en Palestina en diciembre hace mucho frío y no hay pastoreo, por lo que es probable que la fecha real fuera en primavera, opinión que es hoy la más comúnmente mantenida por los historiadores.

También en cuanto al año de nacimiento hay bastantes dudas. Mateo lo sitúa en el reinado de Herodes, es decir en el 4 a. de C. aunque también hay opiniones que lo sitúan en el año 6 o 7 a. de C. Hay que recordar que en el siglo V fue el monje Dionisio el Exiguo el que, con el fin de elaborar unas tablas de cálculo para determinar la fecha de la Pascua, pues esta dependía de un calendario lunar, fijó como punto de partida el año de la Encarnación de Jesús, dando así inicio a nuestro calendario actual de la era cristiana. Hoy se sabe que Dionisio se equivocó entre 4 y 7 años, pues dató mal el reinado de Herodes. Esto significa que el año 0 es falso, y si bien no se sabe exactamente cuándo fue su año de nacimiento, hoy se especula sobre el –4, en el que también se sitúa mayoritariamente la muerte de Herodes. Además, Dionisio no tuvo presente en su conteo el año 0, de partida pues en esa época no se conocía ni utilizaba el número 0.

Estos pequeños datos hacen ver que en realidad las bases históricas sobre el nacimiento de Jesús son muy endebles, aunque, por otro lado, poco importa ante la fuerza del significado espiritual de su relato.

Podemos terminar hablando como curiosidad sobre santa Claus, en realidad san Nicolás, nacido en la actual Turquía en el siglo IV. Este obispo ayudaba a niñas y jovencitas a no prostituirse leyenda cuenta que les dejaba dinero y regalos en las prendas de ropa en las ventanas de sus casas durante la noche. Su culto lo trajeron los cruzados y sobre todo se extendió en los Países Bajos en el siglo XIII, y de allí subió al norte de Europa. Los restos de este santo descansan en la ciudad italiana de Bari y prontamente adquirieron fama de realizar grandes milagros. Los holandeses llevaron ese culto a la actual Manhattan y en Estados Unidos se popularizó este personaje, al mezclarse con la figura de Papá Noel —*Noel* es una palabra francesa que significa 'Navidad'—.

En cuanto a Papá Noel es una reactualización del *padre invierno*, propio de muchas tradiciones nórdicas paganas y que se mezcló con la figura de santa Claus, uniéndose elementos simbólicos de ambos. La figura actual de este entrañable personaje es de 1931, orondo, vestido de rojo, barba blanca, etc., y se la debemos a un dibujante de la agencia de publicidad de la Coca-Cola, que ya utilizaba a Santa Claus en sus campañas promocionales desde 1920. Anteriormente, esta figura era representada de distintas formas desde mediados del XIX, siendo la más común la de la imagen de un elfo delgado vestido de verde. El mismo origen nórdico-pagano tiene el árbol de Navidad, concretamente desde el siglo VIII, cuando en Alemania empezaron a talar y engalanar robles con cintas de colores y a rodearlos de velas. Este era un viejo ritual de fertilidad y abundancia, que poco a poco se cristianizó, asociándolo como símbolo de paz de la Navidad. En Estonia y Lituania en el siglo XVI se empezó a *encender* el árbol de Navidad en las plazas públicas, y así pasó a extenderse popularmente por Europa a partir de que llegase a Inglaterra en el siglo XIX.

Este es un pequeño resumen histórico de diferentes aspectos populares que rodean la Navidad, que he creído útil narrar para poner en contexto la profundidad de la enseñanza cristiana respecto al misterio que está presente en estas fechas.

## El nacimiento del Niño Divino

Todo lo anterior es un relato que en realidad sirve para mostrar enseñanzas muy valiosas utilizando símbolos y alegorías elaboradas a partir de unos sucesos reales cuyo valor, en cuanto a limitarlo a su rigor histórico, queda solapado ante la mayor trascendencia del significado que se puede encontrar en un relato cargado de potentes enseñanzas.

El periodo de Navidad, que se extiende hasta el 20 de enero —recordemos que la iglesia ortodoxa celebra esta fiesta el 6 de enero y que a continuación se celebran las epifanías del día 13 y la del 20—, muestra de un modo sencillo y poético el proceso que comienza cuando la divinidad presente en el ser humano comenzará a demandar su reino, un reino usurpado por un impostor,

Herodes, que en esta hermosa metáfora representa el dominio del ego, del yo, del *nafs* de los sufíes. Se inicia con el nacimiento de la luz en la gruta del corazón. Su madre es María, pureza y abandono en las manos de Dios —«Hágase en mí según tu palabra»—. Su padre José representa los frutos de la virtud: prudencia, comprensión, bondad, fe, servicio... Presencias activas en ese nacimiento son las fuerzas angélicas que lo anuncian y llevan su Gloria, y los pastores, los maestros y santos custodios, y los protectores de la inocencia. De Oriente, del lugar donde nace la luz y guiados por ella, llega la estrella. Tres reyes la reconocen, al contrario que Herodes, y le entregan sus dones: el oro de lo incorruptible, el incienso de la purificación y la mirra de la curación. Es Herodes, que se siente amenazado, el que mandará matar cualquier cosa que se asocie a la inocencia para conservar su poder sobre el reino. Pero el reino del Niño no es de este mundo, así que todos aquellos que vivan en el mundo, pero que, como Él, no sean del mundo —Su Reino no es de este mundo—, crecerán en la Gracia y vencerán a la muerte. La Navidad es la celebración de lo que nace, que es, a su vez, una renovación revolucionaria: la de sustituir a Herodes por el Niño. Y toda renovación representa dejar aquello inútil e ineficaz del pasado y sustituirlo por lo nuevo, más eficaz y potente. Toda renovación ofrece esa posibilidad, la de disponer de las herramientas nuevas que el Nacimiento ofrece, si bien para ello hay que dejar lugar para que lo nuevo ocupe su sitio. Pero Herodes no se dejará vencer fácilmente: su dominio del mundo es grande, así como su poder sobre los seres humanos.

## Los inocentes

En este Día de los Inocentes, a medio camino entre la Natividad del Niño y el fin de año, se representa el momento en el que esa inocencia toma Presencia en nuestra Vida, ya que, cada vez más, será la que nos lleve a *ser*. Estas épocas de solsticio de invierno siempre han sido las propicias para *hacer nacer* al Niño, es decir, para que la inocencia tome asiento en el corazón y para que, sobre todo, ese asiento se torne definitivo. Dijo Jesús: «De cierto os digo que, si no os volvéis y os hacéis como niños, no entraréis en el Reino de los cielos». (Mateo,18:3-5)

No hay nada más fuerte ni más vulnerable que un niño; pero la inocencia es la verdadera fuerza interior y, por lo demás, todo consiste en tomar refugio en Dios y en el amor.

Es importante comprender hasta qué punto estar inmersos en la Vía es una bendición. Si a lo que viene lo recibimos desde esta comprensión, todo el ruido exterior incrementará el silencio y todo movimiento exterior afianzará la quietud y la calma. Y, sin miedo, podremos permitir que lo que viene si «nos reconoce», solo reconocerá la luz y la inocencia, nos ayudará a purificarnos e ir dejando todo lo que ya no nos sirve y es inútil. De este modo, el poder de Herodes se extinguirá.

## La paz y el cordero

En las enseñanzas de la Tradición ha sido común vincular la figura del Maestro con la del pastor, con aquel que guía y protege a las ovejas, al cordero, es decir, a la inocencia mencionada. Es por eso por lo que, en el relato del nacimiento del Cristo, siempre simbólico, solo se acercan a la gruta donde la Virgen ha dado a luz los pastores, pues solo ellos son capaces de identificar la inocencia: ya sabemos que solo lo igual reconoce lo igual. Al Cristo se le ha identificado siempre como el Cordero de Dios, y esa inocencia, si no es protegida y guardada por los buenos pastores, será atacada y sacrificada por los lobos.

Esa lana del cordero llamada *suf* es el ropaje con el que se viste el sufí, para el cual ese cordero es también el recuerdo viviente de *As Salam,* la paz, uno de los 99 nombres de Dios.

Sobre este nombre de Dios nos dice lo siguiente Ibn Arabí en su obra *El secreto de los nombres de Dios:*

*As Salam*

*La Paz, la Salud, la Salvación*

«Tienes necesidad de este *nombre* para salvaguardar la salud o incolumidad de tu esencia del acontecer de cuanto te vincule con el defecto y, en el caso de que tal cosa sobreviniera, para que te libre y preserve de la posibilidad de que perdure y se consolide».

«... la Paz es posible que desde el principio preserve al siervo de la persistencia del defecto. Este aspecto, la salvaguardia que preserva de la continuidad del defecto, es el que conviene como revestimiento con los rasgos característicos de este nombre...»[5].

La Nochebuena, la noche del nacimiento crístico a las 12 de la noche, ha sido llamada «la noche de paz», una paz a la que hoy, cuando la confrontación no para de intensificarse, más que nunca hay que recurrir antes que el defecto, como dice Ibn Arabí, «perdure y se consolide». Que el defecto llegue al ser humano es propio de su naturaleza, pero no dejar que se consolide, perdure y tenga continuidad también es propio de la naturaleza humana, y está a su alcance.

Este término, *defecto,* recordemos que viene del latín *defectus* y que significa 'desaparición', 'falta', 'carencia de algo'. Los romanos lo aplicaban también para el agotamiento y las flaquezas. El término *déficit* tiene la misma raíz.

Ibn Arabí nos dice que *As Salam* es sinónimo de Paz, Salvación y Salud, lo cual es muy revelador. El sufismo siempre ha vinculado la enfermedad —física, mental y espiritual— con la falta

---

5.   De la obra *El secreto de los nombres de Dios,* de Ibn Arabí, con estudio y traducción de Pablo Beneito. Publicado por Tres Fronteras Ediciones.

(defecto) de paz nacida del olvido de la propia inocencia; la enfermedad es fruto pues de un conflicto. Desde tiempos remotos las fechas de la Natividad han sido especiales e idóneas para alcanzar o recuperar la paz. Para ello es necesario entender que está asociada a la inocencia. Así se recibirán los tres dones de los Reyes Magos y se podrá estar a salvo de la espada de Herodes, ese falso rey usurpador (el ego al que se le ha dado un poder que no le corresponde), que siempre intentará matar a los inocentes. Ojalá haya cada vez más pastores que protejan y guarden la inocencia del Cordero y, con él, la Paz, tanto la suya como la ajena. Protejamos pues nuestra Paz y, así, al Cordero.

## Ángeles, *demones* e invocaciones

Es natural que, en situaciones de temor y confusión como esta que estamos viviendo actualmente en este mundo en conflicto, se active y extienda el impulso natural de solicitar la ayuda y el amparo de Dios. Para ello nos basta la comprensión de lo falsa que resulta la sensación de control a la que nos agarramos, o que nos alcance esa impresión de pequeñez ante el poder de lo que no controlamos ni prevemos, y que deja expuesta tanto nuestra arrogancia como la ignorancia que compartimos.

Voy a hacer un somero repaso sobre lo que nos ha sido transmitido sobre la naturaleza y función de estos seres de naturaleza metafísica, pues puede ser de interés en el marco de lo próximo escrito respecto a la Semana Santa y el *Misterio Pascual.*

En las religiones del Libro, la pedida de amparo, ayuda y apoyo siempre se centra mayoritariamente en Dios. Por ejemplo, en el islam no se concibe que Dios tenga intermediarios. En lo que respecta al cristianismo, sí existen mediadores, como la Virgen María o los santos y, en menor medida, los ángeles. Ahora, en lo que se refiere al difuso ideario de la neorreligión de la nueva era, ese amparo, en cambio, es solicitado a un amplio elenco de seres *superiores,* entre los que tampoco faltan los ángeles, aunque concebidos más como servidores del hombre que como servidores de Dios.

Como sabemos, la palabra *ángel* es un término griego que significa 'mensajero'. Fue incorporado en el cristianismo de dos fuentes, la judía y la griega. Es Filón de Alejandría (20 a. C.-45 d. C.) el que en su obra difunde y pone en valor teológico esta idea. Debemos a Filón una herencia filosófica extraordinaria, de la que bebió, entre otros, Plotino, el máximo exponente del neoplatonismo.

Filón ha pasado a la historia por ser el mayor representante del judaísmo helenizado, es decir, por su colosal trabajo de hacer una síntesis entre las enseñanzas del judaísmo y la filosofía griega. A su vez, su extensa obra sirvió de inspiración e influyó a grandes pensadores y teólogos cristianos, como Orígenes o Clemente de Alejandría. Es en su obra donde por primera vez aparece lo que podemos definir como una angeología. Estos ángeles son unos mediadores sin forma ni materialidad alguna entre el *Logos* y los hombres. Los ángeles son solo accesibles a través de la inteligencia y no por medio de ningún deseo u otra pulsión humana. Ellos son puros e inmateriales, nunca apetecen de lo humano y actúan exclusivamente siguiendo las órdenes divinas.

Dentro del islam son también muy importantes los ángeles o *malaika.* Antes de la llegada del islam, entre aquellos pueblos se concebía la idea de los *jins,* una suerte de genios de la naturaleza susceptibles de ser sometidos por el hombre y capaces de realizar actos malignos, en cierta medida con similitudes a los *demones* griegos, de los que hablaré un poco más adelante. Sin embargo, en el islam los ángeles son fuerzas exclusivamente benéficas que, al igual que en el judaísmo, están al servicio de Dios y solo obedecen a su mandato.

Igualmente, en hebreo la palabra *malaj* también significa 'mensajero', pero también se traduce como 'trabajo'. Esto pone de manifiesto que es un mensajero que cumple un trabajo, el trabajo de Dios, del que únicamente recibe sus órdenes. No son seres materiales y carecen de libre albedrío, ya que únicamente realizan aquello que el Señor Dios les ordena. Dice la *Midrash* que ninguna hierba crece sin que un ángel diga: «Crece», cumpliendo la orden divina. Dice uno de los rabinos de la *Aish ha Torá:* «Orar a los ángeles es una pérdida de tiempo, ya que los ángeles solo pueden hacer lo que Dios les dice que hagan». En el judaísmo, algunas enseñanzas afirman que ciertos ángeles son creados para realizar una tarea determinada y que, cuando queda completada, desaparecen. Asimismo, existiría un ángel por cada criatura viviente. Estos ángeles estarían jerarquizados en función de sus tareas y según su cercanía a Dios. Es el gran sabio Maimónides (1135–1204) el que aúna de nuevo el pensamiento griego, básicamente a Aristóteles, con el judaísmo, creando un sistema filosófico de enorme potencia cuya influencia está aún muy viva en el credo judío. En su obra están también presentes los ángeles. El gran sabio cordobés nos muestra la jerarquización de estas entidades, siempre al servicio de Dios.

Cuando Tito destruye el templo de Salomón en el año 70, el judaísmo recibió un impacto de enorme calibre que hace que mayoritariamente decidan no salirse del marco de la *Torá,* por lo que esas influencias helenísticas que vemos en Filón desaparecen, salvo en lo que se refiere a la cábala, que sí recibe fuertes contenidos ideológicos del hermetismo y el gnosticismo. Este antes y después del judaísmo referente a la destrucción del templo lo trataré un poco más adelante.

En el mundo griego esta idea de mensajero siempre había estado asociada a Hermes; en el romano, a Mercurio. Pero, para los griegos, estos ángeles mensajeros de los dioses del Olimpo sí tienen un aspecto y características humanas. A su vez, los griegos nos proporcionaron la idea de los *demones,* entidades muy presentes en su mitología y religión. Su actividad incluía un trabajo en ambas direcciones, es decir, llevar los asuntos de los hombres a los dioses y el de traer los mensajes de los dioses a los hombres. De este término deriva la palabra *demonio,* en este caso ya referido a seres con una actividad negativa hacia el hombre. Desde una perspectiva filosófica y teológica, estos *demones* difieren mucho de los ángeles descritos por Filón y Maimónides, e incorporados luego por el cristianismo: mientras los ángeles solo están al servicio de la voluntad divina —incluida la tarea de cuidar a los hombres—, los *demones* son espíritus de naturaleza inferior cuya función es explicada por Platón en su obra *El banquete,* como intermediarios entre los hombres y los dioses. Y esas entidades, en cierto modo materiales, pero habitualmente imperceptibles a los sentidos, a la vez, pueden procurar a los seres humanos tanto fortuna como infortunio.

En el mundo judaico, la cábala, muy influenciada como hemos dicho por el helenismo y el hermetismo, también concibe a una suerte de genios–ángeles —de las dos formas se les denomina— como fuerzas transmisoras entre el ser humano y Dios. Tomando referentes propios de la astrología, las 72 divisiones clásicas de 5 grados del círculo zodiacal les da a cada una de estas divisiones el dominio de un ángel específico que, siguiendo una secuencia temporal con base astrológica, puede ser activado por rituales de invocación en los que se solicita su protección y mediación para el cumplimiento de un deseo. Estos son los llamados 72 ángeles o genios de la cábala, 6 por cada signo zodiacal, y se parecen más a la idea de los *demones* platónicos que a los seres de naturaleza puramente espiritual de Filón. Otras corrientes cabalistas dicen que son los actos humanos, buenos y malos, los que crean los ángeles, que, en realidad, son formas de energía.

Como sabemos, las corrientes ocultistas incorporaron la cábala a su ideario, destacando dos épocas: el Renacimiento, y a finales del XVIII y durante el XIX, con la explosión de las escuelas ocultistas en Europa. Después, a finales del XIX y en el XX, no tuvieron inconveniente en juntar aspectos doctrinales muy alejados entre sí, como puede ser la sutil mística judía con la astrología alejandrina, o la práctica de la teúrgia (magia de invocación), de origen también griego, y que conoció en el pasado a grandes practicantes como Juliano el Apóstata o al filósofo Jámblico. Ya en la Edad Media, en coincidencia con lo antes planteado, entre ciertas corrientes se afianzó la idea de que, si los actos humanos que se ejecutaban según la ley divina creaban ángeles, se podía suponer que los actos malévolos serían capaces, a su vez, de crear entidades negativas que pudieran hacer el mal. Esta hipótesis es la que se desarrolla en paralelo a corrientes cabalistas de contenido espiritual y que da nacimiento a algunos textos denominados *grimorios,* que, a su vez, son la base de la magia oscura fundamentada en la creación de esas entidades malignas o en la invocación de otras ya existentes. Además, se suponía que esas entidades podían obedecer al mago que las invocaba; es decir, la vieja aspiración humana de dominar determinadas fuerzas y, una vez sometidas, ponerlas al servicio de sus deseos.

En cuanto al cristianismo, poco a poco fue fundiendo estas dos funciones angélicas: aquella en la que los ángeles exclusivamente obedecen a Dios y aquella en que también son intermediarios de los hombres y pueden llevar a cabo tareas de intercesión. Sin embargo, dentro de la teología cristiana, prevaleció la idea de su obediencia a Dios y la condición de servidores de su voluntad.

Dentro del cristianismo también existe una angeología, con una estructura jerarquizada que los divide en nueve clases. Dentro de la teología cristiana tomó un gran protagonismo la idea del ángel caído, o mejor, ángeles caídos, de naturaleza maligna y representado por la figura de Satanás, el líder de un ejército dedicado a impedir la evolución espiritual del ser humano y conseguir que esté alejado de Dios. Esta idea de la existencia de ángeles malignos incluye su enorme capacidad de disimular su naturaleza maléfica. Es por eso por lo que el cristianismo abominó de las experiencias teúrgicas (magia de invocación), ya que se afirmaba que, dada la naturaleza humana, también caída y víctima del pecado original, no era capaz de contactar con esos espíritus puros angélicos, sino que en sus invocaciones aparecían ángeles caídos que buscaban que esas almas se extraviasen, para lo cual se ocultaban bajo la apariencia de ángeles buenos. Justamente una de las razones de la *caída* sería su desobediencia y rebelión ante el hecho de que el ser humano dispusiera de libre albedrío y ellos estuviesen sometidos a la voluntad del Creador.

Recordemos que el emperador Juliano (siglo IV), llamado por los cristianos «el Apóstata», renegó del cristianismo y volvió a las creencias paganas, en las que en muchos cultos se practicaban las invocaciones teúrgicas como parte fundamental de sus ritos. Es ahí donde el cristianismo se inclinó hacia el culto de santos y mártires, para diferenciarse, entre otras muchas cosas, del paganismo. La posibilidad de dirigirse como intercesores ante Dios a personas que habían sido en vida ejemplo de virtudes, y que ya residían en el cielo, prevaleció sobre la idea de dirigirse a otros entes que, a sus ojos, adquirieron la condición de peligrosos, por su capacidad de engañar a los seres humanos para conducirlos a la perdición por medio de sus artimañas. Por eso en el cristianismo es más común que el fiel apele más a la intercesión de los santos y de la Virgen María que a la de los ángeles, aunque bien sabemos que, respecto a los santos o a María, hay diferencias de criterio respecto a su condición, según de qué corriente cristiana hablemos.

Es desde el ocultismo de carácter mágico nacido de la explosión de todas esas escuelas y corrientes pseudomágicas antes mencionadas de donde nace la idea de los ángeles como ejecutores de la voluntad humana, atribuyéndoles características más propias de los *demones,* a los que se podía acceder a través de invocaciones teúrgicas y rituales. De aquí se pasó a la neorreligión actual, pero, como es de uso común en la nueva era, que solo contempla aquello que sea fácil en comprensión y ejecución, le quitaron la pesadez de la compleja carga ritual que incluían estas órdenes ocultistas, por ejemplo la de la famosa Golden Dawn con su ritual del *pilar del medio* y otros rituales de corte parecido. Así mismo, el carácter ecléctico de la neorreligión permitió que, por ejemplo, se fusionasen sin problemas idearios teosóficos de origen budista e hinduista con invocaciones angélicas de todo tipo de origen cabalístico–mágico, eso sí, simplificándolas. Sin embargo, es en los 90 cuando, de nuevo en Estados Unidos, empiezan a aparecer libros y disciplinas que tienden a una aún mayor simplificación y vulgarización no solo en las formas, sino también en el fondo de toda idea de contenido esotérico y filosófico clásico. Naturalmente, esto afecta también a los ángeles. Aquellos textos de pensadores del calibre de Filón de Alejandría o de Maimónides, o de los grandes teólogos cristianos, son sepultados por una literatura infantiloide y ñoña, pero que se instala entre un público que no puede o no quiere elevarse a la altura espiritual y filosófica que la comprensión de la naturaleza y función angélica requiere.

A veces es bueno volver a la lectura de los textos fundamentales de las religiones del Libro, como la *Torá,* los Evangelios o el Corán, o adentrarse en los textos de las grandes figuras espirituales, que muestran con total claridad no solo la realidad viviente de estos seres, sino también su función como servidores de Dios en el marco de la creación y en lo que se refiere a su relación con el ser humano. Pero de estos servidores de Dios vamos a pasar, dentro del cristianismo, a la figura de Jesús de Nazaret.

Luego llegará Semana Santa y, una historia que se inició con la Anunciación de Gabriel a María, va a ver su conclusión con otro ángel que, sentado junto a un sepulcro vacío, anuncia la Resurrección de Jesús. Tenemos por delante los misterios de la Semana Santa, un tiempo sagrado, un tiempo que guarda principalmente dos misterios de muy hondo calado espiritual: el de la eucaristía y el de la resurrección.

## La Pascua: el pasaje a la resurrección

Este término significa 'paso', 'pasaje', 'salto'. En la tradición judía, en estas fechas se celebra la salida de Egipto por parte del pueblo hebreo, compuesto por las doce tribus. La desaparición o extinción de once de las tribus de Israel hace que hoy solo haya subsistido una, la de Judea o judíos. Este *pasaje* de Egipto a Jerusalén duró 40 años. En un pasado remoto era una fiesta pastoril que celebraba el paso del invierno a la primavera, una fiesta de renovación y de celebración de la fecundidad de la vida.

Los cristianos celebran también en este tiempo la Pascua de Resurrección para conmemorar que Jesús venció a la muerte. Antes, la Cuaresma, tiempo de purificación y arrepentimiento, ha durado 40 días, los días precisos de purificación. Previo a su ministerio, Jesús pasa 40 días en el desierto, en los que es tentado por Satanás, pero renuncia al poder que el diablo le ofrece, pues su misión es otra: servir a la voluntad de Dios. En otro pasaje de 40 días después de su resurrección, Jesús asciende a los cielos. También, según una tradición, pasaron 40 días entre la transfiguración de Jesús y el día de su muerte.

Desde tiempos antiguos, la Iglesia católica celebra el Domingo de Resurrección el primer domingo después de la primera luna llena de aries. Esta vinculación de los *misterios de Pascua* con la luna, propia del catolicismo, hace que las fechas de celebración de la Pascua por parte de las iglesias ortodoxas sean otras, pues ellos toman como referencia el calendario juliano. En cuanto a la pascua judía, está condicionada a su propio calendario y su fecha principal de celebración es el 15 del mes de *nisan*. Sin embargo, las fechas de estas tres pascuas suelen estar muy cercanas entre sí.

A la luz de los textos conservados, tanto por lo narrado en los evangelios canónicos como en los apócrifos, la vida pública de Jesús fue breve y transcurrió en el tiempo de tensión política acaecido después de la muerte de Herodes el Grande, que reconstruyó, amplió y dio magnificencia y esplendor al segundo Templo, garantizándose así el apoyo de numerosos judíos, a la vez que logró que Jerusalén se convirtiese en un lugar de gran actividad mercantil y económica, precisamente debido a la presencia del Templo y a los ingresos que producía. En ese tiempo, según los testimonios históricos, existía un judaísmo muy dividido, entre los que destacaban los saduceos, los fariseos, los esenios y, según Josefo, los zelotes.

Jesús es galileo, al igual que la mayoría de los que le acompañan. Procede del norte montañoso situado entre el Mediterráneo y el mar de Galilea, y separado de Jerusalén de Judea por la tierra de Samaria. La consideración por parte de los habitantes de Judea de sus vecinos samaritanos y galileos no era la mejor. De allí vino la rebelión de Judas de Gamala o Judas el Galileo, que fue reprimida con gran dureza por los romanos. Por tanto, ese origen galileo de Jesús no es un buen aval ni para los judíos de cualquier tendencia ni para los romanos. Así mismo, su enseñanza se mostraba muy alejada tanto del credo judío como de la religión romana.

Esta procedencia galilea, su enseñanza revolucionaria respecto a la *Torá,* su conducta que no respeta las estrictas leyes judaicas, su propia altura y dimensión espiritual, el impacto que producen sus milagros, las tensiones entre los distintos grupos judíos que pelean por su propio espacio de poder, los rumores de rebelión contra Roma por parte de zelotes y otros movimientos que preparan una revolución violenta, el miedo que producen las proclamas proféticas del fin de los tiempos de colectivos como el de los esenios, y la situación entre los romanos de corrupción, incompetencia y brutalidad característica de la prefectura de Poncio Pilato y la correspondiente alerta por posibles revueltas, provocan un escenario que termina con el apresamiento y ejecución del que probablemente sea el maestro espiritual más influyente e importante de la historia.

Según la tradición cristiana recogida en los Evangelios, así se sucedieron los acontecimientos que llevaron a la pasión, muerte, resurrección y posterior ascensión de Jesucristo. Esta sucesión de hechos es llamada en el cristianismo el *Misterio Pascual,* si bien es la suma de varios misterios con el misterio de la eucaristía y el de la resurrección como protagonistas.

- Domingo de Ramos. Jesús entra en Jerusalén montado en un borrico al modo de como lo hacían los reyes de Israel. Es recibido con palmas por parte del pueblo. Sin embargo, como declarará, su reino no es de este mundo. Ciertamente, solo unos cuarenta años después de su muerte no solo los judíos siguen sin tener un rey, sino que además el general Tito arrasará el templo y los judíos partirán al exilio.
- Lunes de Pascua. Se intensifican los preparativos de la Pascua judía. Posiblemente ese día Jesús expulsa a los mercaderes del Templo y profetiza que será destruido. Esos mercaderes

vendían los animales que constantemente se sacrificaban en el templo, el cual poco después será completamente destruido.

- Martes de Pascua. Jesús enseña en el Templo. Sus enemigos, especialmente los miembros del Sanedrín, buscan comprometerlo con la pregunta sobre los impuestos al César u otras similares. Conspiran para que sean los romanos quienes lo maten.
- Miércoles de Pascua. Jesús vuelve a anunciar su pasión. Pacto de traición entre Judas y los que desean la muerte de Jesús.
- Jueves de Pascua. Última cena, institución de la eucaristía, oración en Getsemaní. Se consuma la traición y es arrestado.
- Viernes de Pascua. Juicio, pasión, crucifixión y enterramiento.
- Sábado de Pascua. Jesús en la tumba. Su familia, amigos y discípulos lo lloran.
- Domingo de Resurrección. La tumba está abierta. Jesús ha resucitado y se aparece a las mujeres y los discípulos. Se extiende la buena nueva.

Cuarenta días después de la Resurrección, Jesús asciende a los cielos y anuncia a sus discípulos que les enviará el Espíritu Santo. Esta llegada ocurre en Pentecostés, es decir, 50 días después de la Resurrección. Este episodio, de enorme importancia dentro del cristianismo, cierra el ciclo de los Misterios de Pascua. En este mismo día, en las iglesias ortodoxas se celebra, además, la festividad de la Santísima Trinidad. Es este Espíritu Santo y solo él, en la enseñanza cristiana, el que otorga los *carismas* espirituales, que se manifiestan en valores humanos necesarios para difundir el mensaje cristiano.

En lo que se refiere a la Última Cena, se desprende de la lectura de los Evangelios sinópticos que correspondía a la cena de la Pascua judía. Sin embargo, de la lectura del Evangelio de Juan se deduce que esa cena no es la de la Pascua judía, sino que debió ocurrir un día antes. De esto se supone que, según Juan, fue una cena previa a Pascua de Jesús con sus discípulos, posiblemente como una despedida.

En algunos evangelios apócrifos como el de Nicodemo, se menciona otro episodio que tuvo gran relevancia en ciertos sectores del cristianismo posteriores: la bajada de Jesús a los infiernos. Jesús triunfa sobre Satanás y sobre el Abismo y anuncia también su *parusía* o segunda venida.

## Jueves Santo

Es tal vez el día de mayor complejidad a la hora de hacer una valoración de los significados de sus episodios en lo que se refiere a su cualidad de reflejar un proceso interno en el plano espiritual. Nos encontramos ante cuatro episodios relevantes: la Última Cena e instauración de la eucaristía, la oración en Getsemaní, el beso de Judas, el prendimiento y la triple negación de Pedro.

**La Última Cena.** En este ágape se establece la eucaristía, esto es, la posibilidad de que el fiel se nutra de la sustancia divina en su doble manifestación: la carne y la sangre de Jesús ya transfigurado, y que precisa para su incorporación en el fiel un vehículo: el pan y el vino.

En el vino pervive la naturaleza de la uva pero ya transmutada. En el pan pervive la naturaleza del trigo también transmutada. Para que el vino y el pan existan, han de morir en la forma de uva y trigo.

Es la asamblea de fieles, constituida como tal, la que tiene acceso a la nutrición de la Gracia tanto de modo colectivo como individual una vez que, a través de la relación con la propia Gracia del Maestro, se ha establecido el vínculo *crístico*. En este episodio se muestra la realidad de un cambio espiritual respecto al pasado: se puede crecer en Dios a través de la *nutrición* espiritual. La enseñanza sobre este concepto fundamental de *pan espiritual* se lee en Juan; 6-25.

Esta es la aportación fundamental del cristianismo al patrimonio espiritual del mundo. Por así decirlo, representa un *avance* en lo que respecta a las posibilidades de crecimiento espiritual respecto al pasado. Por otro lado, Jesús plantea la revolucionaria idea de relacionarse con Dios a partir de la *filiación,* es decir, una relación entre padre e hijo. Asimismo, el templo ya no es necesario, al igual que no es precisa ninguna intermediación, o sea, conceptos revolucionarios.

Juan añade en su evangelio el lavatorio de pies y la elevación de los discípulos a la condición de amigos. Ambos episodios ponen de relieve ese vínculo, que será el que los ponga en condiciones de recibir el Espíritu Santo en Pentecostés.

**La oración en Getsemaní.** Jesús ora mientras Pedro, Juan y Santiago, los tres que recibirán una heredad espiritual específica, duermen. Lo que Jesús hace en plena conciencia los discípulos lo reciben de modo vegetativo mientras duermen. En este episodio se pone de manifiesto el poder de la oración como forma de plasmar la filiación, el diálogo entre Dios y el hombre. Asimismo, en esa oración se pone de manifiesto que Jesús solicita al Padre que se cumpla su voluntad. Esto pone en evidencia la verdadera y máxima dificultad que se presenta antes de los episodios que conducirán a la Resurrección: dejar la voluntad y deseos personales y ponerse, totalmente, en manos de Dios. En este episodio se muestra también que, como le dice Jesús a Pedro, a Juan y a Santiago, la carne es flaca, cuando ellos son incapaces de velar con él.

**La traición y el beso de Judas.** Jesús es un peligro para las distintas corrientes judías: es blasfemo y no cumple los preceptos de la *Torá.* Por eso han acusado a Jesús frente a los romanos, a los que esperan convencerles de que es un peligro político y social. En el episodio del prendimiento, es Jesús el único que es arrestado. En Juan 18-8 se lee: «... me buscáis a mí, dejad ir a estos». La entrega de su cabeza da como resultado, a cambio, la supervivencia de sus discípulos y, con ello, el cumplimiento de la misión de que su mensaje se extienda por el Imperio romano. Pedro, a pesar de sacar una espada y atacar a un soldado —portar armas estaba prohibido por los romanos— no es detenido (Juan; 18-10). El arresto y la muerte de Jesús salva a la comunidad, que ya ha recibido de él la Gracia nutricia de la eucaristía. Para que todo se cumpla, Judas lleva a cabo su tarea de revelar al Sanedrín dónde y cuándo podían detener a Jesús. Después muere ahorcado según Mateo y por una caída según los Hechos de los Apóstoles. Según se desprende del apócrifo Evangelio de Judas, este actuó obedeciendo a Jesús y guardando en secreto esa orden. Supuestamente este hecho tenía como objetivo que, con la entrega de Jesús, quedasen libres y a salvo su familia y discípulos como así ocurrió.

**Las tres negaciones.** Pedro, que ha sacado su espada para defender a su Maestro, en cambio, lo niega una vez, dos veces, tres veces. Cuando se durmió en Getsemaní junto a sus compañeros demostró que la carne es flaca; ahora es su fortaleza la que es débil también. Pero su amor por Jesús y su coraje se pusieron en evidencia en el episodio de la espada y ahora es posible que las negaciones de su relación con Jesús le hayan servido para conservar la vida. Será después de Pentecostés cuando reciba, junto a los demás discípulos, el carisma y la fuerza del Espíritu Santo. Él será el que, a partir de la muerte del Maestro, represente el pilar visible de la Iglesia. La parte invisible le corresponde a Juan y a Santiago.

## Viernes Santo

Jesús ha sido detenido, el complot judío ha logrado su primer objetivo. Ahora el segundo paso es lograr convencer a Pilato, al que odian los sacerdotes del Sanedrín, de que Jesús es un enemigo peligroso para Roma. El Sanedrín no puede condenar a muerte por crucifixión, pero hubiesen podido condenarlo a morir apedreado por blasfemia; pero no es eso lo que quieren, y por ello tienen que conseguir que Jesús sea condenado por sedición, lo que acarrea la pena de crucifixión. Después de su apresamiento a última hora del jueves, es posible que Jesús pase la noche en prisión. Probablemente al amanecer es conducido ante Anás, el sumo sacerdote jefe del Sanedrín, que, a su vez, le manda ante Caifás, líder de los conspiradores, en cuya casa están reunidos escribas y ancianos del Sanedrín. La conclusión es que es un blasfemo. Caifás se rasga sus vestiduras y pide su muerte.

Hay que recordar que la casta sacerdotal judía representaba una élite llena de privilegios que corrían a cargo del pueblo. Herodes el Grande había sustituido a los viejos sacerdotes de las familias tradicionales que cumplían esa función por judíos afectos a él, a los que dotó de privilegios aún mayores. Por este motivo, los miembros del Sanedrín en la época de Jesús eran mirados con desconfianza por las clases bajas alejadas de los círculos de poder.

Los judíos temen ser ellos los que de cara al pueblo se signifiquen como sus ejecutores. No en vano, cada vez Jesús tenía más seguidores y el relato de sus milagros y enseñanzas corría ya por todo Jerusalén. Algunos incluso pensaban que podía ser el ansiado mesías profetizado. El plan del Sanedrín es que sea condenado por Pilato. Por la mañana es conducido a su presencia. Ante el prefecto romano, las acusaciones de blasfemia o de no cumplir la ley mosaica no significan nada. Lo acusan de proclamar que no se ha de pagar el impuesto a Roma y, sobre todo, que aspira a ser rey de Israel. Pilato odia a los judíos, especialmente al

Sanedrín. Durante el poco tiempo que lleva en el cargo, ya ha tenido numerosos enfrentamientos con ellos. Recordemos que todos los testimonios históricos que se conservan respecto a Pilato lo retratan como un hombre duro, cruel, malvado e incompetente. Esto se demuestra cuando fue fulminantemente sustituido en su cargo y mandado a comparecer en Roma ante el emperador Tiberio por su nefasta gestión.

Tal vez para no cumplir con los deseos del Sanedrín, Pilato no hace caso a sus denuncias. Dado que Jesús es galileo, lo envía ante Herodes Antipas, rey de Galilea. Este episodio solo es citado por Lucas.

Sea como fuere, lo cierto es que Jesús es condenado según la ley romana por el delito de sedición. Pilato, posiblemente para soliviantar más a los sacerdotes del Sanedrín, les pide que elijan a qué reo quieren indultar según era costumbre en Pascua. Les da a elegir entre Jesús y Barrabás, que, según Lucas, era un asesino y había organizado un motín en la ciudad. Los sacerdotes y los miembros de los grupos de saduceos y fariseos piden que Barrabás sea liberado y que Jesús sea crucificado. Jesús, durante su vida pública, ha estado un par de veces a punto de ser lapidado por blasfemo; sin embargo ahora los sacerdotes no solicitan que se les entregue a ellos para lapidarlo según la ley judía, sino que quieren que sea Roma y su prefecto los que le condenen por la ley romana a una pena de enorme crueldad. Así será Roma y no ellos los culpables de cara a una parte del pueblo que lo considera inocente. Por otro lado, creen que así su grupo de seguidores desaparecerá también. No saben cuánto se equivocan. Jesús durante todo este tiempo mantiene la actitud de alguien que sabe lo que, de un modo u otro, va a ocurrir: su muerte. Es como que todo está previsto para que algo se cumpla. Pilato cede por miedo a dejar vivo a alguien que pueda iniciar una rebelión por una hipotética demanda al trono, con el añadido de que su liberación puede ocasionar una revuelta o, como mínimo, otro enfrentamiento con el Sanedrín, algo que políticamente no le conviene. Pilato condena a Jesús a ser flagelado y crucificado. La flagelación no aparece en el texto de Lucas. Después, Jesús, cargado con la cruz, cruza la ciudad hasta el lugar de la ejecución junto a otros dos reos que también serán crucificados.

Jesús, de este modo, es víctima del odio por parte de los estamentos de poder judíos, que nace de sus inflexibles creencias y del miedo a perder sus privilegios. Por otro lado, padecerá la crueldad ciega de los romanos, que solo obedece a sus intereses económicos y políticos de potencia dominante. Dos enemigos formidables.

La crucifixión romana, solamente aplicada a los esclavos y los condenados por delitos graves contra Roma, es un suplicio de enorme crueldad que lleva aparejada al intenso dolor físico: la infamia de la exposición pública de la agonía del reo. En ocasiones, el penado era atado a los maderos de la cruz, por lo que su agonía era más larga. En el relato de la pasión de Jesús este es clavado a los maderos, tal vez con el propósito de que muriese más rápidamente, pues durante el *sabat* no podían quedar expuestos los condenados. Jesús muere pronto, es crucificado en la hora sexta, doce del mediodía, y fallece a la hora nona, tres de la tarde. Esto ocurre en una pequeña colina extramuros de Jerusalén que es llamado «lugar de la calavera» o «calvario», tal vez porque allí fuera el lugar habitual de las crucifixiones y donde los ajusticiados eran sepultados en una fosa común. Al madero, como era habitual, se le ha añadido el *titulus,* una tablilla en la se ponía el nombre del ajusticiado y la razón de su condena; en el caso de Jesús, según citan los cuatro evangelistas, el motivo es el de haberse declarado rey de los judíos, es decir, un delito contra Roma. El texto está escrito en griego, latín y hebreo. En la cruz se suceden los episodios conocidos de la esponja con vinagre, la lanzada en el costado y el reparto de sus vestiduras. Y sus últimas palabras. Según Juan, solo dijo: «Todo está acabado» y entregó el espíritu.

Alejadas, contemplan la escena un grupo de mujeres. Los discípulos varones permanecen ocultos por seguridad. Según los distintos evangelios se citan hasta siete mujeres en ese grupo. Dada la poca consideración que tenían las mujeres en el mundo judío, ni para ellos ni para los romanos representan ningún peligro. Allí están: su madre, María Magdalena; una tía de Jesús, María Cleofás; María Salomé, la madre de los zebedeos... Juan cita que, junto a las mujeres, se encontraba también «el discípulo a quién amaba».

Cuando Jesús expira ocurren unos hechos extraordinarios, nuevos milagros que conmocionan a muchos. El velo del templo se rasga y unas tinieblas cubren la tierra. Ese mismo templo será destruido hasta los cimientos por el general romano Tito apenas cuarenta años después.

Según narran san Mateo, san Marcos, san Lucas, san Juan y el apócrifo Evangelio de Pedro, un amigo de Jesús llamado José de Arimatea pidió a Pilato el cuerpo de Jesús para sepultarlo y que no lo llevasen a la fosa común. Pilato llamó al centurión de los soldados para que le confirmasen que Jesús estaba ya muerto y entregó el cadáver al de Arimatea, que lo envolvió en una sábana y «lo depositó en un monumento que estaba cavado en una peña». Mateo dice que ese era su propio sepulcro. Lucas nos dice que estaba a punto de empezar el *sabat*. Juan afirma que el cuerpo fue ungido con mirra y áloe, y que el sepulcro estaba en un huerto. El sepulcro es cerrado con una piedra. Este hecho es observado por varios testigos, especialmente la Magdalena. Todo parece que ha concluido: Jesús ha muerto.

Pero Jesús vino a traer la Nueva Alianza con Dios, en fondo y forma. Respecto a la forma, ya no son ejecutivas ni eficaces, y sobre todo, no son necesarias todas las estructuras anteriores que, en forma de elementos como rituales, utillajes, objetos, vestiduras, símbolos, fórmulas, invocaciones, etc., se utilizaban hasta el hastío y que estaban en manos de los mediadores del culto. Ahora todo se centra en la promesa de la posibilidad de acceder a la nutrición espiritual, y esa posibilidad está abierta a todos, pues todos somos hijos de Dios, la filiación que ni excluye ni privilegia a nadie. La única práctica que Jesús predica es la de la oración, el diálogo íntimo de cada hijo con Dios, y la eucaristía, la recepción de la Gracia espiritual. También deroga la vieja ley: «El sábado se hizo para el hombre, no el hombre para el sábado». A su vez, deja una enseñanza tan potente como conmovedora a sus amigos: «Amaos los unos a los otros como yo os he amado». Tampoco el templo es ya útil; cada ser humano es un templo viviente en el que Dios puede morar si reúne, poco a poco, las condiciones necesarias de pureza e impecabilidad en la práctica de la virtud. La nueva alianza solo precisa del hombre su propio corazón. En el primer concilio de Jerusalén, muy posiblemente encabezado por Pedro y Santiago, se decide que para un cristiano no es necesaria la circuncisión. Recordemos que la circuncisión fue una petición expresa de Yavé a los judíos y que era la forma de mostrar la alianza entre los hebreos y su dios. Pero es la vieja alianza; la nueva, representada por el Hijo, se establece a través del bautismo.

Todo se ha simplificado en la forma, pero el fondo es más exigente. Ya María, cuando recibe la vista de Gabriel, responde: «Hágase en mí según tu palabra». Jesús, en su pasión, se entrega también completamente a la voluntad de Dios. Ambos son sus servidores. En medio, la crónica de una conducta ética insobornable llena de compasión y una enseñanza espiritual de una altura enorme.

Pero, efectivamente, nada ha concluido; al contrario, acaba de empezar. Si la Virgen María es la llave del misterio de la

Encarnación, María Magdalena es la llave del misterio de la Resurrección. El *sabat* está a punto de comenzar.

## Sábado Santo

En la antigüedad era común que los que querían convertirse al cristianismo se bautizasen el sábado santo, después de cumplir la cuarentena de la Cuaresma en oración y previa purificación. El sábado santo es el día del misterio del silencio, de ese espacio de tiempo que va desde la muerte en el viernes hasta la resurrección el domingo. Pero es en el sábado cuando ocurre, pero permanece aún invisible, ese cambio de esencia y sustancia que representa la resurrección. Un suceso que tiene que ver con el fuego y con la luz.

Es el sábado cuando se apaga el cirio pascual del año anterior y se enciende el fuego nuevo en un nuevo cirio en el que se graban las letras alfa y omega, es decir, la totalidad de un ciclo que se renueva. Así mismo, el Papa bendice ese fuego nuevo renovador y el agua que purificará a los nuevos cristianos que se van a bautizar. Todo está listo para que la renovación ocurra en la naturaleza y la posibilidad de una transformación espiritual opere en el ser humano. Acaba de pasar la primera luna llena de primavera y ya todo lo orgánico vegetativo está preparado. Así mismo el *nuevo* sol de primavera también está listo para cumplir su función respecto a la conciencia. Fuego y agua renovados.

En un tablero encima del ajusticiado se ponía el *titulus,* un letrero donde se escribía en tres idiomas el nombre del reo y el motivo de su condena. La iconografía cristiana simplificó este texto bajo la acrónimo INRI, es decir, *iesus nazarenus rex iudaeorum.* Sin embargo, desde esta visión de la renovación del fuego y a través del fuego se leía: ignes natura renovatur integra, es decir, el fuego renueva toda la naturaleza.

Toda la tradición cristiana ortodoxa celebra ese sábado el milagro de la *luz sagrada* o *fuego santo* en la iglesia del Santo Sepulcro de Jerusalén. En un acontecimiento documentado desde el siglo VIII, el patriarca de Jerusalén entra a solas en el Santo Sepulcro y, desde la piedra que la tradición afirma que es la que cubría el sepulcro, emerge una luz fría y azul que enciende la vela que lleva el patriarca, mientras recita una oración que solo él conoce. Previamente, en la actualidad, es minuciosamente registrado por los guardias israelíes para cerciorarse de que no porta ningún medio para encender la vela. En otras épocas el patriarca entraba solo con un taparrabos, por la misma razón, y era igualmente registrado. El milagro ocurre después del mediodía, pero sin una hora fija. Afuera, esperando a que el patriarca salga con el fuego santo, se concentran miles de peregrinos llegados de todas partes del mundo. Cuando la luz del cirio del patriarca aparece entre los gritos de júbilo de los presentes, se procede a encender con él las velas que los fieles portan. Estos fieles afirman que durante un breve periodo de tiempo el fuego sagrado no quema y se puede tocar. A veces, ese fuego santo ha salido espontáneamente al exterior y encendido las velas de algunos de los peregrinos. Esta es una breve descripción del que sin duda es el gran milagro del cristianismo, que requiere una elaborada celebración que prescribe dar tres vueltas alrededor del sepulcro por parte de los patriarcas (copto, armenio, griego), entonar cantos o el ritual de las 33 velas atadas. En 1238, el papa Gregorio XIII declaró que el milagro no era auténtico, una decisión que con seguridad fue provocada por el cisma entre Oriente y Occidente. El *fuego sagrado* es transportado desde Jerusalén en aviones a todos los países que comparten el cristianismo ortodoxo y es recibido por las autoridades civiles y religiosas ante la presencia de los medios de comunicación. El fuego sagrado llega a las iglesias de los distintos países y, desde ellas hasta las casas de los fieles, que lo mantienen encendido todo el año hasta el siguiente fuego pascual. No hay noticias de que en el mundo exista un milagro que tenga esta continuidad en el tiempo, en el mismo lugar y en la misma fecha. Hay que recordar que, en muchas tradiciones, el alma ha sido definida como un fuego.

El sábado santo es tiempo de silencio, de espera, de escucha, de abandono y atención. De intimidad. El fuego de la vida física se extinguió. Ahora podemos imaginar un proceso en el que el combustible está listo (el cuerpo con la carne y la sangre transfiguradas), en presencia del comburente (la Gracia). solo falta esperar a que se encienda la chispa divina. Y un nuevo fuego se encenderá.

## Domingo de Resurrección

Si el jueves se instaura la eucaristía y se abre la puerta a la Gracia para todos, que servirá también para la llegada del Espíritu Santo, son viernes, sábado y domingo los días en los que se produce el milagro de la resurrección. Y, al igual que la eucaristía representa una puerta abierta a todos, igualmente lo es la de la resurrección: todos podemos resucitar. Y sí, del mismo modo que la eucaristía precisa de unas condiciones, también ocurre con la resurrección. La eucaristía necesita la limpieza, la pureza del *recipiente* destinado a recibir la Gracia, el corazón. Y para *resucitar* se necesita también ese corazón puro ya nutrido de Gracia. Si la muerte la entendemos como el cese del *funcionamiento* del cuerpo, la resurrección significa que otras funciones no solo no desaparecen, sino que se activan.

Dice el Evangelio de Juan: «No me toques, pues aún no he subido al Padre. Pero ve a mis hermanos y diles: "Subo a mi Padre y a vuestro Padre, a mi Dios y a vuestro Dios"».

También leemos en Juan: «El día primero de la semana, María Magdalena vino muy de madrugada, cuando aún era de noche, al monumento, y vio quitada la piedra...». Después ella le dice a Pedro y al discípulo amado: «Han tomado al Señor del monumento y no sabemos dónde lo han puesto». Ella aún no sabe qué ha ocurrido, pero su amor al Maestro y su fe son su fuerza.

El texto de Juan nos narra a continuación que Magdalena vio a dos ángeles y que detrás de ellos apareció Jesús, al que no reconoció. Cuando ella por fin se da cuenta de quién es, pretende tocarlo, pero Jesús contesta: «No me toques, porque aún no he subido al Padre». Ella es la primera que recibe su luz *resucitada*.

Los otros evangelios dicen que Magdalena no está sola cuando ve el sepulcro vacío, sino que está acompañada de otras mujeres, pero coinciden en que la primera aparición es a la Magdalena y luego a los discípulos, aunque es Lucas el que relata un previo encuentro de Jesús con los dos discípulos que iban a Emaús. Si es la Virgen María la puerta a la Vida en la carne, es la Magdalena la puerta a la Vida en la resurrección. Y el relato de los evangelios nos muestra a otras mujeres como la Verónica, que guarda el recuerdo de su imagen en un *paño,* o Marta y María, testimonios del amor y el servicio. No puede haber nueva alianza, la de Jesús el Cristo, sin la mujer.

Este mismo Evangelio de Juan narra cómo Jesús se presenta entonces ante los discípulos que estaban escondidos y les dice: «La paz sea con vosotros. Como me envió mi Padre os envío yo. Diciendo esto sopló y les dijo: "Recibid el Espíritu Santo..."». El Dios Padre creador le da el soplo de vida a Adán, Jesús da el soplo del Espíritu: el soplo de la vida eterna en la que ya no habita la muerte.

Antes, el evangelio apócrifo de Nicodemo narra la bajada de Jesús a los infiernos y, como allí, vence al *Abismo* y a Satanás, y saca del antro a Adán. De este modo rescata a la humanidad y la lleva al pacto de la nueva alianza. Es la disolución del pasado que ya no sirve. Toda acumulación de negatividad del pasado, toda memoria queda abolida ante el recuerdo del Padre, el recuerdo de Dios.

Tomás pide para creer meter su mano en la herida de Jesús. Mientras la credibilidad de los otros discípulos descansa en la fe, en Tomás descansa además en la experiencia. La fe y la experiencia juntas, que, junto a la fortaleza, permiten el avance.

Jesús ha resucitado según había anunciado. Carne y sangre convertidas en cuerpo de luz. Todo ello para el cumplimiento de una promesa: la del advenimiento del Espíritu Santo y la posibilidad de vencer a la muerte.

Jesús abrió la puerta a la Gracia santificante por medio de la nutrición de la eucaristía, porque se transfiguró. Jesús resucitó porque se transfiguró,. Jesús abrió la puerta del Espíritu Santo porque se transfiguró.

En el episodio de la Transfiguración, Jesús empieza a brillar. Está envuelto en luz, se vuelve radiante en la Gloria divina. A su lado aparecen Moisés y Elías, que muestran la continuidad en Jesús de una función en el propósito de la instauración del Reino de Dios para toda la humanidad: significa un avance enorme. Una voz lo llama como «Hijo», al igual que cuando fue bautizado por el Bautista. Si con ese episodio se iniciaba el proceso de convertirse en *Hijo,* en la transfiguración se completa en totalidad. Adquiere el estado de Hijo. Y así abre esa *filiación* para todos: Dios es el Padre Nuestro, el padre de todos. Con la Resurrección Jesús alcanza también el estado de Cristo.

Y la nueva alianza con Cristo nos dejó el camino abierto: Vida, Verdad y Vía en Uno.

# Epifanía

Según la tradición cristiana, una epifanía se define como una *manifestación divina* o *revelación divina*. En el pasado, los cristianos festejaban no una, sino tres epifanías, que se celebraban cada siete días. La primera se celebraba el 6 de enero y mostraba la revelación de Jesús ante los paganos, representados por los Reyes Magos. La segunda se celebraba el 13 de enero y correspondía al bautismo por san Juan —se celebraba así la manifestación o revelación de Jesús a los judíos representados por el Bautista—. Tanto los Reyes de Oriente como Juan el Bautista lo reconocen como Encarnación de la divinidad. Para que la revelación y la epifanía ocurran, es previo el reconocimiento: los Reyes Magos reconocen a Jesús; Herodes, no. El Bautista lo reconoce; fariseos y saduceos, no. Los Reyes son sabios y ricos, el Bautista es pobre y solitario. Pero unos y otro tienen el corazón limpio, un corazón capaz de *reconocer*.

La última epifanía se celebraba el 20 de enero y se refería a la manifestación de Jesús en las bodas de Caná, en las que convirtió el agua en vino, su primer milagro. Esta manifestación se refería a sus discípulos, a los suyos, que lo reconocen como encarnación divina, como Hijo de Dios. Así lo cuenta el Evangelio de Juan: «Esto hizo Jesús en Caná de Galilea. Fue la primera señal milagrosa, con la que mostró su Gloria, y sus discípulos creyeron en él».

Estas tres epifanías muestran tres hitos o pasos, que podemos referir como tres *iniciaciones*. El nacimiento que muestra la encarnación en un cuerpo con el fin de realizar una función y que, poco a poco, crece. El bautismo que confirma su preparación para esa función y, por último, las bodas de Caná, donde esa función comienza. Y lo hace con la transformación de un elemento, una sustancia, en otra. Todo el proceso culminará con la resurrección como fruto y último servicio al Padre y a la humanidad.

Hoy decimos «He tenido una epifanía» cuando algo llega a la conciencia en forma de revelación. Sucede como un *darse cuenta* de algo vinculado a lo trascendente de modo súbito. Pero, para que eso aparezca, antes ha debido *ocurrir* en la carne la experiencia de eso que desciende, eso que busca en la carne el medio propicio para encarnar. Cuando la encuentra, primero impregna la carne y luego, desde la carne, pasa a la conciencia. Ese es el recorrido viviente. Por eso el Verbo se hace Carne. Ese es el gran misterio. Hoy, 6 de enero, celebramos esa Epifanía en la que los Reyes reconocieron la encarnación de la divinidad. El día 13 lo hará san Juan Bautista. El 20 lo harán todos los suyos, los servidores de Dios y de la humanidad.

Sin embargo, si el alfa es el misterio de la encarnación divina en María y el omega es el misterio de la resurrección, en medio aparece el misterio perenne de la eucaristía.

## La eucaristía

Independientemente de las grandes enseñanzas de sabiduría que nos dejó Jesús de Nazaret, en realidad la gran herencia espiritual que nos legó está presente *en lo que hizo*.

Es en la llamada *última cena* en la que instaura la eucaristía, término griego que significa 'acción de gracias'. Por medio de un sencillo acto, consistente en ofrecer pan mojado en vino para que lo comieran sus discípulos, abre con ello una puerta a todos los seres humanos a la posibilidad de acceder a la Gracia divina. Las palabras «este es mi cuerpo, esta es mi sangre» acompañan al acto y muestran el verdadero significado de ese ofrecimiento: esa Gracia que él ha encarnado en su carne y su sangre, es decir, la *ha humanizado,* ahora es susceptible de ser incorporada ya de un modo más directo por el ser humano. Su carne y su sangre, su naturaleza humana como *Hijo del Hombre,* divinizada en la Transfiguración, incorpora la Gracia divina de un modo privilegiado: como hijo. Y si Jesús como Cristo es Hijo de Dios, como *"Hijo de Hombre* establece una nueva Alianza con Dios desde esa filiación, y por ello nos declara a todos como hijos de Dios: todo ser humano ya tiene acceso por *nacimiento,* en tanto ya hijo de Dios, a nutrirse y encarnar la Gracia en la carne y sangre: ese fue su legado y su promesa.

Es a la carne y en la sangre a donde finalmente llega la nutrición de la Gracia. Dice una máxima del sufismo: «Lo que un sufí come se transforma en cualidades espirituales y luz; sin embargo, lo que otros comen sirve para satisfacer sus apetitos y pasiones». No es solo en el cristianismo donde está presente este principio de la necesidad de *comer,* es decir, nutrirse de la Gracia espiritual. Al igual que el cuerpo necesita comer para estar fuerte y crecer, lo mismo ocurre con el cuerpo espiritual, que si no se nutre no crece. Y ese cuerpo es María.

## María

Pocas veces en la historia de las religiones ha surgido una imagen–idea de la potencia de la Virgen María, la madre de Jesús. Ella representa el gran misterio de la encarnación: cuando el Verbo se hace carne.

Lo poco que sabemos de ella en términos históricos está referido en los Evangelios a lo que añaden algunos episodios que pertenecen a la tradición oral del primer cristianismo. Por otro lado, es muy destacable su aparición en el Corán y el respeto del islam a la madre de Jesús. Sin embargo, son los elementos de enseñanza espiritual asociados a su figura los que aportan al personaje histórico una dimensión que la trasciende.

Es a partir del concilio de Trento (1545-1563), frente a los postulados del protestantismo, cuando se promueve de modo definitivo desde la cúpula de Roma la veneración mariana, dando cabida a costumbres y prácticas diversas, algunas ancestrales, para su culto, y así toman forma y se extienden las mil y una advocaciones que hoy conocemos. Respecto a esas prácticas devocionales, muchas de ellas tenían, y tienen, su fuente en antiguos cultos paganos que, sin embargo, no fueron óbice para que, ahora integrados en el culto mariano, se siguiesen practicando con gran devoción. Ya a partir del culto popular a María en cualquiera de sus advocaciones es cuando se establecen los nuevos dogmas marianos y se extienden las crónicas de sus milagros, especialmente los que tienen que ver con las curaciones y las apariciones. Es en 1854 cuando se declara el dogma de la Inmaculada Concepción, que afirma que la Virgen fue concebida sin pecado original. De 1950 es el dogma de la Asunción de María. Los otros dos dogmas marianos de la Iglesia, el de la Madre de Dios y el de la Virginidad Perpetua, son mucho más antiguos, provienen de los primeros tiempos del cristianismo, concretamente del Concilio de Éfeso en el 431. Pero es el Concilio de Trento el que marca una frontera respecto a su culto y a los significados de su figura.

Pero, antes de este concilio, en la Edad Media, emerge una explosión de devoción a María, que toma una relevancia como antes no había tenido. En la difusión y aceptación colectiva de esta devoción aparece de modo protagonista san Bernardo; de hecho, muchos historiadores no dudan en declarar el siglo XIII como «la edad de oro del culto a María». Además de Bernardo de Claraval, hay otro personaje fundamental para la difusión de la devoción mariana: Alfonso X el Sabio, con sus *Cantigas de Santa María*. Este singular rey fundó la orden caballeresca de Santa María. También vinculada a la Virgen, nace en Nájera en el 1040 la primera orden de caballería de Europa, la Orden de

142

la Jarra o la Terraza, en honor a Santa María la Real. De este modo, en medio del Camino de Santiago se da inicio al vínculo del caballero al servicio de su Señora. Esa condición de caballero llevaba aparejada la promesa de vida que requería la adopción de conductas tales como la humildad, la generosidad, el servicio, seguir un código de honor, la obediencia a una regla..., teniendo a la Virgen María como su señora y reina. Si hay un factor distintivo en el cristianismo medieval es el culto y devoción a María. Dicha devoción se va instalando popularmente, impulsada por las principales órdenes religiosas y caballerescas. El relato de apariciones y milagros hace el resto. Para su culto se extienden y se celebran fiestas y peregrinaciones, en las que el pueblo se entrega y muestra gran devoción.

## Vírgenes negras

En el medievo aparece una forma de representar a la Virgen que se denomina *Maiestas Mariae* o María entronizada, con las características de estar sedante en su trono, mostrar un semblante sereno y llevar sobre el regazo a su hijo. Si ella está sentada en el trono, es a la vez trono de su hijo. Y muchas veces se la muestra de color negro. Esta forma de representar a María ha causado debate, pues, más allá de que algunas fueran ennegrecidas por el humo de las velas votivas, lo cierto es que muchas de ellas fueron talladas originalmente con ese color negro. La razón hay que encontrarla en la devoción de una madre antecesora a María: el culto a Isis. Como bien sabemos, la iconografía habitual de Isis la representa sedante en el trono y con su hijo Horus en brazos, a veces dándole el pecho. Hay que añadir que el nombre en egipcio de esta diosa cuyo culto se extendió en el mundo romano es el de Iset, que significa 'el trono'. A su vez el tocado característico de esta diosa es un trono, entendido este como el lugar donde se asienta la divinidad. En los relatos egipcios, es Isis la que, con su amor y esfuerzo, *provoca* la resurrección de su esposo Osiris. Isis es madre de Horus, como María de Jesús, y asiste a la resurrección de Osiris, como la Magdalena de Cristo. Por otro lado, el nombre que los egipcios daban a su país era el de *Kemet,* «la tierra negra», lo cual hacía alusión al fértil limo pleno de elementos nutricios para la siembra de la vida que dejaba la inundación del Nilo. Puede que resulte extraño este vínculo entre la lejana religión egipcia y el mundo cristiano medieval, pero, en cuento visitemos Jaca y leamos el texto que rodea el crismón relativo a la *segunda muerte,* una idea propia de los egipcios, o que recordemos el relato de la resurrección de Osiris, podremos darnos cuenta de que muchos elementos propios de una religión llegan a otras, especialmente si dichos elementos son de carácter universal, si bien puedan ser relatados de distinto modo, siendo unos más sutiles en su representación y otros más claros. Sea como fuere, la presencia de estas vírgenes negras significa la oportunidad de reflexionar y acceder a la profunda sacralidad presente en ese *conjunto* de funciones llamada María.

Este nombre de María proviene de Miriam. Antes de María madre de Jesús, en la Biblia aparece una Miriam, hermana de Moisés y Aarón; es decir, que podemos suponer que, al igual que Moisés es un nombre egipcio, el de su hermana Miriam también lo sea. En la búsqueda de la etimología del nombre de María queda mencionar la posibilidad de que derive del egipcio *mer,* amor, y de *amen,* o Amón, es decir «la amada de Amón», nombre que llevaban las divinas adoratrices de Amón. Por otro lado, valga señalar que Mut, la esposa de Amón, también daba a luz siendo virgen. Pero, si la Virgen es amor, también es amada: ha de ser amada.

# La vía de María



*«Hágase en mí según tu palabra»*
Evangelio de Lucas

La primera enseñanza que el fiel recibe de María es la de la necesidad y la importancia de abandonarse en las manos de Dios, de igual modo que el recién nacido lo está en brazos de su madre. Ella, María, lo nutrirá, lo auxiliará y hará de mediadora y guía. Por eso está siempre presente en la Vía que el fiel recorrerá. Dan igual las muchas y distintas advocaciones que muestran a su vez diferentes funciones, si como guía se puede mostrar como la Virgen del Carmen, si como nutridora como la Virgen de la Oca, si como reina en su trono como Santa María la Real..., y así sucesivamente según las diferentes advocaciones.

De este modo encontraremos a María en forma de tallas más o menos bellas, más o menos antiguas, más o menos decoradas con diferentes atavíos. Todo ello es irrelevante y secundario, frente a la enseñanza de su mensaje: detrás de vestiduras, ritos, imágenes o cultos, está Ella; lo demás son velos que la ocultan.

## Auxiliadora, mediadora, guía y nutridora

La Virgen cumple para el fiel las cuatro funciones principales para el peregrino de la Vida, para quien recorre la Vía:

Como *auxiliadora* representa el principio maternal de ayuda y amparo, pero también de compasión y de proporcionar la fuerza cuando hay pérdida de fe o de esperanza, alguien a quien siempre recurrir que nunca ni abandona ni traiciona.

Como *mediadora* se sitúa ante el Gran Poder divino, que actúa atendiendo al conjunto; pero ella media por la individualidad y en atención a las características únicas de sus hijos. Por otro lado, ella llega a donde el ser humano no llega, sube lo que el ser humano no puede subir y *baja* lo que el ser humano no puede bajar. Ella puede hacerlo desde la Gracia de la que está llena.

Como *guía,* su función es imprescindible para el fiel. El ser humano a veces es cegado por el entorno; otras veces él mismo genera su propia niebla y pierde el camino. Ahí, María aparece para guiar a quien quiere ser bien guiado. Ella no es solo guía, en la Vía se descubre que es a la vez el propio Camino y también su protectora.

Como *nutridora* ofrece el alimento celestial que genera, porta y reparte generosa. Como llena de Gracia, puede nutrir de modo abundante a los que están listos para recibirla, pues sin esta nutrición no es posible recorrer la Vía. La dulzura es la máxima expresión de la Gracia, que se muestra al exterior en la creación por medio de la belleza.

## El principio femenino

En la dualidad permanente presente en lo creado, el llamado principio femenino se encarna en la mujer, que posee una estructura operativa más que el hombre, la estructura de la gestación, de la que depende la continuidad del ser humano como proyecto y función. Esta estructura de la gestación podemos intuir que posee la inteligencia de la Vida y las claves de su dinámica. Gestación y nutrición van unidas. Es ella, la madre, la que nutre de *sí misma* a la criatura en crecimiento que lleva en su vientre; luego su forma de nutrición será otra cuando esa criatura vaya alcanzando su propia autonomía. Si María como mujer–madre del ser humano representa y muestra el misterio de la Vida, como Madre de Cristo muestra el misterio del Viviente, el que vive la vida, una vida que, en su inocencia, solo pide ser vivida y ser amada para el cumplimiento total de su función. De este modo los misterios de María son los misterios de la Vida.

## Solo María podrá salvar al mundo

Dice una antigua profecía que, cuando la Mujer venza a la serpiente, el ser humano podrá conocer el trono del Cordero. La lectura del críptico Apocalipsis, atribuido a Juan, nos muestra unos personajes principales: el Cordero, el Dragón y la Bestia, y la *mujer,* que luego será presentada como «esposa del Cordero». Efectivamente, solo ella, encarnación de la Vida y madre del Viviente, puede vencer a la muerte, entendida como la muerte espiritual que destruye la individualidad y la consciencia de uno mismo, conquistadas a la par que el cuerpo físico. Es por ello por lo que María, en tanto trono, es el propio cuerpo físico cuando este es ya templo, es decir, sacro, cuando en él ya puede habitar, refugiarse y expresarse la divinidad.

Solo ella, auxiliada por sus devotos caballeros, y por Gabriel y sus ejércitos, vencerá a las huestes del señor del mundo, que carece de poder sobre ella, pues el mundo y sus servidores no pueden acceder ni a la Gracia ni al lugar de la inocencia, es decir, al trono del Cordero.

María es Vía porque es amor, dulzura, compasión, entendimiento y belleza. Ella es la que da a luz a la inocencia; es su madre primero y su esposa después, por eso la profecía narra sus «esponsales con el Cordero». Es el misterio de María como Magdalena.

La Mujer es pues la esperanza, ella es el futuro que ha de suceder a este presente. Cuando el amor, la dulzura, la compasión, el entendimiento y la belleza de María venzan, el ser humano habrá vencido. Mientras, la serpiente primordial seguirá en guerra contra la mujer, pues sabe que en ella se guarda la llave de la Vida; sin embargo, ignora que Ella es ya invencible.

## El Camino: la dama y el caballero

El Camino de Santiago puede entenderse como una alegoría de las tres etapas de la vida que recorrer, que los egipcios dividieron en las etapas de Isis, la de Horus y la de Osiris, y que fue llamada Vía iniciática.

Estas tres etapas también aparecen en el Camino y se muestran a través de la figura de Santiago peregrino, la de Santiago caballero y la del maestro como Santiago en cátedra. Estas tres fases también están presentes, por ejemplo, en el orden sacerdotal católico, bajo las figuras de diácono, presbítero y obispo, o en la masonería como aprendiz, compañero y maestro. La etapa de *caballero* en el Camino[6] discurre entre Nájera y O Cebreiro. Es precisamente Nájera la ciudad que marca el inicio de esta etapa caballeresca, en la que curiosamente nace la primera orden de caballería de Europa, en el año 1040. Esta es la Orden de la Jarra o Terraza, cuyo símbolo es una jarra con azucenas, un símbolo griálico y mariano de pureza. Se fundó bajo la advocación de santa María la Real. La orden de los caballeros de Santiago fue fundada en 1170, con el objetivo de proteger a los peregrinos y luchar contra los musulmanes.

Pero, si nos vamos al lugar de inicio del Camino, entendido este comienzo a partir de la lectura de su mensaje esotérico y simbólico, en Jaca, en la leyenda que rodea su crismón del dintel de la entrada a la catedral, podemos leer: «Si quieres vivir, tú que estás sometido a la ley de la muerte, ven aquí suplicante, renuncia a los alimentos envenenados, purifica de vicios tu corazón para que no perezcas de una segunda muerte». Las imágenes de este pórtico de Jaca muestran una fecha de inicio del Camino, en el leguaje iniciático, el 16 de agosto, día de san Roque —este santo

---

6. Sobre el recorrido del Camino y su relación con la Vía iniciática, ver mi obra *El Camino de Santiago y el juego de la oca.*

es la propia representación del peregrino—. Esta fecha está a mitad del signo de Leo, marcado por los dos leones que señalan a las dos estrellas de la constelación de Leo, y que es el origen de la lluvia de estrellas llamada «las Leónidas»: Regulus (el pecho del león) y Danébola (la cola del león). También podemos ver bajo los leones y a la derecha la constelación de la Osa y la de Draco, y a la izquierda la de Ofiuco. Esa lluvia de estrellas Leónidas será la que le dé la bienvenida en Santiago. En la Edad Media, esa lluvia estelar de las Leónidas tenía su máximo esplendor a finales de octubre y primeros de noviembre. Sin embargo, en esa fecha de san Roque del 16 de agosto, el peregrino presenciaba a su partida la lluvia de estrellas Perseidas llamadas «lágrimas de san Lorenzo». El peregrino recorrerá pues un camino que comienza y termina con una lluvia de estrellas: la partida el 16 de agosto con las Perseidas y la llegada el 1 de noviembre con las Leónidas. Es un camino que sigue la Vía Láctea recorrido por san Roque, siempre con su perro —la estrella del can, Sirio—, mostrando la herida en el muslo, como Jacob cuando fue herido por el ángel.

Y aquí, al inicio, está también el primer grial, tal y como vemos en un capitel de esta catedral, que es entregado por el papa a san Lorenzo, cuya festividad es el 10 de agosto y que lo manda traer desde Roma hasta aquí, de donde él era natural. Este es el cáliz que puede verse hoy en la catedral de Valencia, a donde fue trasladado. Si al inicio de la primera etapa de peregrino se encuentra este grial de Jaca, en la segunda etapa, la del caballero, encontrará la jarra de las azucenas de Nájera, y en la tercera etapa, la del maestro, se encontrará con el tercer grial del camino: el cáliz del milagro de O Cebreiro. Si hablamos de grial, un símbolo polisémico, hablamos también de María.

En la etapa del caballero, este ha de demostrar sus valores y virtudes para ser investido primero e iniciar su tarea después. Luego recorrerá la etapa de la maestría.

Pero no hay Caballero si no hay Dama. El caballero descubre que recorre un Camino Mariano. La Virgen María en cualquiera de sus formas, el grial es una de ellas, está presente y lo acompaña en su recorrido, y como Dama se muestra en esta fase: todo confirma que es una Vía donde aparece como madre, María, pero también como compañera, la Dama, o en términos cristianos, la Magdalena. Es ella la que le pide poner en valor sus virtudes y demostrar su condición, y lo hace a través del amor.

Es por ello por lo que podemos encontrar en el Camino a la Virgen bajo varias formas que muestran distintas funciones. Al principio de la ruta, próxima a Jaca, aparece la *Virgen de la Cueva,* hallada en una gruta de la montaña sagrada de Oroel al lado de una fuente. A las formaciones de la roca por las que discurre el agua, que los peregrinos consideraban milagrosa y en ella se lavaban los ojos, se las llama aún hoy «los pechos de la Virgen». Es el encuentro con María madre.

**Santa María la Real.** Con este nombre la podemos encontrar al inicio del Camino en Sangüesa, en Irache o también en Nájera, en este caso claramente asociada a la idea de Grial. Es María entronizada y podemos verla con dos símbolos clásicos: la flor en la mano y el libro cerrado del niño. Es el reconocimiento de María como reina del mundo.

**La Virgen Blanca.** Otro nombre clásico de la Virgen que aparece en el Camino. La vemos en Villalcázar del Sirga o en la catedral de León. Es el reconocimiento de la pureza de María.

**La Virgen de la Oca.** Es la Virgen de referencia simbólica del Camino, es el reconocimiento de la Virgen nutridora portadora de la Gracia.

**Santa María del Manzano.** La vemos en Castrojeriz. Es la Virgen que derrota a la serpiente y hace suyo el árbol del paraíso, arrebatándoselo al poder de la tentación.

**La Virgen de la Encina.** El árbol sagrado de varios pueblos de la antigüedad, cuyo lenguaje era interpretado en el oráculo de Dodona. Es la Virgen como transmisora de mensajes inteligibles para el ser humano.

**La Virgen del Carmen.** Ya en Galicia, a orillas del mar al que llegaba el peregrino que recorría las tres etapas del *camino de la Resurrección* por Noia, Fisterra y Muxía, se encontraba con la Virgen del Carmen o del Carmelo, *al jarmel,* en árabe, 'el jardín', la señora por la que, por su intercesión y guía, el peregrino accedía al Jardín del Paraíso.

Si hubiese dudas, en toda la iconografía medieval se incorpora a la Virgen en la genealogía de Jesús, en el Árbol de Jesé, lo cual no está escrito en los Evangelios, ya que la genealogía de Jesé se refiere a José. El ejemplo principal lo vemos en la columna que sustenta el Pórtico de la Gloria, donde se representa el Árbol de Jesé y en el que está bien presente como protagonista María.

En tanto Dama se le revela al Caballero de muchas maneras, con distintos rostros y vestiduras: la dama es ingenua e inocente, pero inteligente; la dama es mujer fuerte y delicada; la dama es madre, hermana, amiga y esposa; la dama es nutricia; la dama es bella… y tentadora. La dama ruega al caballero a veces, otras, lo desdeña; la dama puede ser caprichosa y sabia a la vez… A partir de estas experiencias junto a la dama, el caballero descubre que, frente a esa realidad, solo puede hacer una cosa: amarla.

Y si uno de los rasgos del amor es el servicio generoso, el caballero se entrega a él. Hace un pacto de honor que durará toda su vida, pues el caballero dará en su acción fe de su fidelidad y servicio: hará una *alianza* con la Vía, una Vía de María. Y se pone al servicio de ella y la defenderá como hizo el caballero Suero de

Quiñones y su grupo de caballeros cruzando lanzas en 1424 con todo el que quería atravesar el puente del Paso Honroso. El caballero lucha por y para el bien, lo bueno, lo bello y lo justo. La literatura en su más alta expresión también nos mostró la imagen de un loco caballero, don Alonso Quijano, que toma el nombre de Quijote y se lanza al mundo para honrar y servir a su dama Dulcinea —la dulce— y sale al mundo a luchar contra la injusticia y contra el mal. Recordemos que don Alonso es iniciado como caballero y que está tres días y tres noches en la cueva de Montesinos, donde se le revela otra realidad mostrada por el jardín en el que se levanta el *castillo de cristal,* y que antes de descender a la gruta no lo hace «... no sin antes invocar siempre a su amada Dulcinea del Toboso, a la que pide su amparo... porque ella es su señora y por ella se fortalecen sus virtudes de caballero».

En el libro, Cervantes cita, recuerda y honra a don Suero de Quiñones, como ejemplo de virtudes caballerescas. Se dice que el propio Cervantes fue iniciado en una orden sufí durante su estancia en Argel.

Descubre el caballero que la dama es vínculo, es compromiso consciente y de corazón. Es así como el caballero incorpora poco a poco unas virtudes en la experiencia a su servicio. Es entonces un periodo de servir a la Vía. En el Camino, el caballero toma conciencia de que los que le precedieron construyeron hospitales, puentes, calzadas, posadas, iglesias..., todo al servicio de los que caminan la Vía al encuentro con Dios. Entonces entiende que él también ha de ponerse al servicio de los que han de venir después; es una cadena, un eslabón, se engarza con uno que está arriba y engarza a otro que está debajo. Así mismo entiende que la función principal de la Caballería espiritual es la protección de lo sagrado. Su patrón es san Jorge, aquel en perenne lucha con el dragón para rescatar la inocencia, representada por la doncella.

Luego el recorrido le llevará al estado de la maestría, representado por el Maestro en cátedra, Santiago.

En el Medievo, en el marco de las reglas de caballería, este practicaba el servicio, la obediencia y la discreción, además de la prudencia, la fortaleza, la justicia y la templanza. Los caballeros salen al mundo, los monjes se quedan orando al resguardo de los muros de sus monasterios. Los caballeros actúan, se exponen al error y al juicio. Se exponen a caer y a ser derrotados y levantarse luego, pero el caballero aprende que también ahí está la victoria, si ha utilizado las armas de la virtud. El triunfo está en la propia acción si esta nace de la intención correcta y del uso de las herramientas correctas; lo demás está en manos de Dios.

En León, en plena etapa caballeresca, encontramos en su catedral la leyenda de la Virgen del Dado, en una imagen de gran belleza, que sin embargo no muestra ningún dado y sí una hermosa túnica azul estrellada: si los dados del jugador de la leyenda[7] responden al azar, la señora del cielo y sus astros como servidores actúan según el propósito divino y sus leyes ignotas para los hombres, pues es para ellos como el libro cerrado, el que su hijo mantiene en su mano. Pero la madre muestra la rosa y de la rosa sí podemos admirar su belleza y oler su perfume, el perfume de María, que solo el verdadero caballero puede percibir.

## La Inmaculada

A la hora de construir la elaboraba teología del cristianismo triunfante, que opta por adoptar la idea judía del pecado original y eliminar la idea de la preexistencia de las almas, se hizo necesario establecer la excepción de María respecto a ese pecado original.

---

7. Cuenta la leyenda que un peregrino perdió toda su fortuna en un juego de dados y que, al pasar junto a la imagen, que entonces estaba en la parte exterior de la catedral, lanzó con furia los dados, que impactaron con la cabeza del niño, que sangró. Impactado por el milagro, ingresó como monje en la comunidad y se conservó en el tiempo la memoria de dicho milagro.

Así triunfó la tesis de la Inmaculada Concepción, que determinó su nacimiento libre de pecado. A pesar de que esta doctrina tuvo arraigo desde épocas muy tempranas, lo cierto es que el dogma católico fue proclamado tardíamente en 1854, por Pío IX.

Independientemente de la concepción física de María, lo cierto es que el propio término, Inmaculada, nos refiere a su significado de 'sin mácula'. Curiosamente esta condición, sin mácula, la encontramos después en el profeta Muhammed. En ambos casos, dicha condición inmaculada es previa a la aparición del arcángel Gabriel en sus vidas: ella le anuncia la llegada del Verbo a su vientre; a él le anuncia que va a ser depositario de la Revelación. En ambos casos se hace imprescindible que esa llegada encuentre un receptáculo puro, inmaculado.

En la tradición islámica es conocido el episodio protagonizado por el Profeta cuando era niño y que reproduzco de la edición y traducción de Andrés Guijarro de *El Corán,* concretamente de su introducción. El episodio es narrado por su madre adoptiva, Halima, cuando Muhammed vivía con una familia beduina que lo adoptó, según le contó el mismo Profeta más tarde:

> «Un día [...] cuando él y mi hijo estaban con las ovejas detrás de las tiendas, mi hijo vino a nosotros corriendo y dijo: "¡Dos hombres vestidos de blanco se han llevado a mi hermano qurayshí[8], lo han tumbado, le han abierto el pecho y están hurgando en él con sus manos!". Su padre y yo fuimos donde estaban y lo encontramos de pie, pero su cara estaba muy pálida».

En años posteriores, el mismo Profeta describiría el acontecimiento más detalladamente:

---

8. Se refiere a Mohammed, que era de esa tribu.

«Mientras vigilaba a los corderos pastando, vi aparecer dos formas blancas, que tomé al principio por dos pájaros grandes. Luego, estas formas se acercaron rápidamente y comprendí mi error: eran dos hombres vestidos con túnicas de un blanco cegador. Uno dijo al otro señalándome: "¿Es él?". "Sí, es él", respondió el otro. Mientras estaba inmovilizado por el miedo, me cogieron con fuerza y me tumbaron suavemente en el suelo. Uno de ellos me abrió desde el pecho hasta debajo del ombligo. Yo veía lo que hacían, pero no sentía ningún dolor. Sacó mis entrañas y las lavó con mucho cuidado con la nieve que traían, y las devolvieron después a su lugar. Otro introdujo sus manos en mi pecho y sacó el corazón, mientras yo miraba. Lo abrió, sacó de él un coágulo negro y lo tiró lejos. Después, no sé cómo sacó un sello de luz que arrebataba la visión a quien lo mirase, y con él marcó mi corazón. Me devolvió el corazón a su sitio y durante mucho tiempo seguí sintiendo el frescor de ese sello. Se levantó un tercero y ordenó a sus compañeros que se apartaran, puso su mano en mi pecho y la herida cicatrizó. Me cogió de la mano y suavemente me puso en pie. [...] Los tres me abrazaron y me besaron en la frente y entre los ojos, y me dijeron: "Amado, no temas nada. Si supieras todo el bien que se te desea se te alegrarían los ojos"».

Años después, en la cueva de Hira, en la montaña de Jabal al Nur o Montaña de la Luz cerca de la Meca, a los cuarenta años de edad Mohammed recibe la primera visita del arcángel Gabriel, que le ordena: «Recita». Así comienza la Revelación.

Mucho antes, también Gabriel —cuyo nombre significa 'el poder de Dios'— se aparece a una jovencita, la saluda: «Salve, María, llena de Gracia, el Señor está contigo», y le anuncia que será madre. También anuncia: «El Espíritu Santo vendrá sobre ti y el poder del Altísimo se posará sobre ti», a lo que ella contesta con una frase absolutamente conmovedora: «Soy esclava del Señor, hágase en mí según tu palabra».

Dos episodios en los que el Misterio de Dios se muestra por su voluntad y designios, que modificaron la historia de la Humanidad y que revelan una enseñanza gigantesca llena de profundos significados.

## San Miguel, el jefe de los ejércitos de Dios

Basta leer a Ibn Arabí en su *Tratado sobre la caballería espiritual* para comprender que la *yihad* no se refiere a ningún tipo de guerra contra nadie, sino a una guerra interior de naturaleza espiritual, independientemente de que posteriormente grupos que perdieron la *buena guía* interpretasen este concepto del modo que más les convenía, para imponer su dogmatismo y sus errores por medio de la violencia.

Esta idea plantea la disputa interior presente en el campo de batalla que somos: efectivamente somos codiciados. Por un lado, tenemos a esas fuerzas que, viniendo de lo bajo —los egipcios dirían que salen del vientre—, aspiran a subir a la zona más sagrada, donde tenemos el corazón que desean conquistar. Por otro lado, tenemos los ejércitos angelicales, capaces de derrotar a esas fuerzas *diabólicas*. En este relato simbólico cargado de significados, y dentro del patrimonio de enseñanza del cristianismo y del islam, es el arcángel Miguel el jefe de estos ejércitos. Como sabemos su nombre significa '¿quién como Dios?'. Esta pregunta deja en evidencia que esas fuerzas quieren sustituir a Dios. La palabra diablo viene del griego y significa 'el adversario', es decir, el que rivaliza con Dios, y principalmente desea sustituirlo. Y si bien para Dios no es rival, sí lo es para el hombre.

La sede de esas fuerzas que codician el corazón es el *infierno*, palabra latina que significa 'el lugar que está abajo'. Sin embargo, la característica principal del infierno no es que sea un lugar de castigo, sino que es *la casa del sufrimiento,* el lugar donde el sufrimiento se acumula y crece, y es entonces cuando se convierte en castigo. Sin embargo, el castigo en el orden divino no existe, existe el factor correctivo que, en ocasiones, puede resultar doloroso, sobre todo cuando aparece la resistencia a la corrección. Bien conocemos la clarificadora sentencia de Buda: «El dolor es inevitable, el sufrimiento es opcional». El dolor es un estado inherente a la existencia y vinculado directamente a ella, pero el sufrimiento es un producto, un resultado del dolor. Por tanto, siendo un producto, podemos evitar que se convierta en un fruto amargo, e incluso antes podemos evitar que germine. Al dolor no hay que añadirle la semilla del sufrimiento. Y lo principal es no construirle una casa, y menos un castillo: no podemos construir en nuestro *vientre* un infierno. Pero esas fuerzas del *adversario,* si bien no temen a los seres humanos, especialmente a los que se declaran víctimas propiciatorias y pueden ser objeto de acecho y depredación, sí temen a Dios y al general en jefe de su ejército, san Miguel. Cuando él pregunta «¿Quién como Dios?», está poniendo un límite, una frontera, un muro.

En el Corán y la Biblia a esas fuerzas se les llama Gog y Magog. Gog es el jefe del ejército malvado y Magog, su tierra, si bien en otras ocasiones también era un personaje y no un lugar. Fue Alejandro Magno el que construyó las *puertas de hierro* o las Puertas Caspias y el *muro de Alejandro,* para que esos ejércitos no arrasaran el mundo, pues cuando lo hiciesen comenzaría el Apocalipsis.

Siempre se ha considerado el texto del Apocalipsis como profético, que se refiere al conjunto de la humanidad, pero ¿y si en realidad su lectura va en otra dirección? ¿Y si se refiriese a la batalla final que ocurre en el ser humano entre unas fuerzas y otras, unas fuerzas al servicio del bien y otras al servicio del mal? Es un texto que, desde esta lectura, adquiere un nuevo significado.

## Jerarquías celestes

A través de san Miguel volvemos de nuevo a los ángeles. Según la tradición de las religiones del Libro, serían unas criaturas con entidad y conciencia individualizada que tendrían la función de ser servidores de la obra divina. Su existencia quedaría al margen de nuestro mundo material y también fuera de nuestra capacidad de percepción ordinaria, posiblemente para que de este modo su labor no quede interferida por el ser humano. No obstante, en ocasiones muy excepcionales, sí muestran una apariencia perceptible, con el fin de comunicarse con nosotros; unos ejemplos de estos raros encuentros, que están relacionados con momentos a su vez excepcionales en el transcurso de la historia, son las visitas mencionadas del arcángel Gabriel a María y al Profeta. A María le comunica su próxima maternidad del Verbo encarnado y al Profeta le dicta durante años el Corán. En otras religiones como en el hinduismo, son los propios dioses los que toman apariencia humana, como es el caso de Krishna, que según narra el *Baghavad Gita* toma la apariencia de un cochero para explicar a Arjuna sus obligaciones como príncipe y guerrero que ha de cumplir su karma, es decir, su deber.

Las dos anunciaciones mencionadas muestran una de las funciones principales de estos seres —la palabra *ángeles* proviene del griego y significa 'mensajeros'—. En la antigua Grecia esta función estaba relacionada con el dios Hermes, el Mercurio romano, y con su hija, la *demon* Angelias. Estos *demones* o *daimones* griegos vendrían a ser una suerte de entidades de tipo sobrenatural e intermedia entre los seres humanos y los dioses, hacían una labor de conexión entre ambos mundos.

Es Filón de Alejandría, contemporáneo a Jesús (*circa* 20 a. C.; *circa* 45 d. C.) el que, además de definir a Dios como «arquitecto del universo», desarrolla la idea de la existencia de dos tipos de ángeles. Unos son los ayudantes de Dios en la creación y mantenimiento del mundo y otros son los que tienen la tarea de ayudar a los seres humanos en su evolución espiritual. Recordemos que Filón bebe en fuentes platónicas, estoicas y judías, y que su influencia en la posterior teología cristiana es enorme. Para el cristianismo, la existencia de estos seres incorpóreos es una verdad de fe. De este modo se creó la descripción de una jerarquía angélica perfectamente definida y ordenada que dejó por escrito el Pseudo Dionisio Aeropagita (s. vi d. C.), en su obra *De coelesti hierarchia*. Recordemos estas jerarquías de mayor poder y cercanía a Dios a menor, tal como hoy la enseña el cristianismo, y que se define como *angeología,* cuyo estudio forma parte de su teología. Esta jerarquía estaría formada por nueve coros.

- Primera jerarquía y más elevada, formada por serafines, querubines y tronos. Los serafines son descritos como seres de fuego (el fuego del amor); son los que pronuncian (cantan) constantemente el nombre de Dios (el Verbo). Los querubines tienen la función de guardianes de la creación; son los que ve Ezequiel (Ezequiel, 1) y describe con forma de toro, águila, león y hombre alados, diciendo que los cuatro formaban un a modo de «carro». Esta es la representación que luego se adoptó en la iconografía para representar a los evangelistas. Los tronos *sostienen* el trono de Dios. Son los que tienen el conocimiento del propósito y la voluntad divinas, y lo transmiten para que los siguientes coros lo ejecuten según la inteligencia divina.
- Segunda jerarquía intermedia, formada por dominaciones, virtudes y potestades, que muestran la ley y su acción. Las dominaciones representan, portan y actúan según la autoridad divina. Las potestades representan, portan y actúan

según el poder divino. Las virtudes representan, portan y actúan según la gracia divina.

- Tercera jerarquía y la más cercana al ser humano, formada por principados, arcángeles y ángeles. Los principados son los reyes *invisibles* del mundo y actúan en él según la voluntad divina; suyo es el dominio de las fuerzas de la naturaleza. Los arcángeles son los encargados de cuando es imprescindible llevar un mensaje a los humanos para que cumplan una labor, pero principalmente son *la mano de Dios* en el mundo. Los ángeles son las *fuerzas* divinas más cercanas al género humano, y actúan poniendo al alcance de cada individuo la protección y la bendición divinas. Son los portadores hacia lo alto de todo lo bueno y bello que produce el ser humano. También ejecutan en el ámbito individual, lo que determina la orden divina para cada ser humano.

Es decir, nueve grupos de fuerzas llamadas *coros* de las que arcángeles y ángeles serían aquellas más próximas al ser humano, si bien la acción directa de los arcángeles se muestra como excepcional.

También Maimónides elabora una jerarquía angélica, tomando como referencia la *Torá*. Menciona diez jerarquías. Es esta categorización la que el judaísmo tiene como referente hasta hoy. Dada la intencionalidad de Maimónides respecto a su deseo de reorganizar el ideario judío adaptando las doctrinas aristotélicas a la *Torá*, el resultado me parece de menor calado que el del cristianismo, debido a que sus fuentes —especialmente las que manan de Alejandría y, por tanto, con raíces egipcias— me parecen de más valor que las que emanan de la *Torá,* un texto elaborado y condicionado a partir de las urgentes necesidades políticas y sociales del pueblo hebreo a la vuelta del exilio babilónico —momento en el que se decidió que este texto fuera «la palabra de Yavé»—. Pero en ambas descripciones, tanto judía como cristiana, aparecen también los *angelos* griegos, así como una idea similar proveniente del zoroastrismo, los *amesa espentas*, cuya presencia es evidente en el Antiguo Testamento. No olvidemos que para muchos historiadores el judaísmo es una rama teológica del zoroastrismo. Respecto al islam, son numerosos los ángeles que aparecen en el *Corán* y en su tradición oral. Recordemos a esos ángeles que abren el pecho del Profeta cuando es niño, sacan su corazón, lo lavan y se lo colocan de nuevo en el cuerpo, para luego darle sus bendiciones. Los ángeles son creados por Alá a partir de una sustancia de la naturaleza de la luz, lo que los diferencia de los seres humanos descendientes de Adán, que fue creado a partir del polvo de la tierra que encontró el arcángel Azrael. Los ángeles son creados a partir o de la *luz fría* de la luna y las estrellas, o de la *luz del fuego* del sol; este distinto origen hace que sus tareas difieran. Para el islam, los ángeles, al igual que en Grecia, tienen una importante labor como mensajeros que obedecen las órdenes de Dios. Es interesante la idea de que son los ángeles los que controlan los fenómenos naturales, incluidos los que representan catástrofes para los seres humanos, al igual que ocurre en el cristianismo con los principados.

Buscando una idea general respecto a los ángeles, encontramos la básica de que estas entidades son fuerzas e inteligencias al servicio de Dios y que este las ha puesto al servicio del hombre. Sin embargo, su actividad no es perceptible comúnmente, pues está más allá de la sensorialidad. Su acción obedece a la ley divina, cuya esfera y enorme magnitud no es alcanzable por el ser humano y sus limitaciones. No obstante, podemos deducir que esas fuerzas divinas puestas a nuestro servicio solo se activarían si el ser humano pone su propósito en la acción correcta, sea de modo totalmente consciente y voluntario, sea de modo intuitivo, motivado por impulsos de crecimiento espiritual que no pasan por la consciencia o lo hacen de modo intermitente.

Pero, también muy presente en las enseñanzas del zoroastrismo, aparecen en las religiones del Libro la idea de la dualidad en la obra divina. Si hay seres benéficos y activos en la obra de Dios, a la vez estarían presentes fuerzas contrarias. Si hay fuerzas que buscan la evolución del ser humano y su ascenso espiritual, también hay fuerzas que actúan en sentido contrario. Si hay fuerzas que actúan a favor de la obra y creación divinas, también hay fuerzas que actúan en su contra. Este es el origen de los demonios, llamados por las distintas culturas y religiones de diferentes maneras, pero todas similares respecto a su acción. Estas fuerzas también tendrían su propia jerarquía dominada por un jefe principal. Es el Demonio tentador, el Iblis del Corán, Satán —que significa 'el adversario'—. Independientemente de su nombre o representación, lo cierto es que, según todas las religiones mencionadas, el ser humano dispone de libre albedrío y puede elegir entre las fuerzas que le inclinan al bien o las que le inclinan al mal, entendiendo la acción de bien y mal la que se dirige hacia los demás y hacia sí mismo. El relato más o menos común de las religiones del Libro menciona un ángel llamado Satán, que se rebela primero y después se opone a Dios; se niega a servir a la Obra divina y a su criatura principal: el hombre. La fuente de este relato la encontramos en *El libro de Enoch,* que cuenta cómo unos ángeles llamados «vigilantes» tienen relaciones sexuales con mujeres y descuidan sus obligaciones, y por ello son condenados a vivir en cuevas. También en esta literatura aparece Satanael como su jefe. Satanael es expulsado del cielo, pero logra quedarse en la tierra para tentar e inclinar al mal a los seres humanos, ayudado por los *vigilantes* desterrados. Es decir, un relato en el que, de un modo u otro, aparece la idea de una fuerza que intenta arrastrar al ser humano hacia el mal y hacia el caos, y alejarlo del orden divino. Pero en el mismo relato aparecen también la fuerza de los instrumentos y las ayudas para que el ser humano se encuentre con Dios.

## El Padrenuestro y el Hijo

Dentro de las enormes aportaciones que el cristianismo nos legó, destacan dos enseñanzas en forma de afirmaciones de una contundente rotundidad, profundamente reveladoras, presentes en la oración que Jesucristo enseñó y que podemos leer en los evangelios de Mateo y Lucas: el Padrenuestro.

La primera afirmación se refiere a la unión de Dios con su criatura a través del vínculo de la filiación y la otra enseñanza se refiere al vínculo de la fraternidad que, en tanto hijos de Dios, declara que todos somos hermanos ante él; es decir, un vínculo *vertical* referido a la unión de Padre e Hijo y otro *horizontal* referido a la unión fraterna. Lo que nos une como seres humanos no es la sangre, ni el sexo, ni la raza, ni la cultura, ni las banderas, lo que nos une es que somos todos sus hijos, lo que se muestra a través de la amistad y la fraternidad que procura.

Efectivamente, la amistad es el sentimiento que lleva hasta el amor fraterno, ese amor que debería ser natural en el despertar a la verdad de que todos somos hijos de Dios. La amistad verdadera, tan difícil, debe construirse a partir de unos materiales. El primero de ellos es el respeto, sin el cual ninguna relación humana es verdadera —cuando aparece la falta de respeto cualquier relación queda ya envenenada—. Luego se han de ir poniendo otros materiales para construirla: el no juicio; la comprensión; la aceptación del otro; el servicio silente y anónimo a veces, otras evidente; la paciencia; la generosidad; la humildad…

Padrenuestro: no se puede decir más con menos.

Es cierto que esa declaración de Dios Padre no era desconocida. En el judaísmo se rezaba el *Abinu Malkenu,* una oración importante en su liturgia. Significa literalmente «Padre nuestro (*Abinu* o *Avinu*), Rey nuestro *(Malkenu)*». Sin embargo, Jesús de Nazaret deja fuera la idea de la relación rey–súbdito, para mostrar como principal y única la relación padre–hijo. Por otro lado, afirma la idea de que todos somos hijos de Dios y no solo lo son una parte de elegidos, tal y como consideraba el judaísmo. A su vez, esta nueva idea significa el paso de esmerarse en cumplir escrupulosamente unas leyes, se entiendan estas o no, a penetrar en el territorio del amor, un avance gigantesco. El vínculo con el Padre es el amor y el reconocimiento de la relación filio–paterna.

Respecto a la condición de rey, Jesús ya afirmó que su reino no era de este mundo. Y sí, efectivamente, hay que cumplir la ley divina, y eso se hace desde la comprensión a la que se accede a través del amor: el hijo ama al Padre y así también ama al hermano. Una historia del pasado nos cuenta del rencor de Caín hacia Abel, otro relato nos narró el amor fraternal entre Cástor y Pólux: dos opciones de actuación respecto al hermano.

Pero antes se ha de acceder a la condición de hijo, es decir, percibirse como tal: no es lo mismo ser hijo de Dios que hijo del mundo. Se es hijo de Dios, del mundo solo se puede ser súbdito.

Jesús dijo: «Si no naces una segunda vez...». Nacer una segunda vez significa también nacer como hijo de Dios. Pero el hijo necesita una madre.

El hijo antes de nacer es concebido. Esa concepción parte de la pureza y del abandono: «hágase en mí según tu palabra». Esta es otra afirmación demoledora que solo puede partir de la inocencia de la pureza. Significa ponerse totalmente en manos de Dios. ¿Y si esa fuese la verdadera libertad? ¿Se puede entender el abandono como sinónimo de libertad?

Es la madre la que presenta el hijo al Padre, por tanto el hijo llega al Padre por medio de ella. Reconocer a la Madre es más sencillo: la madre cuida, sirve, nutre, protege, acoge, guarda, lleva el bien y la belleza a su hijo... Como hijo, el ser humano puede por tanto mirar todo aquello que su bien procura. Allí encontrará, a veces visible, otras invisible, a la madre, siempre presente en la creación. La madre como dulzura, ternura, comprensión, amor en suma, acerca así al Hijo al Padre. Es madre y, como tal, mediadora y vía. Sin embargo, inocente y pura, solo concebirá y engendrará lo que reconoce como igual: inocencia y pureza.

Respecto a los hijos del mundo, como súbditos que son, carecen de libertad, sumidos como están en el sueño que les impide tanto ver sus cadenas como ver a la madre. Y sin madre no se puede ser hijo. Sin embargo, la madre siempre los deseará, los llamará, en la esperanza de que alguna vez oigan su voz y despierten del sueño. A veces ocurre.

Pasado el tiempo, de la Madre nacerá el Hijo, rodeado de anonimato, en lugar apartado y desconocido, fuera de las miradas del mundo: es Navidad. Ángeles y pastores —los guardianes de la inocencia— son los únicos que lo esperan y que lo reconocen. Luego el hijo recibirá los tres dones: oro, luz solar coagulada que no se corrompe; incienso, que purifica y eleva; mirra, que perfuma y sana. A continuación, deberá marcharse a Egipto para salvarse del amo del mundo, al que podemos llamar Herodes, que siempre intentará matar la inocencia, su mayor y más eficaz estrategia, y también para beber de las fuentes del conocimiento. Sin embargo, siempre habrá alguien que intentará matarlo: si primero fue Herodes, luego lo será el sanedrín. Por fin la ley romana lo hará, pero solo cuando su función como Hijo termine y deje su herencia y linaje espiritual. Pero ser Hijo no es fácil, ya que siempre está presente en él la rebelión, nacida de la legítima necesidad de alcanzar la individualidad, es decir, de la necesidad de ser yo y no otro. Para ello el Hijo se prepara, crece, madura, se hace fuerte y sale al mundo. Ese Hijo termina su vida con unas últimas palabras, «Padre, en tus manos encomiendo mi espíritu», el postrer abandono.

Esto que parece un final, sin embargo, fue solo el principio. Los primeros cristianos únicamente oraban y se reunían en torno a la mesa —la misa— para comer en común y recibir la sagrada eucaristía; es decir, sobre ellos, en comunión, descendía la nutrición espiritual en forma de Gracia. Nada más, ni liturgias, ni templos, ni mediadores, ni utillaje. Por lo demás, nos dice la historia que llamaban la atención respecto a su comportamiento: se amaban entre ellos.

La labor del Hijo y luego del Espíritu Santo —Pentecostés— dejaron en heredad tanto unos medios como una tarea, la de la continuidad, garantizada por los sucesivos maestros de la Tradición. A partir del incremento de la necesidad, esos medios se hicieron excepcionales para garantizar la continuidad y el triunfo de la tarea en curso.

El Hijo enseñó que todos podemos ser hijos de Dios, solo es preciso que haya un despertar a ese reconocimiento que habita en el corazón. La madre siempre estará al servicio para que ese reconocimiento se produzca, y el Espíritu Santo traerá sus dones a quien quiera recibirlos y esté listo para ello. Así, los inocentes, siendo hijos de Dios, no podrán ser hallados por Herodes, que solo es capaz de acceder a donde gobierna. Recordemos de nuevo las palabras del Hijo: «Mi reino no es de este mundo».

Pero no será fácil. Después de la batalla en el cielo, en la que combaten Miguel y sus ejércitos contra el dragón, es a la mujer «vestida de sol» que acaba de dar a luz a su hijo a la que persigue el susodicho dragón o «... la antigua serpiente llamada Diablo o Satanás...». Una lucha continua.

# Eros y Tanatos: el futuro y la mujer

Eros y Tanatos constituyen los dos principios básicos de la vida, el alfa y el omega de un ciclo aparentemente interminable.

Eros representa el principio del amor, un amor que, dando fruto, garantiza la próxima generación, garantiza la continuidad de la vida. Además, procura su sustento, su nutrición, que, a su vez, también será garantía de crecimiento y desarrollo. Así mismo, en Eros están presentes la alegría, el disfrute, la abundancia, las artes —por su vínculo con la belleza y su expresión—. En definitiva, con todo aquello en lo que esté involucrada la vida y su desarrollo en evolución.

Tanatos es la muerte, es la división, es el conflicto, el enemigo y la guerra que abastece de muertos al Hades, procurando en la vida dolor y sufrimiento, pero también renovación. Si bien la labor de Tanatos es inevitable, formando la muerte parte constitutiva de la vida, sin embargo no es inevitable que gobierne en el mundo bajo ese dominio de miedo, muerte y dolor. Efectivamente, la humanidad hasta ahora ha vivido bajo el dominio de Tanatos —solo hay que repasar la historia para ver que la crónica del ser humano ha girado sobre el conflicto, la guerra y la muerte, con su carga de sufrimiento, dolor y tristeza—. Y si volvemos a repasar tanto el mito como la historia, el ciclo de Tanatos es el ciclo de lo masculino. De un código, llamémosle *código Tanatos,* que ha estado en manos de guerreros que han leído e interpretado la vida desde esta perspectiva y ha quedado asentada, en coherencia, por varios principios dominantes:

- Principio de privilegiar lo que separa de lo que nos une al otro en términos de ideologías y/o intereses.
- Principio de consolidar la diferencia, quedando lo bueno en la parte propia y en el otro la parte peor.

- Principio de que esa diferencia dé paso a la idea de miedo y que esta dé paso a la idea de enemigo, que da paso a la idea de la necesidad de luchar de modo inevitable.
- Principio de lucha, que da paso a considerar y aceptar resignadamente las consecuencias del dolor y la muerte que provoca.

Y sí, en la vida hay conflicto. Sí, el Tanatos existe: los animales matan para comer y pelean para aparearse o para proteger a sus crías. Pero no es lo mismo cuando ese Tanatos nace del Eros —es decir, cuando en él está presente el principio de mantener, sustentar y proteger la vida— de cuando el Tanatos obedece a intereses nacidos de ambiciones humanas, de impulsos narcisistas, de la búsqueda y abuso del poder, de estrechos y primitivos pensamientos e ideologías sectarias... Es importante saber distinguir en nombre de qué o de quién se pone la sangre y los muertos. Para una mujer conectada al principio de la Vida le debería ser más fácil hacer esa distinción y ayudar al hombre a hacerla.

Este dominio en la historia de la civilización del código Tanatos ha llevado aparejado que el *código Eros* —expresado en la potencia de lo femenino— haya estado subyugado. Dado que la lectura de la relación dominante ha permanecido basada en el Tanatos, el Eros quedó siempre en un segundo plano, cuando no al servicio de ese Tanatos. Y en el plano social humano, desde hace ya demasiado tiempo esta dialéctica se cobró una víctima: la mujer.

En los últimos años la mujer está luchando por dos conquistas: dejar de ser el *reposo del guerrero* y demostrar que cualquier cosa que un hombre pueda hacer también lo puede hacer una mujer, igual o mejor. Hoy, en el mundo occidental, muchas mujeres han superado ambos límites, dejando atrás emocional, intelectual y psicológicamente relaciones de desigualdad con los hombres.

Ahora falta la tercera etapa, aquella en la que el mundo ha de pasar al nuevo ciclo impregnado del *código Eros,* y ese código está en manos de las mujeres, por eso el futuro es suyo. Actualmente hay muchas mujeres que compiten con el hombre y buscan la igualdad, pero dentro del *código Tanatos,* es decir, dentro de un código masculino, para lo cual lo primero que hacen es aceptar sus reglas. Pero en ese código, una vez ya demostradas sus capacidades iguales o superiores a los hombres, su labor es estéril, pues solo sirve para acrecentar ese Tanatos, ahora además alimentado por la mujer. Sin embargo, muchos tenemos la esperanza de que surjan mujeres que, desde su inteligencia, sensibilidad y, sobre todo, desde una lectura elevada de la vida y del ser humano, empiecen a pensar primero y actuar después desde ese *código Eros,* especialmente, que comiencen a desvelar y gritar al mundo que el *código Tanatos* hoy es ineficaz, cruel, injusto y, sobre todo, estúpido, ya que desde la implantación en la sociedad de otros valores asociados a la vida es posible resolver los conflictos y enfrentamientos que terminan en sangre, muerte y dolor. Repito, son las mujeres las que tienen las llaves del futuro. Ojalá se pongan en marcha cuanto antes. Cada vez será más difícil explicar, a una madre que ha perdido a un hijo en una guerra, la razón y en nombre de qué ideologías e intereses le ha tocado a ella llorar su pérdida. Una mujer, desde el *código Tanatos* y sus valores, sí *comprenderá* la muerte de su hijo en términos de víctima necesaria del conflicto; una mujer desde el Eros y sus valores no, si sabe íntimamente que su hijo ha sido víctima de ambiciones o intereses ajenos de poderes que se guardan muy bien de poner ellos la sangre y los muertos. Necesitamos mujeres inteligentes y sabias que empiecen a diseñar en sus mentes y corazones un nuevo mundo, unas nuevas reglas, basadas en priorizar lo que une sobre lo que separa, lo que suma sobre lo que resta, lo que nutre sobre lo que envenena, lo que construye sobre lo de destruye, lo que procura vida sobre lo que procura muerte, lo que genera bienestar sobre lo que genera sufrimiento. Una verdadera revolución. En el Apocalipsis, es Ella la llave de la victoria.

Tal vez esas mujeres estén ya ahí, listas para su tarea. Yo, por mi parte, estoy deseando y esperando recibirlas con los brazos abiertos. Os necesitamos.

Entretanto, sabemos que la inocencia pervive y el trabajo espiritual continua en Dios y con Dios. Alegrémonos de ello con agradecimiento mientras el fiel se viste con las vestiduras espirituales, una de ellas tan difícil de alcanzar...

## La humildad

La humildad es una de las más valiosas vestiduras espirituales, sea en el cristianismo, sea en cualquier otra vía. Este término viene del latín *humilitas,* que, a su vez, procede de la palabra *humus,* 'tierra'.

Esta etimología es muy aclaratoria, pues la humildad comienza con *poner los pies en la tierra* y darse cuenta de que en gran parte somos tierra, barro que procede de otros barros. En el cristianismo se define como la virtud de tomar conciencia de las propias limitaciones, debilidades e ignorancia, máxime frente a la omnisciencia y omnipotencia de Dios. Dicen los sufíes que hay tres cosas que solo se aprenden con la práctica: *adab* —es decir, la conducta cortés y la educación respetuosa—, la generosidad y la humildad. Dijo Ibn Arabí que todo comienza cuando el sufí «mira a Dios trabajando».

Sin embargo, algo que en principio debería ser sencillo, como lo es *vivir con los pies en la tierra,* en realidad no resulta nada fácil, lo que se debe a que el ser humano vive a menudo en medio de una ilusión —o mejor ilusiones—.

Una de ellas, potente, es la ilusión del control. Esta ilusión es normal en tanto la mente humana parte del pasado e intenta anticipar el futuro. Sobre todo, actúa en pro de la mayor seguridad del individuo, de ahí que se establezca una relación directa entre control y seguridad: lo que no se conoce, lo que implica cambios, lo que requiere nuevas adaptaciones, produce desasosiego. Necesitamos que el mundo sea predecible, pero, a poco que una persona aplique la sinceridad en concordancia con la realidad, sabe que no lo es.

La otra ilusión es que tenemos *poder* para transformar la realidad, especialmente cuando esta no coincide con lo que deseamos; pero un nuevo acto de sinceridad y de percepción de la realidad nos dice que a veces sí y otras veces no. Además, no sabemos si cuando esa realidad se transforma se debe a nuestro *poder* o a que ese cambio estaba ya inserto dentro de un plan superior que no comprendemos ni al que tenemos acceso. De este modo, poco a poco, en el corazón del fiel empieza a instalarse la humildad, que, unida a la sinceridad, representa una vestidura espiritual, la *jerqah* del sufismo, representada a veces como un sencillo manto que le permite ocultarse discretamente del mundo y ocultar sus carismas. De este modo puede decir: «No soy ni un profeta ni un emisario; soy simplemente un heredero, alguien que ara y siembra el campo de la vida futura».

# Los judíos y el judaísmo

Un amigo lector me ha pedido que escriba sobre los judíos, el judaísmo, la cábala y su relación con España, así como de sus textos principales. Para ello es necesario situar contextos históricos que nos ayuden a entender esta corriente filosófica, muy vinculada en su origen a Sefarad, pues es aquí donde aparece, en el siglo XIII, el que podemos considerar el texto base o fundacional de la cábala: el *Zohar*. No obstante, ya hablé de la cábala en el libro anterior, por lo que en esta ocasión me centraré más en aspectos históricos que, como suele ocurrir, pueden resultar muy relevantes.

Ha sido Occidente, cuyo basamento está en el cristianismo, quien ha liderado cultural y económicamente la humanidad en los últimos siglos. A su vez, el cristianismo toma como fuente escrita revelada la Biblia, un libro que mayoritariamente es judío, ya que la aportación del Nuevo Testamento al corpus bíblico representa solo una parte pequeña. La razón por la cual los cristianos toman como referente doctrinal los textos judíos que conforman el Antiguo Testamento[9] —que poco tiene que ver en

---

9. Este asunto lo traté en mi libro *Cristianismo primitivo.*

términos de enseñanza espiritual con el mensaje evangélico y que carece de coherencia filosófica entre ambos credos, el judío y el cristiano— está bien estudiada y no la vamos a tratar aquí, pero baste entender este origen judío de una gran parte la Biblia —especialmente la inclusión de la *Torá,* o en términos cristianos, el Pentateuco— para comprender la importancia e influencia del judaísmo en la cultura de Occidente. Sin embargo, bien sabemos que la presencia de las comunidades judías en Europa nunca fue fácil, aunque en Sefarad hay un momento en la historia en el que el judaísmo adquiere unas señas de identidad propias y alcanza sus cotas más altas. En el judaísmo hay un antes y un después de la publicación en Sefarad de dos textos: *Guía de perplejos* de Maimónides (siglo xii), escrito en árabe; y el *Zohar* (siglo xiii) de Moisés de León, escrito en arameo. Pero aquel momento de esplendor duró poco.

Con el objetivo de entender mejor la caída del patrimonio cultural, filosófico y espiritual de un judaísmo, hoy prácticamente perdido, nos situaremos en el siglo xv, en la floreciente ciudad tarraconense de Tortosa.

## El debate de Tortosa

Para situar el entorno histórico de este debate, solo hay que recordar que un año más tarde de su comienzo, en 1414, se inicia el Concilio de Constanza, organizado por el antipapa Juan XXIII, cuyo objetivo principal es acabar con el Cisma de Occidente. En este concilio se declara la condena a Jan Huss, cuyos argumentos teológicos fueron el origen de la Reforma protestante. Allí, Huss es condenado a morir en la hoguera. Benedicto XIII o Papa Luna decide no acudir a este concilio y huir desde Avignon hasta Peñíscola, donde terminó sus días. En este concilio, que duró dos años, se elige como Papa a Martín V, dando fin al Cisma de Occidente.

Es interesante el hecho de que, mientras en Europa se debate sobre el futuro de la Iglesia católica, en España se hace sobre la posible superioridad del cristianismo sobre el judaísmo.

Reinaba entonces Fernando I de Aragón, el abuelo de Fernando el Católico, cuando en 1413 dio comienzo en Tortosa el debate que ha pasado a la historia como «la disputa de Tortosa», en el que participaron judíos y cristianos, especialmente judíos conversos. El objetivo era debatir sobre la superioridad del cristianismo frente al judaísmo. Este debate fue promocionado por Benedicto XIII, el Papa Luna, venido desde Avignon. Por parte cristiana su figura defensora principal fue el judío converso murciano Yosuah ben Lorquí, que había tomado el nombre cristiano de Jerónimo de Santa Fe. Sin embargo, el objetivo principal era el de *convencer* a la comunidad judía de sus errores y de que Jesús era el verdadero mesías prometido. Hay que recordar que entonces la comunidad judía en la península era grande y próspera. Mucho antes, ya en 1182, los judíos habían sido expulsados de Francia por el rey Felipe Augusto. A esta le siguieron más expulsiones de judíos, en 1306, 1321 y 1394 —muchos de ellos, sobre todo los exiliados del 1306, se asentaron en España—. Vale la pena recordar también que Inglaterra en 1290 había expulsado a los judíos, al igual que Alemania en 1348 o Hungría en 1349. En este mismo año de 1349, en la ciudad de Estrasburgo se produjo una masacre que ha pasado a la historia en la que en un solo día se asesinaron 2000 judíos, al igual que en ese mismo año en Basilea se organizó una persecución contra ellos en la que murieron 7000 judíos y donde se quemaron vivos a 600 en un solo día, todo provocado por la acusación de ser los responsables de la peste que asolaba Europa. El pueblo cristiano, supersticioso, veía que en la comunidad judía había muchos menos casos de peste —no sabían

que ello se debía a sus costumbres más higiénicas y a los numerosos baños que se daban— e interpretaron que, de algún modo,
ellos eran los responsables de la plaga. Todo lo anterior nos permite ver que la expulsión de los judíos de España en 1492 no fue
un fenómeno único y que no alcanzó el dramatismo y la crueldad
a la que se enfrentó la comunidad judía en otros reinos.

La gran peste que diezmó a Europa a finales del XIV llevó aparejada grandes revueltas contra los judíos por todo el continente.
En España fue particularmente sangrienta la de Sevilla en 1391,
ocasionada por un asesinato ocurrido por la libertad que tenían
los judíos para aplicar entre ellos la llamada *justicia de sangre,*
unida al rencor que los cristianos tenían hacia ellos por cuestiones
económicas y por las mencionadas ideas supersticiosas —que iban
desde declararlos como los causantes de la peste o que su condición de *deicidas* había provocado el castigo de Dios—. Recordemos
que, desde el inicio de la peste en 1348, un tercio de la población
de Europa había muerto, y que, en medio de una gran penuria
económica, los judíos ejercían de prestamistas con usura para con
los cristianos, en una época en la que un cristiano no podía prestar con intereses a otro cristiano. Su fama de ricos y avarientos
fue otro motivo de odio hacia esta comunidad, cada vez más
encerrada en sí misma y más temerosa frente a los acontecimientos violentos de los que eran víctimas. Además, las predicaciones
antijudías se habían multiplicado. El ejemplo más destacado
es el de Vicente Ferrer, que, entre otras cosas, logró que la
sinagoga mayor de Toledo se convirtiera en la iglesia de Santa
María la Blanca. Vicente Ferrer es el que, con su dominio del
hebreo y conocimiento de las escrituras, convirtió a Ben Lorquí
al cristianismo.

A partir de la violenta revuelta sevillana, que se extendió a otras
ciudades de Castilla y Aragón, hubo conversiones masivas en
prácticamente todos los reinos de España, lo que creó una gran

comunidad de cristianos nuevos que, sin embargo, eran mirados con recelo. Otros, en cambio, siguieron apegados a su fe de modo *recalcitrante*.

El debate de Tortosa llevaba implícita la idea de que, una vez mostrada la falsedad de la religión judía y la superioridad del cristianismo, esos *recalcitrantes* se convertirían. Jerónimo de Santa Fe, antes Ben Lorquí, que había sido rabino y conocía perfectamente la *Torá* y el *Talmud,* según las crónicas ganó el debate, el cual duró casi dos años y que tuvo sesenta y siete sesiones. El resultado fue que los rabinos fueron obligados a firmar un documento en el que reconocían que su religión era errónea. a resultas de ello, el Papa escribió la bula *Contra Judaeos.* Esto llevó a más conversiones, que provocaron divisiones en numerosas familias judías, en las que unos se bautizaban y otros no. También ocasionó un abismo ya insalvable entre las comunidades judías —cada vez más relegadas en sus guetos— y los cristianos. En el medio quedó la gran comunidad de judíos conversos, la mayoría pertenecientes a las familias más adineradas. Entre estos conversos se abrieron dos grupos: los que se afanaron en ser y mostrarse más cristianos que nadie y los que en secreto seguían practicando su fe —cuando exteriormente parecían y se comportaban como cristianos—.

Estamos en 1492. Después del Concilio de Constanza, olvidado el Cisma de Occidente y repuesta Europa del fracaso de las Cruzadas, la Iglesia de Roma busca afianzar aún más su poder en Europa. Si bien años atrás los ejércitos cristianos habían sufrido fuertes derrotas a manos musulmanas en Tierra Santa, ahora un reino cristiano de la península ibérica, bajo el mando de los Reyes Católicos, derrotaba a los últimos musulmanes de la antigua Al Andalus. Ya no quedan musulmanes en España, salvo que se conviertan y bauticen. Eso mismo es lo que ocurrirá con los judíos: o conversión o expulsión. La Inquisición española, creada en 1478 por la Corona española —de la cual dependía con el fin de detectar y perseguir a falsos judeoconversos—, no logra alcanzar sus objetivos. Además, los judíos que no se han convertido son una mala influencia para los nuevos cristianos y, por tanto, un peligro perenne. Su reclusión en guetos y unas leyes que limitaban muchísimo sus actividades solo habían conseguido parcialmente su objetivo. La expulsión es la solución definitiva; si además dejan aquí sus bienes principales, es también un buen negocio. Por otro lado, las deudas que los cristianos pudieran tener con los judíos que se marchaban quedaban condonadas. En el edicto se les concede cuatro meses de plazo para convertirse —algo que está implícito en el decreto— o marcharse. La decisión de los Reyes afecta a judíos y mudéjares. En sus tierras solo habrá ya una fe: la cristiana.

Muchos grandes rabinos y personajes influyentes en su comunidad se convierten. Destacan el famoso Isaac Abravanel, o el rabino mayor de Castilla, Abraham ben Seneor, que tomó el nombre de Fernán Núñez. Otro caso relevante fue la conversión del célebre Abraham de Córdoba, entre una amplia lista de personajes relevantes que se convirtieron junto a sus familias. Las conversiones, mayoritariamente, se produjeron entre los más ricos y más cultos de las aljamas, especialmente entre los rabinos. Este hecho es muy importante, pues entre ellos se encontraban los custodios de los saberes de la cábala, que se codifica en España y que se difunde por medio de la redacción y publicación de *El Zohar;* sin embargo, este es un texto críptico y esotérico accesible solo a una minoría, que la mayoría de judíos no entiende. Además, es una obra tremendamente voluminosa. Está escrita en arameo, aunque con grafía hebrea, lo cual no deja de ser sorprendente. Si se supone que el hebreo es la lengua sagrada, ¿por qué no se escribe en hebreo?

Los judíos expulsados, según Joseph Pérez, probablemente el más importante experto en historia judía, sitúa la cifra en 50 000. La mayoría se marchó al norte de África o a Oriente Medio. Es curioso que años después muchos regresaron a España, debido al rechazo que recibieron allí donde se instalaron, como es el caso de la comunidad de Fez. La situación de estos que volvieron se regularizó en un edicto que exigía la presencia de alguna autoridad que certificase el bautismo. Al regresar, recuperaron sus bienes, noticia que provocó que otros grupos también regresasen. O bien el cambio de religión no les resultaba ya un problema o habían aprendido de otros cómo mostrarse ante los demás como auténticos cristianos sin abandonar su fe judía.

Todo esto que nos narra la historia nos hace ver que, frente a los que marcharon, un porcentaje mucho mayor fue el de los que decidieron convertirse —a los que hay que sumar los que regresaron—. Tampoco hay que olvidar que, desde mucho antes del debate de Tortosa y del edicto de expulsión, ya se habían producido muchísimas conversiones entre las clases más altas y adineradas.

Pero, mientras comunidades de judíos regresan a España, Portugal en 1498 sigue el ejemplo español y expulsa a los judíos de sus tierras. Grandes grupos de judíos portugueses se instalan entonces en España, previo bautismo.

He hecho este preámbulo histórico para enfatizar que aquellos judíos que estaban en posesión de saberes sagrados, en su gran mayoría, se quedaron en España, y que la comunidad que sale de España y no regresa es mayoritariamente pobre e inculta, carece de la guía de sus rabinos. Estos son los que han pasado a la historia como judíos sefarditas, cuyas costumbres, idioma y patrimonio cultural difiere de los judíos *asquenazis* de la Europa central, especialmente de las comunidades de Alemania. No se puede olvidar que los patrones culturales de los *asquenazis* son los que después se impusieron en el colectivo judío general, hasta hoy día, incluida su concepción de la cábala, una concepción que difiere de la que muestra el *Zohar*, es decir, una cábala que perdió su esencia, pues se *contaminó* con elementos tomados del ocultismo.

Pero para llegar al *Zohar* es necesario hacer un recorrido por la literatura judía, si bien antes tal vez sea preciso repasar brevemente la historia del pueblo judío por medio de una cronología. Esto nos permitirá también evaluar mejor algunos hechos y creencias. Son muchos los mitos elaborados alrededor de, por ejemplo, los objetos sagrados propios del judaísmo que se han idealizado hasta el extremo —valgan el Arca de la Alianza o el templo de Salomón—. No obstante, todo ello ha tenido gran influencia en la cultura popular de Occidente, de manera que se aceptó un ideario forzado por la necesidad de los judíos de construir unas señas de identidad en las que primaba lo legendario, algo en cierta manera lógico dadas las vicisitudes, en su mayoría desdichadas, que ha sufrido el pueblo hebreo a lo largo de su historia.

## Cronología del pueblo judío

Si queremos entender algo más sobre el judaísmo, debemos retroceder en el tiempo y dar un repaso histórico que nos ayude a poner en contexto su complejo devenir como pueblo, a partir de una fecha determinante que nos marca un punto a partir del cual los datos históricos son más abundantes y conocidos.

Hay que recordar que, a la muerte de Saúl (circa 1075-1010 a. C.), el primer rey de Israel, comienza una división entre la tribu de Judá, que sigue a David, y la de Benjamín y el resto de tribus, que apoyan a la casa de Saúl. Se inicia una guerra civil, que es narrada en Samuel, 2-3, en la que termina venciendo la tribu de

Judá, con David como líder. Este es coronado como rey de Israel y es el que designa Jerusalén como su capital, confiriendo a esta ciudad la condición de sagrada, y es pues en ella donde se ha de construir el templo a Yavé. Es allí donde es llevada el Arca de la Alianza desde Baalat[10]. Antes, el lugar tradicional del tabernáculo que guardaba el arca estuvo en Silo. Hay que recordar también que los filisteos capturaron el arca después de derrotar a los hebreos, aunque, según el relato bíblico, la devolvieron y fue puesta en el lugar llamado Baalat, lo cual ocurrió poco antes de que Saúl fuera ungido como el primer rey de Israel. Por cierto, en el relato bíblico su dios Yavé da instrucciones precisas respecto a la construcción del arca, en las que se incluye la presencia de los dos querubines de oro, lo cual es muy extraño, pues en la misma *Torá* Yavé da también órdenes muy claras y prohíbe la representación de cualquier tipo de figura: «No harás escultura ni imagen alguna de lo que hay arriba en el cielo, o aquí abajo en la tierra, o en el agua bajo tierra. No te postrarás ante ellas y no las servirás...» (Éxodo, 20, 4). La misma orden aparece en Levítico, 26, 1, capítulo llamado «El culto del verdadero Dios», que comienza con esta orden y que continúa con unas tremendas amenazas de Yavé para los que no sigan sus mandatos. También se lee respecto al Arca, «sobre la que se invoca el nombre de Yavé Sebaot, sentado entre los querubines». La presencia de dichos querubines claramente contradice la orden de no hacer esculturas ni imágenes. Es el propio rey David quien teme tener este objeto cerca y la manda llevar antes a otra casa, para después conducirla hasta Jerusalén, donde había construido un tabernáculo que la albergara. Es entonces cuando Yavé pide a David una «casa de piedra»: «¿Vas a edificarme una casa de piedra para que habite en ella?

---

10. Este lugar es llamado en Samuel 1-7 Quiriat-Jeraim, en el episodio en el que se narra el robo del Arca por los filisteos y su posterior devolución.

Yo no he habitado en casa desde el día en que saqué de Egipto a los hijos de Israel hasta hoy, sino que he andado en una tienda y en un tabernáculo» (Samuel, 2-7).

Son bien conocidos los episodios en esa época del adulterio de David y el de la muerte de Urias, el marido de Betsabé, a la que deseó el rey y de la que nació Salomón, que le sucedió después de que este se impusiera a Adonías, su hermano, que también pretendía el trono y al que mandó matar. Fue Salomón el que edificó el templo de piedra, con gran magnificencia. En él se guardó el arca, la menorá y los otros objetos de culto. Este rey sabio y poderoso, sin embargo, terminó sus días alejado de Yavé, el dios que se le apareció dos veces y que le hablaba. El texto de Reyes 1 cuenta cómo el corazón del rey Salomón se vio arrastrado hacia otros dioses: «... su corazón no era enteramente de Yavé... y se fue Salomón detrás de Astarté...» (Reyes, 1-11).

Para la construcción del templo tomó como aliado a Hiram, rey de Tiro. Se cita en Reyes,1-6, que la casa de Yavé se comenzó a edificar en el año 480 después de la salida de Egipto. Se cree que Salomón reinó entre los años 965 a 930 a. C., lo que significa que la salida de Egipto sería sobre el año 1450 a. C, aproximadamente. En esta fecha reinaría en Egipto la poderosa dinastía XVIII. Sin embargo, en las crónicas egipcias de esta época —ni de ninguna otra— se encuentra referencia alguna a los hebreos ni a las plagas narradas en el Éxodo, ni a nada de lo que relata la *Torá*.

## Sobre el 970-931 a. C.

Después de la muerte de Salomón, hijo de David y constructor del templo, su reino quedó dividido en dos: al norte, Israel; al sur, Judea, con capital en Jerusalén, donde estaba ubicado el Templo. Las diez tribus del norte —Israel— no aceptan como rey a Roboam, hijo de Salomón, que solo es admitido como rey por las tribus de Judá y Benjamín, que son las que forman al sur el reino de Judea. Tanto Salomón como su padre David eran de la tribu de Judá y los judíos quieren que su nuevo rey pertenezca también a su tribu. Las otras diez tribus de Israel nombran rey a Jeroboam. En Reyes I se lee que es el propio Yavé el que lleva a cabo la separación de las diez tribus de la de la tribu de Judá. Hay que decir que la tribu de Benjamín prácticamente había desaparecido en los años del rey Saúl, exterminada por las otras tribus, especialmente por la de Judá. De este modo se forman dos reinos rivales: Judea, con Roboam como rey, e Israel, con Jeroboam como monarca. Desde este momento de división, la narración bíblica se centra en los judíos, quedando glorificada tanto esta tribu como su reino de Judea y su capital Jerusalén.

Durante el reinado de Roboam, el hijo de Salomón, el ejército del faraón egipcio Sheshonq I —llamado Sesac en el texto bíblico— invade Judea y saquea el Templo. De este rey se dice en I Reyes, 22: «Roboam hizo el mal a los ojos de Yavé...». Continúa: «... hasta consagrados a la prostitución idolátrica hubo en la tierra. Imitaron todas las abominaciones de las gentes que Yavé había echado de delante de los hijos de Israel». Luego sigue: «El año quinto del reinado de Roboam, Sesac, rey de Egipto, subió contra Jerusalén, saqueó los tesoros de la casa de Yavé y los tesoros de la casa del rey, todo lo saqueó...».

Curiosamente, Jeroboam, el rey de Israel en el norte, durante el reinado de Salomón estuvo exiliado en Egipto. Durante gran parte del reino de Israel, la capital fue Samaria. Curiosamente, a las tribus de Israel parece no importarles abandonar ni Jerusalén ni el templo, ni se mueven para ayudar a los judíos cuando llegan los egipcios y se llevan los tesoros del templo, según lo narrado en Reyes.

En el 720 (aprox.) a. C.

Los asirios conquistan el reino de Israel y sus habitantes son desterrados. Estos desterrados, cuya pista no es conocida por la historia, son las diez tribus *perdidas* de Israel objeto de numerosas leyendas. Su último rey es Osías. En realidad, los asirios destierran a las clases dirigentes y las sustituyen por propias. De esta época son algunos de los fragmentos más antiguos hallados del hebreo primitivo. El texto de esta lengua más antiguo encontrado es una estela del siglo IX a. C. El texto de la *Torá* más arcaico conocido es del VII a. C.

En Judea siguen reinando una lista de monarcas sucesores de Roboam. Durante el reinado de uno de los últimos, Josías (640-609 a. C.), se produce un episodio verdaderamente singular. A su vez, en 2 Crónicas, 35 se lee que Josías dijo a los levitas: «Colocada el arca santa en la casa que edificó Salomón, hijo de David, rey de Israel, ya no tenéis que trasladarla en hombros». De este texto se desprende que los egipcios no se llevasen el Arca durante su saqueo, tal vez porque carecía entonces de relevancia y sacralidad durante el *pagano* reinado de Roboam. Pero durante el reinado de Josías ocurre algo verdaderamente insólito. Este episodio del *hallazgo* del Libro de la Ley se narra justo antes de este mencionado del Arca, lo cual muestra una continuidad entre ambos episodios, que parecen mostrar un retorno al culto a Yavé que se había perdido. Por eso aparecen de nuevo tanto la *Torá* como el arca.

## La profetisa Hulda y el hallazgo del Libro de la Ley

Uno de los episodios más curiosos narrados en la Biblia es aquel en el que un sacerdote encuentra *casualmente* el Libro de la Ley perdido (Reyes, 2-22). Es mucho más curioso que este episodio aparezca de nuevo en Crónicas, 2-34,14 que menciona el hallazgo del Libro de la Ley. Este descubrimiento crea una gran confusión.

El rey Josías manda a los sacerdotes a consultar a una profetisa, que declara que todos los males que sufren los judíos se deben a la desobediencia de lo escrito en el libro encontrado, que es la palabra de Yavé. Lo dicho por la profetisa Hulda provoca que Josías emprenda una reforma religiosa basada en la escrupulosa obediencia al libro, es decir, la *Torá,* y promueve la erradicación de la idolatría. En Reyes, 2-23 llama la atención leer los diferentes dioses y formas de *idolatría* que había. Se dice que en el templo se daba culto a Baal. Sin embargo, poco después acabará esta etapa del judaísmo y comenzará otra.

## En el 586 (aprox.) a. C.

El caldeo Nabucodonosor II el Grande, el de los jardines colgantes, conquista Judea, arrasa y destruye el templo y se lleva los tesoros incluidos el arca y la menorá según se desprende de los textos. Leemos en 2 Crónicas–36: «Nabucodonosor llevó a Babilonia todos los utensilios de la casa de Yavé, grandes y pequeños... quemaron la casa de Yavé, demolieron las murallas de Jerusalén, dieron al fuego todos los palacios y destruyeron todos los objetos preciosos». El último rey judío es Sedecías. La mayoría de sus habitantes son llevados como cautivos a Babilonia y una minoría queda en Judea conviviendo con los conquistadores. En esa época, el hebreo casi se ha perdido. En el imperio persa la lengua franca común en la zona es el arameo. Los judíos empiezan a comunicarse en este idioma y crean un arameo hebreizado. En esa época empiezan a reunirse en sinagogas, al carecer de templo. Judea, llamada ahora Yehud, se convierte en una provincia del Imperio babilónico.

## En el 538 (aprox.) a. C.

El rey persa Ciro conquista Babilonia y permite a los judíos regresar a su tierra; sin embargo, muchos de ellos deciden quedarse y otros se dirigen a distintos lugares como Alejandría. Al regreso encuentran la religión de los antiguos israelitas, que se quedaron mezclados con ocupantes asirios establecidos como colonos, principalmente ocupando la región de Samaria. Son los posteriormente vilipendiados samaritanos.

### En el 515 (aprox.) a. C.

Al regreso del cautiverio, el Templo es reconstruido, pero con mucho menos esplendor, lujo y tamaño que su predecesor. Es el conocido como «segundo Templo». También se reanudan los *korban,* los constantes sacrificios al Templo principalmente de animales, si bien también se hacían ofrendas de frutos, aceite, pan o vino. Este sacrificio continuo y masivo de animales era muy importante en el culto a Yavé. Por ejemplo, se cita en 1 Crónicas, 29: «... al día siguiente ofrecieron a Yavé holocaustos, mil becerros, mil carneros, mil corderos...». En 2 Crónicas, 35 se cita el sacrificio de miles de animales, por ejemplo, corderos y cabritos, en número de 30 000, y 3000 bueyes aportados al sacrificio por el rey. Los príncipes por su parte ofrecieron 2600 corderos y 300 bueyes. Los levitas donaron al sacrificio 5000 corderos más y 500 bueyes. Sigue contando: «... los sacerdotes derramaron la sangre que recibían y los levitas desollaron a las víctimas». Esas prácticas de masivo derramamiento de sangre muestran el origen muy primitivo de su religión. Por ejemplo, en el zoroastrismo ya no aparece el sacrificio de animales.

### En el 458 (aprox.) a. C.

Otro gran grupo de exiliados en Babilonia deciden regresar a Judea. Son liderados por Ibn Ezra, escriba y sacerdote, que será nombrado gobernador de Jerusalén. Ezra lee públicamente en el −444 al pueblo la *Torá,* compilada un poco antes de cuatro fuentes. Desde ese momento es considerada como la revelación divina a Moisés. La sociedad se compromete a vivir según los principios de la *Torá* —solo están en contra los samaritanos—. Durante su largo exilio, los judíos han ido incorporando a su ideario mucho de la religión zoroástrica. El resultado es una mezcla de sus antiguas tradiciones orales con elementos de la religión de los babilonios. Por ello muchos estudiosos consideran el judaísmo como una rama del zoroastrismo. A partir de esa época, el estudio de la *Torá* se hizo intensivo y sistemático. Ezra es considerado el padre del judaísmo tal y como hoy es entendido.

## En el 332 (aprox.) a. C.

Después de su campaña militar contra Persia, Alejandro se dirige a Egipto. Antes conquista Judea con facilidad y empieza el periodo de helenización. Alejandro incorpora Judea a su imperio sin violencia y los sacerdotes continúan con su culto en el templo.

## En el 301 (aprox.) a. C.

Ptolomeo I de Egipto se anexiona Judea, hasta el año 200 a. C., cuando pasa a manos de la dinastía de los seleúcidas, los herederos en Babilonia del imperio de Alejandro, que a su muerte se dividió. Durante este tiempo, los judíos tienen una gran autonomía y practican su religión sin problemas, pero pagan impuestos a la potencia dominante. El sumo sacerdote del templo es la máxima autoridad y el interlocutor ante los gobernadores extranjeros. La influencia cultural helena y la preponderancia del idioma griego hace que el hebreo como lengua se pierda pues se extingue como idioma hablado en el 135, aproximadamente, salvo para su uso en el culto. El pueblo habla arameo y el idioma franco es el griego. Muchos judíos, sobre todo las clases altas, se helenizan.

## En el 250 (aprox.) a. C.

Se inicia la traducción al griego de la llamada *Biblia de los Setenta* en Alejandría, que dura cien años. La pérdida de la identidad judía, tanto como la conciencia de pueblo como de religión, hace que reaccionen los rabinos de Alejandría, que deciden poner por escrito en griego el cúmulo de tradiciones orales que conservan con añadidos propios destinados a proveerse de un pasado mítico y a destacar su condición de elegidos de Dios como hecho diferencial frente al resto de religiones.

## En el 170 (apróx.) a. C.

Los seleúcidas pretenden acabar con el culto en el templo de Jerusalén. El rey Antíoco prohíbe la práctica de la religión judía, pues quiere la completa helenización. El templo es saqueado y profanado, y cambian su nombre por el de Júpiter Olímpico. Ante estos hechos, tres años después se produce la rebelión de los asmoneos o macabeos, que triunfa y se restituye el culto en el Templo. Todo se inicia cuando un sacerdote se rebela con sus cinco hijos, liderados por Judas Macabeo, que comienzan una guerra de guerrillas que terminará venciendo. Un ejército sirio va hacia allí para sofocar la revuelta judía, pero Antioco muere y el general al mando decide negociar, dejándoles libertad de culto. Unos aceptan conformarse con el culto en el templo y otros buscan continuar la lucha hasta lograr la independencia. En el 142 a. C., Judea es nuevamente independiente, incluso extienden sus fronteras respecto al territorio que tenían en la época de Ezra. Los asmoneos —también llamados macabeos— se hacen coronar como reyes y sacerdotes. Es época de fervor nacionalista y religioso, si bien la religión se divide en numerosas sectas, siendo las más importantes los saduceos —a los que pertenecen las clases altas— y los fariseos. En esta época, en la antigua zona de Israel, ahora Samaria, los samaritanos profesaban viejas formas de su religión, sin los añadidos incorporados después del regreso de Babilonia. Los samaritanos consideraban a los de Judea como herejes y los de Judea a los de Samaria igualmente como herejes. De este siglo II a. C. son las copias de fragmentos del Antiguo Testamento que se encontraron en Qumram.

## Entre el 76 y el 4 a. C.

A la muerte de la reina Salomé Alejandra estalla una guerra civil, provocada por los hijos de esta, que aspiran a la sucesión. Uno de los bandos pide ayuda a los romanos. Pompeyo en el 67 ocupa Judea y la convierte en dominio romano bajo jurisdicción de Siria. Algunos saduceos y fariseos aceptan a los romanos y negocian con ellos para continuar con su culto. Los romanos aceptan. Herodes el Grande, idumeo y judío de religión, rey impuesto por los romanos pero sin el apoyo popular, para ganarse a los judíos, reconstruye en su totalidad el Templo, dándole un tamaño, la magnificencia y el lujo que el modesto construido en la época de Ezra no tenía. Se inicia su reconstrucción en 19 a. C. y se termina en 7 a. C. Herodes muere en el año 4 a. C. El templo se convierte en un foco de peregrinación para los judíos, especialmente los de la diáspora, y representa una enorme fuente de ingresos[11], por lo que los sacrificios por parte de los sacerdotes son continuos.

Después de varios conatos de rebelión contra los romanos, sobre todo durante el mandato del prefecto romano Pilato, estalla una gran revuelta contra los invasores. Roma responde.

---

11. A la entrada del templo había cambistas de moneda, ya que no podía haber ninguna efigie humana en el templo y las monedas romanas sí la tenían. Los cambistas cambiaban estas monedas por otras sin efigie, para que los peregrinos pudieran pagar con ellas a los sacerdotes los animales que ofrecían en sacrificio, desde las más baratas palomas a las caras terneras. Tanto el cambio de moneda como la venta de animales significaban cuantiosos beneficios para el templo, de los cuales los romanos cobraban sus impuestos.

## Año 70: la destrucción del Templo

En el 70 de la era cristiana, las tropas del general romano Tito sitian Jerusalén. Después de vencer, asolan y destruyen el Templo, reduciéndolo a escombros. En la actualidad se conserva un muro, el Muro de las Lamentaciones, que no pertenecía al templo, sino que formaba parte de la muralla exterior que rodeaba el recinto.

La destrucción del templo de Jerusalén llevó aparejada la unificación del judaísmo en una sola corriente, la más numerosa, los fariseos, de la que es descendiente el rabinismo actual. Los historiadores nos dicen que su pragmatismo, capacidad de adaptación, y su moderación diplomática y negociadora, fueron las claves para que fuera esta secta judía la que sobreviviera. Son ellos los que establecen la escuela de Yabné y desarrollan la mayor parte de los elementos distintivos del judaísmo actual, incluido el canon de su literatura sagrada. Según algunos historiadores, esto se establece en un concilio, según otras opiniones, a través de sucesivas asambleas de rabinos que no tienen esa condición conciliar. Y efectivamente, la destrucción del Templo marcó de modo indeleble al judaísmo hasta hoy, de manera que en la actualidad hay sectores religiosos importantes de la comunidad judía que creen imprescindible la reconstrucción de un tercer templo en el mismo lugar donde estuvo anteriormente, a pesar de que allí se encuentran desde hace siglos la mezquita de Al Aqsa y la Cúpula de la Roca, lugares sagrados para el islam.

Al respecto, es interesante recordar lo que el propio Salomón dijo durante la dedicación del templo: «¿En verdad morará Dios sobre la tierra? Los cielos y los cielos de los cielos no son capaces de contenerte, ¡cuánto menos esta casa que yo he edificado!» (Reyes 1, 8-27). También añade Salomón: «... este lugar del que has dicho (Yavé): "En él estará mi nombre"».

## Samaritanos

Antes de continuar, es interesante recordar que aún perviven un grupo de samaritanos que afirman ser los sucesores de aquellos del pasado, y que se consideran los verdaderos custodios de la fe judaica. Hoy habitan en su sagrado monte Guerizin, muy cerca de la ciudad santa de Nablus, sobre el que, según sus creencias, algún día aparecerá el Mesías. Además, afirman que este es el lugar del templo a Yavé, no Jerusalén. Según se lee en Jueces, 9:37, este es el «ombligo del mundo». Según sus creencias, este monte es el lugar que Yavé eligió para la construcción de su Templo y allí en épocas remotas estuvo levantado un santuario. A dos kilómetros de Nablus se encuentran las ruinas de la bíblica Siquem, la primera capital del reino de Israel. Las crónicas samaritanas refieren que la separación del judaísmo se produjo por la decisión del sacerdote Elí de edificar otro santuario independiente del de Guerizim. En Samuel, 2:12 se habla de la maldad de los hijos de Elí. Es en ese tiempo cuando los filisteos vencen a los israelitas y les roban el Arca de la Alianza. También en Samuel 22 leemos el episodio en el que Saúl manda matar a ochenta y cinco sacerdotes de Yavé del lugar de Nob que vestían el «efod de lino». Aún los samaritanos conservan para su culto el hebreo antiguo, y también el arameo y sus textos más importantes son la *Torá* y el *Memar Marqah.* Se separaron del judaísmo triunfante ya en la época del rey Saúl que destruyó el templo del monte Guerizin, porque sus sacerdotes, a los que asesinó, se negaron a aceptarlo como rey. Como sabemos, David, de la tribu de Judá, fue el siguiente rey judío. Fue su hijo Salomón el que decidió que fuese Jerusalén, la capital elegida por su padre, el lugar donde construir el templo en el que dar culto y sacrificar a Yavé. También según el libro de Samuel, había entonces una «casa de Yavé» en Silo, que es mencionado en el texto también como templo en el que Elí era sumo sacerdote. Es aquí, según este mismo texto, donde estaba el Arca de la Alianza.

## Los libros del judaísmo

En términos históricos, la Biblia cristiana adquirió un enorme protagonismo principalmente a partir de la Reforma, puesto que Lutero y el resto de sus ideólogos, como Calvino o Zuinglio, concedieron a este texto la máxima y única autoridad doctrinal, por encima de la del Papa o de cualquier otro intérprete. Recordemos que en aquellas fechas el pueblo no accedía a su lectura, por un lado, porque mayoritariamente no sabía leer —y menos conocía el latín— y por otro para que así solo el clero tuviera en sus manos la interpretación de las Escrituras, con las que adoctrinar a los fieles. Lutero traduce la Biblia al alemán en 1534. En 1569 se publica en Basilea traducida por Casiodoro de la Reina la llamada en español *Biblia del oso.* En 1611 se publica la Biblia en inglés, la conocida como *King James Bible,* todas ellas en el ámbito del protestantismo. De este modo, el pueblo empieza a tener un acceso directo al texto.

Hoy sabemos sin lugar a duda que la Biblia es una construcción a partir de otros libros que provienen de diferentes épocas, es decir, es un libro compuesto a partir de otros redactados por diferentes manos y en distintas épocas. La Biblia cristiana está formada en su mayor parte por libros judíos, que conforman lo que llamamos el Antiguo Testamento.

Es a finales del siglo I, después del enorme impacto que había causado en el pueblo judío la destrucción del templo de Jerusalén por el general Tito en el año 70, cuando un grupo de fariseos se reúnen con el objetivo de establecer un canon de su literatura sagrada. Este grupo lo primero que decide es qué libros son dignos de figurar en ese canon. De este modo el judaísmo crea tres grandes grupos: la *Torá* (la ley), recogida en cinco libros; los *Nebiim* (los profetas), recogidos en ocho libros; y los *Ketubim* (escritos o salmos), recogidos en once libros. La unión de estos tres grupos de textos formó la *Tanaj* o Biblia hebrea, que fue utilizada posteriormente como la base escrita principal del Antiguo Testamento, a la que se le añadieron los Evangelios y el resto de textos propios cristianos, conformando así el Nuevo Testamento. Así, Antiguo y Nuevo Testamentos unidos, formaron la Biblia cristiana, a partir del decreto del papa Gelasio I en el siglo v. Sin embargo, entre la *Tanaj* y el Antiguo Testamento de la Biblia hay diferencias, por la inclusión y exclusión en sus respectivos cánones de ciertos libros. Valga el ejemplo de los libros de Tobías, Judit o Eclesiástico, entre otros que sí están en el canon cristiano pero no figuran en la *Tanaj* hebrea.

## La *Tanaj*

Como se ha mencionado, hay cierto consenso en considerar que, en el año 96 aproximadamente, hubo una reunión de *doctores de la ley,* fundamentalmente fariseos, en la ciudad de Yabné, que tenía como objetivo el establecer un canon de libros sagrados. Si la Torá ya había sido fijada, había quedado al margen una amplia y variada literatura que, en su opinión, debía ser salvaguardada. La parte de los *Nebiim,* los profetas, pasó a ser muy importante, ya que en ellos estaban narrados episodios muy esperanzadores para la comunidad hebrea, como el del triunfo final de la tribu de Judá o la liberación de Jerusalén por el Mesías. Todo ello ocurriría después del arrepentimiento de los judíos por sus pecados, pues su penosa situación como exiliados nuevamente era fruto del castigo de Yavé por no haber cumplido escrupulosamente la ley, algo que ya antes había proclamado el rey Josías, antes del exilio de Babilonia y nuevamente Ezra al regreso de ese exilio. Así nació la *Tanaj*, pero también de nuevo el convencimiento de la necesidad de seguir al pie de la letra la *Torá*, la ley, pues solo así sería posible que las esperanzadoras y consoladoras palabras de los profetas se cumpliesen.

## La *Torá*

Según las creencias del judaísmo más ortodoxo, la *Torá* fue trasmitida a Moisés por Yavé en el monte Sinaí, palabra por palabra. Para los judíos esta idea confiere al texto unos valores y unos significados únicos. Los estudios actuales sin embargo muestran que fue una recopilación de textos escritos y de tradiciones orales recogidas durante el cautiverio de Babilonia (aprox. siglo VI a. C.), que se terminó de fijar como un texto único a la vuelta del exilio. Es en la época de Ezra cuando se declaró su contenido como palabra de Dios. A partir de ello, se estructuró toda la vida del pueblo judío, tanto en términos doctrinales como sociales. Por otro lado, pudimos leer el episodio mencionado del sacerdote que encontró casualmente el Libro de la Ley en el tiempo del reinado de Josías, lo que pone en duda que hubiera un conocimiento o valoración de este texto antes de la vuelta del exilio. Por su parte, las numerosas aportaciones de la religión zoroástrica al judaísmo presentes en la *Torá* sin duda confirman que el origen de este texto proviene del cautiverio en Babilonia. A su vez, la *Torá* no es un único libro, sino que está formado por cinco, que fueron seleccionados como los más importantes por los primeros recopiladores en el exilio: Génesis, Éxodo, Levítico, Números y Deuteronomio. En el cristianismo se les conoce con el nombre de Pentateuco.

Si algo caracteriza la *Torá* es el vínculo especial de la divinidad llamada Yavé con la tribu de Juda, pues, si bien en una parte de los textos es Israel —es decir, las doce tribus que conforman el pueblo hebreo— el protagonista del relato, en un momento de la narración de las sucesivas vicisitudes que sufren a lo largo de la historia, solo queda como protagonista la poderosa tribu de Judá, pues el resto desaparecen de la escena. Son las famosas *tribus perdidas*. A su vuelta del exilio, los judíos que regresan a la tierra de la que fueron expulsados traen la idea de que la religión ha de ser la única guía de la vida social y política, al igual que lo era en Babilonia. Religión, Estado y sociedad no pueden estar separados, y la fuente de la ley solo puede ser una: la *Torá*.

La nueva y mayor importancia que tomó este texto se debió a que los dirigentes espirituales entendieron que el primer *castigo* que representó la destrucción del templo de Salomón y el exilio babilónico continuó después con la nueva destrucción del Templo por parte del romano Tito y el nuevo exilio. Ambos castigos tuvieron una misma causa: no seguir la ley de Yavé, no obedecer lo escrito en la *Torá*. Además, tomó renovada fuerza el anuncio de los profetas de la llegada del mesías libertador. Pero, si no tenían ya templo y el mesías no había llegado aún, lógicamente la *Torá* se convirtió en lo único sobre lo que se podía asentar una fe sostenida, principalmente en la idea de que Yavé, si en el pasado los había castigado, en ese momento, con el respeto escrupuloso de la *Torá*, no volvería a hacerlo.

## Mishná

Si la *Torá* es la ley escrita, la *Mishná* es la ley oral que, para que no se perdiera, fue recogida en un texto que agrupa seis libros. Se escribe en el siglo III, con el fin de guardar memoria de las tradiciones orales que no se recogieron en la *Torá*. La mayor parte está escrita en hebreo de la época y otra parte en arameo. En la *Mishná* se recogen leyes relativas a sacrificios de animales, alimentación, costumbres tradicionales, celebración de fiestas, vida en familia, relaciones entre miembros de la comunidad... Para los estudiosos de la *Torá*, la *Mishná* representa una gran ayuda para la interpretación de los pasajes más difíciles pues su condición de fuente fiable proveniente de una tradición oral así lo justifica. La *Mishná* es llamada «la *Torá* oral», por lo que se entiende su enorme valor para el judaísmo. A su vez, es el texto principal y primero de la literatura rabínica. Se cree que el compilador, redactor y editor fue Yehudá Hanasí, un rabino que enfatizó la importancia de la unión de la comunidad judía y la participación de cada miembro en todo lo referido a la colectividad, tanto en lo social como en lo religioso. El lugar de referencia para ello debía ser la sinagoga.

## Rabinos y sinagogas

El origen de los rabinos hay que situarlo en el siglo III a. C., entre los fariseos que cuestionaron el sacerdocio del templo en manos de los saduceos. Actualmente un rabino —es decir, un maestro— es un respetado conocedor e intérprete de la *Torá* que ejerce el servicio de guía a otros. Por otro lado, es fundamental la relación entre los rabinos y la sinagoga. Este término designa el lugar de reunión para la lectura de las Escrituras y para la oración de los judíos. Se cree que la sinagoga procede de las reuniones que los judíos hacían en el exilio babilónico para orar. Ya en el siglo I se extienden en las comunidades judías y son el centro de los servicios religiosos. De este modo la sinagoga se convirtió en lugar de culto, de oración, de reunión y de estudio, es decir, el centro de la fe judía.

## *Talmud*

Este término significa 'instrucción' o 'enseñanza'. El texto se debe al esfuerzo de los rabinos de codificar y, sobre todo, explicar de modo minucioso todo lo que en la *Torá* resulta confuso o que se mostraba incompleto. Fue elaborado por generaciones de rabinos entre los siglos III y V. Está formado por una enorme colección

de escritos, que van desde la promulgación de leyes civiles a dis-
quisiciones religiosas, pasando por parábolas, cuentos, explicación de costumbres sociales, enseñanzas morales... Existen dos
versiones del *Talmud,* la de Jerusalén y la de Babilonia. Esta última fue redactada durante el exilio de Babilonia, en hebreo. La
de Jerusalén es la primera en escribirse, se centra principalmente
en los debates que llevaron a la elaboración de la *Mishná* y está
escrita en arameo. Este *Talmud* es el que incluye la *Guemará,*
considerada en sí misma una obra independiente, que comprende
los debates mencionados en torno a la *Mishná.*

## El *Zohar*

En el siglo XIII se publica en *El Zohar* o *Libro del esplendor,* la que
hasta hoy es considerada la obra cumbre de la cábala. Es debida
a Mosé ben Sem Tob de León. Él mismo lo atribuyó al famoso
rabino del siglo II Simón Bar Yohai, quien, supuestamente, lo
redactó en arameo. Sea cierto esto o no, es significativo que esta
obra cumbre de la cábala, que en realidad es una exégesis de la
Torá, está escrita en arameo. Sin embargo, eruditos de la talla de
Gershom Scholem no dudan en atribuir su redacción a Mosé de
León, si bien puede que se basase en escritos de Bar Yohai. Y la
pregunta nace sola: ¿por qué un texto de cábala dedicado a enseñar el esoterismo oculto en la Torá la escribe en arameo con
letras hebreas un rabino en la Castilla del siglo XIII? Obviamente,
la respuesta será distinta a partir de que se considere o no el
hebreo como la lengua sagrada utilizada por Yavé para crear el
mundo.

Sea como fuere, esta obra, llamada *La biblia de la cábala,* que
vio la luz en Guadalajara, es considerada mayoritariamente la
obra fundacional de la cábala, si bien no fue la primera. Es lógico
que así sea, pues esta corriente mística y filosófica tuvo su esplendor en España, *Sefarad,* antes de que perdiera su esencia, sobre

todo a partir de la preponderancia del judaísmo *ashkenazi* centroeuropeo y a que se estableciese un vínculo de la cábala con corrientes ocultistas que le eran ajenas y que distorsionaron su enseñanza. Hoy el *Zohar* está publicado en español en 25 tomos. Su lectura es compleja y se basa en descifrar el significado oculto, especialmente de los textos de la *Torá,* en el entendimiento de que tienen un significado esotérico. A su vez hay contenidos filosóficos y teológicos de muy diversa naturaleza

## *La guía de perplejos*

¿Hubiéramos conocido el *Zohar* si antes Maimónides no hubiera publicado su *Guía de perplejos?* El andalusí Moisés ben Maimón, más conocido como Maimónides, rabino cordobés, es considerado el mayor estudioso y conocedor de la *Torá* en su época. Además de filósofo, era médico, astrónomo y poeta, y escribió esta obra en árabe. La potencia de este texto tiene aún hoy un gran impacto, si bien su contenido no fue del gusto de los rabinos ortodoxos de la época; sin embargo, se considera que en el judaísmo hay un antes y un después a la publicación de este libro. Esta obra está datada en 1190. En ella aparece con fuerza, como pasó con el cristianismo y el islam, el pensamiento aristotélico, dando consistencia filosófica a un judaísmo hasta entonces disperso y poco sólido.

Creo que la sola presencia de estas dos obras de importancia capital en el desarrollo posterior del judaísmo más místico y esotérico muestra a las claras que vivió una época dorada en la península ibérica en términos de cultura y conocimiento. Sin embargo, previamente aparecen dos obras que son las que sirvieron para elaborar unas hipótesis y unas doctrinas que han perdurado hasta hoy. Principalmente la afirmación de que el hebreo es el lenguaje de Dios, que los elementos constructivos son las 22 letras de su alfabeto y que estas a su vez son enlaces o caminos en una estructura emanativa llamada Árbol de la Vida, dividida en esferas o *sefirots,* separadas en distintos niveles. La sacralidad de su lengua, tanto hablada como escrita, queda evidenciada por el hecho de que Yavé dicta a Moisés la *Torá* en hebreo. Con estas bases se construyó una cábala a la que se incorporaron elementos del ocultismo europeo, sobre todo en el siglo XIX, que determinan una cábala actual supuestamente *esotérica,* pero de muy escaso valor por las limitaciones de sus planteamientos y por el reduccionismo de su contexto cultural.

## Sefer Yetsirá

Este pequeño libro está considerado el primer texto cabalístico y hoy hay consenso en datarlo en el siglo II. Sin embargo, se percibe en él una fuerte influencia griega, especialmente en lo referido a la similitud entre la tetrakis pitagórica y los diez *sefirots.* La *tetrakis* está formada por el 10 como suma de 1+2+3+4, al igual que en el árbol sefirótico. Pero lo más importante son las referencias astrológicas en su contenido, que dejan claro qué fuentes toma, a la par que rompe con el misticismo judío del pasado, en el que la astrología no solo no era utilizada, sino que era considerada una superstición sacrílega. Por este motivo su valoración como texto fuente de la cábala queda en cuestión, pues el vínculo de las letras hebreas con los doce signos del zodiaco o con los siete planetas pone en evidencia la incorporación de conocimientos muy ajenos al judaísmo. Una lectura no doctrinal de este texto evidencia que es más griego que judío.

En este pequeño texto está muy presente la doctrina de los números y letras de los pitagóricos. Pero, pese a su base en conceptos griegos, esta obra es la que establece como punto de partida la hipótesis de que el hebreo es la lengua de Dios, pues él la eligió para comunicarse con Moisés. Sin embargo, el hebreo es una lengua semítica con un alfabeto originalmente consonántico, emparentado con el alfabeto arameo y el fenicio. A su vez, es evidente su parentesco con el griego (alfa = alef; beta = bet; gamma = gimel; delta = dalet; epsilon= he...), lo cual es lógico, porque ambas lenguas tienen un origen común con el fenicio y su alfabeto.

El texto dice en su inicio, capítulo I, i: «... Él dividió las veintidós consonantes en tres apartados: tres madres, letras fundamentales; siete consonantes dobles; doce consonantes triples». Dice en capítulo II, i: «... las tres letras fundamentales, *sin, mem, alef...*». Queda evidenciado que el texto se refiere a consonantes; sin embargo, *alef* es una vocal, al igual que en el alfabeto que hoy se da como base, hay otras vocales, y recordémoslo, en estas lenguas antiguamente no había vocales escritas. Sin que esto signifique que el *Sefer Yetsirá* sea un texto que carezca de valor, su lectura demuestra que, como soporte de una cábala, entendida como un saber místico y esotérico propio del judaísmo basado en la excepcionalidad de su lengua, no es sostenible, pues todo su entramado filosófico tiene una clara base pitagórica y platónica, y muestra que su lengua es similar a otras que tienen el mismo origen.

## *Sefer ha Bahir*

Su traducción es el *Libro de la claridad*. Esta obra fue redactada por las comunidades judías del sur de Francia sobre el año 1176, se supone que como recopilación de textos más antiguos. Doctrinalmente toma referencias del *Sefer Yetsirá,* e incide en el significado y valor esotérico del alfabeto hebreo, si bien tiene como aportación respecto al *Yetsirá* la idea de que la grafía de las letras hebreas también tiene un significado esotérico. En realidad, fue este libro redactado con anterioridad al *Zohar* el otro texto base sobre el que se desarrolla lo que hoy conocemos como cábala. Antes de su primera edición impresa en el siglo XVII, circulaba de modo reservado entre los cabalistas. Esta formado a partir de una sucesión de preguntas y respuestas sobre distintos aspectos metafísicos, pero todos con la *Torá* como referencia prácticamente única.

## La *cábala* y la lengua hebrea

Desde mi punto de vista, validar el privilegio sacro y único de una lengua sobre otras solo es posible desde la fe en la creencia de que esa lengua, y su grafía, es la que *utiliza* Dios. Sin embargo, que el árabe fuera la lengua utilizada por Maimónides o el arameo en el *Zohar,* no se valora como relevante para que la consideración sagrada del hebreo como lengua *constructora* de la creación pudiera ser cuestionada.

En realidad, toda la cábala se basa en la premisa de que el hebreo es una lengua sagrada, algo indubitable para los judíos y para los seguidores de las diferentes escuelas cabalísticas, ya que está establecido como dogma que Yavé comunicó a Moisés la *Torá* en esa lengua y que las Tablas de la Ley igualmente estaban escritas en hebreo; es decir, una premisa basada en la fe. Es a partir de la fe del pueblo judío creyente como la *Torá* alcanza esa condición de texto divino. Entonces, sin duda ni discusión, quedó avalada la premisa de que Dios hablaba en hebreo. Sin embargo, sabemos fehacientemente que la lengua hebrea sufrió sucesivas modificaciones, incluida su pérdida como lengua hablada; o que el hebreo moderno, según los especialistas, es una construcción lingüística muy artificial. Desde esa misma fe, esos cambios lingüísticos son irrelevantes, si bien la lengua hebrea antigua pertenece a las llamadas *abyad,* por su alfabeto consonántico, carente de vocales —que a la hora de escribir un texto deben ser añadidas por el escriba—. A su vez está claramente emparentada con otras lenguas semíticas como el fenicio, el arameo o el árabe, que también deberían tener esa condición sagrada, algo que para los millones de musulmanes del mundo fieles a su fe ocurre con su lengua árabe, pues es en esa lengua como el arcángel Gabriel transmitió al Profeta el Corán. En la India, desde milenios atrás, a los mantras recitados en lengua sánscrita se les ha otorgado poderes excepcionales, valga el ejemplo del famoso *aum*. Y hay más ejemplos.

Pero, si nos alejamos de la idea de un idioma sagrado, nos encontramos que es común a muchas religiones la idea de la creación vinculada al Verbo, entendido este como un sonido primordial. Este *sonido* a su vez se dividiría en otros sonidos, que no corresponderían a ninguna lengua en concreto, sino que estarían vinculados a las características de su vibración. Este sonido se entiende por tanto como vibración que corresponde al *movimiento* de paso entre lo no creado y lo creado. Este conocimiento sería la base de la *cábala,* entendida esta como una ciencia del Verbo e independiente de una lengua u otra, y conocida y practicada por diferentes culturas, sin que ninguna tenga el exclusivo patrimonio de su conocimiento y uso. Baste recordar que, en el Antiguo Egipto, *heka,* la magia, tenía su base en el poder de la palabra. Y si hablamos de verbo, palabra o vibración, hablamos de sonido, y por tanto es imprescindible hablar de música. Y la música es patrimonio de todas las culturas del mundo. Volveremos sobre ella

# Sobre algunos mitos de la *new age*

Estas son algunas respuestas a demandas de lectores respecto a asuntos muy trillados que forman parte del ideario de la nueva era y del falso esoterismo, que sin embargo han calado por su repetitiva divulgación, siendo algunos de ellos muy cuestionables y carentes de una mínima solidez histórica. La Atlántida o los templarios pueden servir de ejemplo de esas cuestiones que se han llevado hasta los límites de la fantasía y de la especulación, partiendo de premisas algunas muy dudosas y otras claramente falsas. Como tantas veces, esas especulaciones parecería que tienen la finalidad de servir de cortina de confusión, destinada a desviar la atención precisamente sobre aquello que tuviese un atisbo de interés dentro de un contexto valioso para el conocimiento real.

Algunas de estas creencias carecen de un origen conocido, pero la mayoría de las veces se deben a distorsiones históricas intencionadas y motivadas por intereses políticos, o tenían el objetivo de cimentar ideas nacionalistas. En ambos casos siempre se recurría a idealizar y distorsionar un pasado o a apropiarse de elementos culturales ajenos. Luego, la maquinaria propagandística hacía el resto. Muchas de estas fantasías han usado el método de mezclar cosas reales junto a otras inventadas para hacer más difícil discernir lo verdadero; por otra parte, muchas de estas ideas incorporaron elementos que, supuestamente, tenían como fuente enseñanzas esotéricas. En esta manipulación informativa, los nazis alcanzaron niveles altísimos, aunque no fueron los únicos. No se debería olvidar que muchas de las *verdades* asumidas por grupos y tendencias pseudoesotéricas actuales fueron avaladas y difundidas a través de su propaganda por los nazis, y que muchas de ellas fueron tomadas de los escritos de la Sociedad Teosófica. Valga la de la existencia de unos *maestros invisibles* que los nazis llamaron «superiores desconocidos», o la creencia de una superioridad de una raza sobre otras.

Lograron que la simple afirmación de que una información venía de esos *maestros invisibles* fuera suficiente para que lo revelado por el médium receptor quedara declarado como auténtico. Esto, aunque parezca increíble, todavía funciona hoy. Así, los postulados racistas que Blavatsky *recibía* de sus maestros, y que escribió en su *Doctrina secreta* fueron una de las bases de las teorías del supremacismo ario. Pero esto es un asunto que merecería ser tratado con más detalle en otra ocasión. Empecemos repasando brevemente algunas cuestiones menos polémicas y sensibles, pero que dan fe de las mencionadas manipulaciones históricas o de apropiaciones culturales.

## Excalibur y san Galgano

Todos conocemos la leyenda de la espada Excalibur, que, según nos han contado hasta la saciedad, el mítico rey Arturo sacó de una roca. Sin embargo, cualquier turista que viaje a Italia, concretamente a la abadía cisterciense de San Galgano, a unos 30 kilómetros de Siena, en la capilla de Montesiepi, encontrará una espada medieval incrustada en una roca prácticamente hasta la empuñadura. Según cuenta la leyenda, san Galgano fue un caballero medieval que renunció a su vida militar y mundana. Hundió su espada en la roca como testimonio de su decisión de abandonar las armas antes de convertirse en ermitaño. Este caballero cruzado, que alcanzó la santidad, nació en 1148. Su espada sigue ahí, a la vista de todo el mundo. La historia y la arqueología refrendan muchos de los datos relativos a estos episodios, y lo más importante, podemos visitar la mencionada capilla y ver la espada hundida en la piedra. Hoy está al alcance de cualquiera una gran información sobre esta abadía, san Galgano y su espada. La literatura artúrica, cargada de mitos, pero literatura al fin y al cabo, recogió un gran número de leyendas y relatos ajenos, con los que desarrolló un nuevo ideario más épico y elaborado que en Inglaterra fue utilizado para avalar su monarquía —especialmente de la casa Plantagenet— y construir un pasado mítico y heroico, inspirándose claramente en el mundo clásico. Con todo ello, los británicos construyeron sus propios mitos, que hoy son conocidos como «Materia de Bretaña» o «Ciclo Artúrico», que, a su vez, también toma claros componentes de la «Materia de Francia» o del «Ciclo de Carlomagno». Cuando Inglaterra se convirtió en la primera potencia mundial y económica, como hicieron tantas otras potencias en su mismo caso, difundió sus propios mitos y pasado legendario junto a su propio idioma y cultura. Asimismo, todas las órdenes ocultistas británicas, especialmente la *Golden Dawn,* tomaron los viejos relatos artúricos y les añadieron una mayor carga mágica y esotérica. El resultado es que hoy en día está mucho más concurrido y lleno de turistas Glastonbury que la capilla de san Galgano. Bien sabemos cómo se construyeron las leyendas que rodean Glastonbury; sin embargo, sea real o no la leyenda de san Galgano, la espada sigue allí y puede ser visitada. Pero hoy sabemos que las leyendas y mitos de Glastonbury las inventó un emprendedor abad con el fin de conseguir visitas de peregrinos a su abadía con sus respectivos beneficios económicos, y luego, la eficaz propaganda de los ocultistas británicos hizo el resto.

## Francia, druidas y dólmenes

En Francia, después de la Revolución y el periodo napoleónico, aparece una etapa en la que ciertos sectores, especialmente monárquicos, ocultistas y católicos, fomentan un nacionalismo que, como en tantas ocasiones, busca idealizar un pasado: para ello valía igual la figura de Juana de Arco que los druidas. Así, los druidas, que, a tenor de las crónicas de los romanos, aún realizaban sacrificios humanos, pasaron a convertirse en los sacerdotes bondadosos de una sociedad idílica. Lo mismo ocurrió con los celtas o con los constructores de megalitos. Y todo ello originalmente basado en los comunicados provenientes del más allá recibidos por distintos médiums, principalmente por el famoso Allan Kardec, fundador del espiritismo.

Es común vincular el megalitismo con Europa. Francia, Gran Bretaña, Irlanda o España son lugares que asimilamos con la cultura de los dólmenes, que, a su vez, de un modo legendario, se vincularon con los druidas. Sin embargo, la mayor concentración de dólmenes del mundo está en Corea, especialmente en la costa occidental de Corea del Sur. Actualmente son Patrimonio de la Humanidad. Solo en los tres más grandes yacimientos hay más de mil dólmenes. En Corea se encuentra el 40 % de los dólmenes del mundo. En el susodicho constructo del ideario esotérico-druídico-céltico-megalítico-atlante —que, aunque parezca mentira, son elementos que algunos han intentado mezclar—, la presencia de dólmenes en Corea o en el Yemen resulta molesta. Sin embargo, al igual que la espada de san Galgano antes mencionada, están ahí y se pueden visitar. Además, Corea del Sur los cuida estupendamente y hay abundantes estudios sobre ellos. Sí, Francia, al igual que otras naciones, también tuvo que *reconstruir* su pasado: Juana de Arco, dólmenes, druidas, templarios y cátaros fueron presentados al mundo por el ocultismo francés, que, al igual que los ingleses, hicieron un gran trabajo de divulgación de su idealizado e irreal pasado.

## El mito del grial cátaro

Los nazis buscaron afanosamente encontrar elementos míticos —incluidas reliquias— que justificasen la difusión de su nueva religión aria. Según su ideario, ciertas reliquias podían proporcionarles poder. En pleno dominio nazi, un joven de 28 años llamado Otto Rahn escribe un libro llamado *Cruzada contra el Grial,* que despierta la atención de Himmler —apasionado por el esoterismo— y luego de Hitler. En Francia, Antoine Gadal, nacido en 1877, publicó un libro llamado *Por el camino del Santo Grial.* En esta obra afirmaba que su «intuición mística» le decía que los cátaros poseían conocimientos espirituales superiores y que poseyeron el grial. Hasta ese momento, nadie había supuesto que los cátaros fueran algo más que un grupo de integristas apocalípticos de creencias maniqueas que tuvieron la mala fortuna de estar en el peor lugar posible, en el peor momento posible y frente a los peores enemigos posibles. Gadal también afirmaba que la tierra cátara era sagrada: él había nacido allí. Otto Rahn se inspira en la obra de Gadal, pero él aún va más lejos y encuentra en las afirmaciones de Gadal sobre los cátaros asociaciones satisfactorias para justificar el supremacismo ario. Inmediatamente Himmler prepara una expedición capitaneada por Rahn hacia las tierras cátaras. Su guía será Gadal. La relación de Gadal con los nazis no despertó precisamente simpatías en Francia, salvo en círculos afines al nazismo. Sin embargo, la obra de Gadal, además de entre los nazis, también despertó el interés de unos hermanos holandeses, que en 1935 fundaron la Rosacruz de Oro, una orden ocultista. En cuanto a Otto Rahn, empezó a perder crédito a medida que Hitler pedía resultados. Además, las SS descubrieron que era homosexual y le *invitaron* a acabar con su vida —como así hizo—. Después de la decepción griálica, Himmler volvió su mirada hacia el Tíbet, esta vez a la búsqueda de ancestros arios y de lamas con poderes superiores; no en vano, Blavatsky y el ideario teosófico afirmaba que en ese país habitaban grandes maestros con «poderes». Si el grial se había resistido a los nazis, tal vez podían encontrar a enigmáticos lamas que pusieran su poder al servicio de los nazis.

Aún hoy, muchas personas suben hasta la fortaleza de Montsegur en la creencia de que allí estuvo el grial y de que es un lugar *mágico*. Así lo afirmaron un visionario francés y un joven nazi atormentado. Como tantas veces ocurre con el pseudoesoterismo contemporáneo, todo lo demás consistió en repetir lo que otros habían dicho, sin reparar ni un minuto en el origen de esas afirmaciones.

La leyenda del grial parte de un relato cristiano muy antiguo (siglo III). La tradición cristiana dice que la copa que actualmente está en la catedral de Valencia es el verdadero grial. Esta afirmación está apoyada tanto por leyendas muy asentadas como por datos históricos. Sin embargo, ni para Gadal, ni para los nazis, ni para los movimientos ocultistas afines, esta reliquia tuvo la menor relevancia.

Tampoco la tuvo, lo cual es lógico, para todos los textos literarios medievales sobre el grial, fruto de la imaginación de sus autores, bien el *Perceval* del francés Chrétien de Troyes o el popular *Parsifal* de Wolfram von Eschenbach.

Así, la creación literaria triunfó sobre la leyenda del grial que el aragonés san Lorenzo mandó traer desde Roma y que estuvo expuesto durante muchos años en San Juan de la Peña. Aún hoy cualquier viajero puede visitar las distintas sedes del recorrido por la jacetania aragonesa de la reliquia traída de Roma o pararse a ver el capitel en la catedral de Jaca donde se representa la escena del papa entregando el grial a san Lorenzo.

Volviendo a los cátaros, es en el siglo XIX cuando el ocultista Josephin Peladan vincula el Munsalvache del Parsifal con el Montsegur cátaro, y da base al visionario y colaboracionista nazi Antoine Gadal para su afirmación de que los cátaros tuvieron el grial —una afirmación carente del más mínimo rigor ni histórico ni tradicional, pero que fue rápidamente aceptada dentro de numerosos círculos ocultistas filonazis—.

Sobre los cátaros, inocentes víctimas del poder político y religioso de la época, saben bastante los historiadores y los estudiosos[12] de las religiones. Ni en su pretendido movimiento de renovación de la Iglesia ni en su ideario, profundamente maniqueo, se halla ningún rastro de una enseñanza iniciática ni superior a otros credos similares, como por ejemplo el de los valdenses, bogomilos o paulicianos. Además, en su ideario no hubiese tenido cabida estar en posesión de reliquias; sin embargo, el mito cátaro–grial increíblemente continúa teniendo seguidores.

## La Atlántida: el gran mito nazi

Las proclamas nacionalistas nazis sobre la supremacía aria tuvieron su fundamento ocultista en *La doctrina secreta* de Blavatsky, donde la supuesta vidente rusa habla de siete razas. En su doctrina, y según le dijeron los *maestros* a Blavatsky, la raza aria era la sucesora de los atlantes, unos gigantes dotados de poderes psíquicos. Naturalmente lo narrado por Blavatsky carece de cualquier base, más allá de la credibilidad que le pueda conceder un lector por la mera aceptación de su condición de vidente y médium. Sin embargo, los nazis se encargaron de que la idea de

---

12. Consultar al respecto *Los cristianismos derrotados,* de Antonio Piñero.

la Atlántida como civilización excepcional y plena de poderes y tecnologías avanzadísimas se instalara en el ideario popular. A ello contribuyó un libro[13] que se vendió mucho en Alemania en el periodo entre guerras, en el cual se explicaba detalladamente que en la Atlántida se encontraba el origen de la raza aria y la razón de su superioridad respecto a las razas inferiores. Este libro fue muy importante en la posterior difusión del nazismo entre la población.

Es abundantísima la literatura nazi sobre la Atlántida y son conocidos los esfuerzos de la *Ahnenerbe,* la sociedad para el estudio del pasado ario de los alemanes, para localizar la Atlántida que identificaron, a su vez, con el continente mitológico de Thule. No olvidemos que la organización ocultista que alimentaba el ideario nazi se llamaba también Thule.

Como sabemos, más allá de todas estas elucubraciones, sobre la Atlántida solo se conservan los textos *Critias y Timeo,* de Platón. Lo que se describe en estos textos no se parece en nada a una civilización maravillosa; al contrario, nos deja la idea de una cultura belicosa contra la que los griegos combatieron y a la que derrotaron.

Ciertamente sobre la Atlántida no hay mucho que decir si apelamos a fuentes históricas: por un lado, tenemos los breves textos mencionados de Platón; por otro, tenemos las aportaciones de la literatura —por ejemplo, Julio Verne en *20 000 leguas de viaje submarino* o Ignatius Donnelly con *Atlántida, el mundo antediluviano*—. Sin embargo, la Atlántida empezó a formar parte de todo el entramado pseudoesotérico a partir de los mensajes mediúmnicos de Blavatsky y el resto de teósofos que declararon a los atlantes como poseedores de grandes poderes y afirmaron que

---

13.  Se llamaba *Atlantis: Die Urheimat del Arier* (La Atlántida: el origen de los arios), de Kart George Zschaetzsch publicado en 1922.

fueron los antepasados de la raza aria, es decir, una fuente de la que parten los delirios nazis, que, al igual que Blavatsky, consideraban a la raza aria como superior al resto de razas y heredera de los poderes de los atlantes.

Estos delirios continuaron con las supuestas afirmaciones y profecías respecto a la Atlántida del vidente Edgar Cayce —y digo supuestas por las evidentes manipulaciones que su hijo hizo al respecto—. Recordemos que Cayce, el llamado «profeta durmiente», no se acordaba de lo que decía en sueños. En uno de esos sueños, de los que el propio Cayce dudaba, supuestamente dijo que su hijo había sido nada más ni nada menos que uno de los doce apóstoles en una reencarnación pasada —este sueño lo había recogido precisamente su hijo, que se había hecho teósofo y un apasionado de sus ideas sobre la Atlántida y la reencarnación—. Una prueba de esa manipulación es que ninguna de las supuestas profecías respecto a la Atlántida hechas por Cayce se han cumplido. La hoy extendida idea de un vínculo entre Atlántida y Egipto viene de Cayce y de sus *sueños,* recogidos y claramente manipulados por su hijo, en colaboración con un editor también teósofo como él.

Sin embargo, al leer los textos platónicos comprobamos que el sacerdote egipcio que da la información a Solón sobre la Atlántida no menciona ni una sola vez que los egipcios sean descendientes de los atlantes, a los que considera de una nobleza inferior a los atenienses. El *Timeo* nos habla de una Atlántida dividida en numerosas islas, con la más importante en la desembocadura de un río más allá de las Columnas de Hércules. Son unos antepasados de los atenienses los que se enfrentan y derrotan a los atlantes, liberando así a otros pueblos de su dominio. El texto del *Critias* describe esta guerra «ocurrida hace 9000 años», y dice que sometieron a otras muchas islas y que dominaron hasta Egipto y Tirrena. Describe la isla como muy fértil, y llena de riquezas y animales —menciona varias veces a los elefantes—. Habla de una época pasada en la que fue un pueblo virtuoso que se corrompió. Después de un cataclismo —en el texto parece referirse a varios—, esta y otras islas se hundieron en el mar, lo que fue interpretado como una suerte de merecido castigo divino.

Hoy hay equipos de arqueólogos que buscan la Atlántida en las provincias de Cádiz y Huelva, tanto en el interior como en el mar, frente a sus costas. Es muy posible que existiera una civilización de época remota hoy olvidada a la que se refieren estos textos platónicos, tal vez vinculada a la mítica Tartessos. Pero leyendo el *Timeo* y el *Critias* no se encuentra en estos textos nada sobre la Atlántida que se parezca a lo dicho por la literatura o por los delirios del ocultismo mediúmnico del xix, por las doctrinas raciales del nazismo o por la fantasía de la *new age*. Por mi parte, es difícil de comprender, especialmente la pretendida conexión de la Atlántida con el Antiguo Egipto: para ello basta leer lo narrado por el sacerdote egipcio —y que recogen esos textos platónicos— para darse cuenta de que los egipcios nunca se declaran ni sus sucesores ni sus herederos; al contrario, no muestran hacia ellos ninguna simpatía. Por lo demás, basta leer la abundante información al respecto que existe sobre la difusión de la idea de la Atlántida entre los nazis y cómo ese ideario que mezcló a los arios con los atlantes llegó a la *new age* por el sencillo procedimiento de avalar, como en tantas otras ocasiones, doctrinas e informaciones recibidas por mediumnidad. No obstante, el vínculo de la Atlántida con Egipto sigue *funcionando* por encima del propio Platón o de la historia.

## Más idealizaciones: templarios y esenios

Si hay un grupo que ha alcanzado la condición de mito es la de los caballeros medievales de la Orden del Temple. Personalmente no creo que los templarios tuvieran ni una condición herética ni un patrimonio de conocimiento iniciático superior al de otras órdenes coetáneas, como la de los Caballeros de San Juan, los Antonianos o la Orden del Santo Sepulcro. Desde mi punto de vista, es esta, fundada en Jerusalén por Godofredo de Bullón, la que marca el camino de las demás, y la que, en mi opinión, más cerca está de un *esoteros,* y la primera que incorpora a su actividad elementos tomados, por un lado, del sufismo y por otro, de los cultos mistéricos que sobrevivían en esa época de su fundación. Así mismo es muy probable que entraran en Tierra Santa en contacto con fuentes cristianas antiguas, con creencias y prácticas del gnosticismo, y casi con seguridad con los drusos. De esta orden del Santo Sepulcro beben templarios y hospitalarios, las dos órdenes monaco-militares más activas durante las Cruzadas. Sin embargo, conviene recordar que la primera orden de caballería cristiana que el mundo conoce se funda en Nájera en el 1040, en pleno Camino de Santiago. Es la Orden de la Terraza, cuyo símbolo, de clara naturaleza griálica, es una jarra de azucenas.

El hecho de que sea el Temple la orden que ha pasado al ideario de la divulgación esotérica se debe a la acusación y al proceso que sufrió por cuestiones políticas y económicas ante los poderosos enemigos del rey francés y el Papa de Roma. Pero su posible condición de *herejes,* o más bien de *heterodoxos,* con seguridad era compartida por otras órdenes, como la de los Hospitalarios o del Santo Sepulcro, las cuales, sin embargo, fueron más discretas o capaces de pasar más desapercibidas en sus devenires fuera de los rígidos límites doctrinales de Roma. Es muy probable que su actividad herética consistiera en conocer y adoptar en determinados lugares y entre círculos muy reducidos elementos y prácticas provenientes principalmente del sufismo, de facciones del cristianismo herético o de ritos provenientes de cultos mistéricos. Pero es importante repetirlo: siempre entre grupos muy reducidos y localizados, además de que, con seguridad, no solo los templarios accedieron a estos cultos y los practicaron. Pero, de vuelta a Europa, después de la derrota en las Cruzadas, el Temple, según su regla, solo obedecía al Papa y no al rey, y esto para un monarca ambicioso y con pocos escrúpulos como lo era Felipe IV, significaba un riesgo para sus planes; además, eliminando al Temple, dejaba al Papa sin uno de sus principales brazos armados. También el rey Felipe tenía muy presente el hecho de que los templarios siempre se habían negado a sumarse a los hospitalarios, según les había pedido el Papa. El hecho de que el rey de Francia debiera dinero al Temple, posiblemente también influyó en la decisión que tomó de acusarlos falsamente de graves delitos que provocaron su detención por sorpresa. La base de partida fue la traición de un exmiembro del Temple y sus acusaciones: herejía, idolatría y sodomía. Al rey de Francia ya solo le quedaba conseguir la aprobación del Papa a su plan, lo cual logró poco después, pese a que los delegados enviados por el pontífice nunca encontraron rastro de delito entre los caballeros detenidos. Hay que recordar que en el resto de reinos cristianos no dieron nunca crédito a las acusaciones que cayeron sobre ellos. Como bien sabemos, sufrieron un proceso cruel e injusto, y sus confesiones fueron debidas a la tortura, por lo que los textos que se conservan sobre sus declaraciones no son en absoluto fiables. Debemos recordar que Jacques de Molay, el último gran maestre del Temple, antes de morir quemado, públicamente declaró que todo lo que había dicho bajo tortura era falso y que todas las acusaciones que habían caído sobre la Orden del Temple eran igualmente mentiras. Por tanto, ¿es posible afirmar rotundamente que escupían a la cruz o que adoraban a un ídolo llamado Baphomet? Lo más probable es que esas acusaciones, fruto de la manipulación de informaciones recogidas, fueran falsas. Sin embargo, sobre estas declaraciones se ha construido un imaginario fantástico que creció enormemente, y que ha conducido

a creer y divulgar que los templarios tuvieron todo tipo de conocimientos y poderes esotéricos, o que estaban en posesión nada
menos que del Arca de la Alianza o el Santo Grial. Además de
todo esto, una abundante literatura divulgó que todo edificio
grande o pequeño medieval con simbología más o menos esotérica o heterodoxa fue construido por los templarios, que además
sobrevivieron ocultos custodiando grandes misterios; es decir,
una fantasía basada como tantas veces en medias verdades.

Años después de su desaparición, para la Reforma cualquier
*munición* le era útil al lado protestante para acusar a la *demoníaca*
Iglesia de Roma de todo tipo de delitos, con motivo o sin ellos.
Los templarios fueron una buena excusa para censurar la acción
cobarde de la Iglesia respecto al Temple, una orden que siempre
puso el sacrificio, la sangre y sus recursos a favor y defensa del
papado. De este modo, asistimos al enaltecimiento desmesurado
de las virtudes de los caballeros templarios, lo cual, lógicamente,
destacaba aún más la villanía de sus enemigos, donde quedó casi
como exclusiva y única malvada la Iglesia de Roma, olvidando
que el principal promotor e impulsor del fin de los templarios
fue el rey francés. Pero fueron casi doscientos años de historia de
la orden templaria, que, lógicamente, no siempre mostró una
conducta edificante por parte de sus miembros. Valgan como
ejemplos la traición deplorable de su gran maestre, Gerard de
Ridefort, en la batalla de los Cuernos de Hattin; las recurrentes
acusaciones a su condición de prestamistas que usaban la usura
para enriquecerse; su laxa moralidad o su actitud pusilánime, e
interesada cuando les convenía, como en la defensa de la plaza
de Calatrava, aquí en España; es decir, ni eran unos demoníacos
herejes llenos de maldad ni los impolutos y santos caballeros,
detentores de todas las virtudes y en posesión de todos los misterios iniciáticos. Ni una cosa ni la otra.

Para llegar a estas conclusiones solo hace falta leer algunos aburridos textos de historia y ver de qué modo llegan los templarios al ideario esotérico masónico y rosacruz (me refiero a la rosacruz moderna, no a la fundacional[14]) en los siglos XVIII y XIX, y cómo su historia es manipulada por autores como Robert Ambelain. De este autor parte principalmente la devoción más moderna a los templarios, como bien se manifiesta en su obra, publicada en 1955, *Les survivances initiatiques. Templiers et Rosecroix,* y sobre todo en su libro de 1970 *Jesus ou le mortel secret des Templiers,* de donde toma Dan Brown el argumento de su novela *El Código da Vinci.* Después, como tantas veces ocurre, solo se trata de esperar a que una serie de afirmaciones se repitan hasta la saciedad sin que sean sometidas a una mínima crítica o verificación y que distintos autores se vayan copiando unos a otros.

Por mi parte, quiero llamar la atención sobre otras órdenes, como la de los Antonianos —tremendamente importantes en términos iniciáticos para Occidente y muy discreta—, fundada en 1095, y sobre la mencionada primera orden de caballería que se conoce en Europa, que es la de la Jarra o la Terraza, fundada en Nájera en 1040. La del Hospital u orden de San Juan fue fundada en 1084 y la Orden del Santo Sepulcro, en 1098. Todas ellas son anteriores al Temple, nacida en 1119.

Respecto a la Orden de San Juan u hospitalarios, fundada en el reino de Nápoles, ha sido singularmente maltratada por la historia, especialmente por los esotéricos franceses, debido a que nunca perdió su condición de servicio al Papa. Quiero destacar la olvidada pero interesantísima figura de uno de sus grandes maestres, el aragonés Juan Fernández de Heredia (1310-1396),

---

14.   Los llamados textos fundacionales de la Orden Rosacruz aparecen publicados en el siglo XVII y son *Fama Fraternitatis, Confessio* y *Las bodas químicas de Christian Rosenkreutz.* Muchas de las afirmaciones y creencias de las diferentes órdenes rosacruces modernas no aparecen en absoluto en estos textos fundacionales.

que además fue un gran político, militar, diplomático, intelectual, humanista y escritor. Fue promotor de las primeras traducciones del griego clásico y fundó un scriptorium similar al de Alfonso X que produjo la *Grant Cronica de Espania,* un famoso *speculum principium* llamado «secreto de los secretos» o traducciones de las *Vidas paralelas* de Plutarco, o un *Cartulario Magno* entre una numerosa producción editorial. Su obra fue heredada por el marqués de Santillana y otra parte por el Papa Luna. Actualmente se conserva la mayoría de su producción en la Biblioteca Escurialense y en la Biblioteca Nacional.

Traigo a la memoria a este interesantísimo personaje, que claramente tiene un perfil heterodoxo, para mostrar que a veces hay corrientes triunfantes que dan lustre a determinados personajes o grupos y, en cambio, se deja en el ostracismo a otros. Respecto a esta conducta natural de poner en valor lo propio —aunque en ocasiones sea exagerado o simplemente inventado— que vemos comúnmente en ingleses o franceses, en España somos una curiosa excepción, ya que preferimos y privilegiamos lo ajeno frente a lo propio. Un ejemplo es el olvido de Juan Fernández o la ignorancia o desinterés que existe respecto a la ya mencionada primera orden de caballería de Occidente, la Orden de la Terraza o de la Jarra de Nájera, que tiene como emblema un símbolo griálico, mito que toma forma y se desarrolla en la Jacetania aragonesa.

Si los ocultistas franceses hubiesen tenido en su historia a esta orden griálica, me atrevería a asegurar que todos los lectores del *esoterismo medieval* conocerían su historia y estaría ya rodeada de grandes misterios. Y no digamos si un personaje como este gran maestre de los hospitalarios hubiese sido francés y no un nativo de un pequeño pueblo vecino a Calatayud: su vida y obra habría sido profusamente divulgada y sería citado en cualquier tratado esotérico como gran iniciado. O si en otros países tuvieran el grial de Valencia con todo su patrimonio mítico e histórico, además de la que en justicia podemos llamar «la Ruta del Grial», formada por San Juan de la Peña, San Adrían de Sásabe, Santa Orosia, San Pedro de Siresa, Jaca... Pero en España nunca hubo movimientos ocultistas que hicieran el trabajo propagandístico que desarrollaron en Inglaterra, Francia o Alemania, pues aquí las leyendas griálicas, el Camino de Santiago o las órdenes de caballería quedaron siempre dentro del ámbito doctrinal y social de la Iglesia católica.

Por último, hay que destacar que para comprender el *triunfo* templario frente a las otras órdenes con las que compartió historia, además del cruel proceso que sufrieron, se debe a la creación del rito de la *estricta observancia templaria,* que fundó el barón Karl Gotthelf von Hund en 1751 en Alemania. La decisión de este barón iniciado en la masonería de restablecer la orden del Temple le llevó a escribir él mismo los rituales y crear un ceremonial propio. A su vez, tenía el propósito de que el Papa devolviera a la orden creada por él las antiguas posesiones medievales que tuvieron los templarios en Europa. Para ello proclamó que era un legítimo sucesor de la orden original. Para atraer a otros masones a su logia con el nuevo rito, promovió la idea de que el temple —y por tanto él como sucesor— poseían profundos secretos esotéricos. Actualmente, está definido como un rito masónico mixto. La masonería, en general, especialmente la escocesa, lo aceptó como propio aunque no se conoce nada que avale esta aceptación.

Obviamente, en el amplio marco masónico, el temple adquirió unas señas que la dignificaban frente a todas las demás órdenes caballerescas que, como la de los hospitalarios —y esto es muy importante—, fueron asimiladas completamente por la Iglesia de Roma y perdieron todas sus características heterodoxas e iniciáticas. Respecto al presente, se conocen varias órdenes neo-templarias, con sus propios y distintos rituales, que reclaman ser herederos de la orden medieval. Por último, es necesario recordar que, con bastante seguridad, toda la historia caballeresca de Occidente tal vez no hubiera tenido el mismo significado y valores sin los *Textos sobre caballería espiritual* de Ibn Arabi —que por cierto nació en Murcia y tuvo sus maestros en Al Andalus—.

Pero haber subido a ciertos grupos al pedestal del mito no es el de los templarios el único caso. Valga también el ejemplo, más sorprendente aún, de los esenios. Nuevamente se le supone a este grupo un saber superior, pero no hay ninguna prueba de que lo tuvieran, más allá de las especulaciones que, otra vez, vinieron de Francia, ya que es en este país donde aparece un esoterismo de salón y sin raíces que sustituyó al conocimiento tradicional[15]. Respecto a los esenios, tenemos muchos datos de ellos, desde los textos de Flavio Josefo hasta la opinión de grandes especialistas en judaísmo y cristianismo antiguo, y en ninguna parte se aprecia nada especial que pueda llevarnos a pensar que estuvieran en posesión de un conocimiento superior. Se sabe con seguridad que fueron una comunidad apocalíptica que esperaba el fin de los tiempos, que se esmeraban en llevar una conducta virtuosa y extremadamente rigurosa en cuanto al cumplimiento de las leyes de la *Torá* —por ejemplo, no defecaban los sábados— ante la inminente llegada del mesías, y que su conducta social se basaba en las numerosas y estrictas reglas que seguían escrupulosamente y que les permitían tener una comunidad muy unida.

El hecho de que los esenios pasen al ideario esotérico se debe, una vez más, al médium fundador del espiritismo, Allan Kardec. Luego se suma a esta idea la también médium fundadora de la

---

15. Fue René Guenon la figura principal que denunció esta deriva que vivió principalmente su país, Francia. Denuncias que dejó por escrito en numerosas obras, especialmente en *El teosofismo, historia de una pseudo religión*.

teosofía, Elena Blavatsky. Como tantas veces, aparecen después otros que copian a estos y continúan *hinchando el globo,* al igual que sucedió con los templarios. El músico y novelista francés Édouard Schure publica en 1889 *Los grandes iniciados,* obra en la que dedica un capítulo a la relación de Jesús con los esenios, como ya había hecho Kardec. El que continuó con ello, creando un auténtico filón literario, fue Bordeaux Szekely, prolífico autor que publicó en inglés en 1937 *El Evangelio de los Esenios.* Él afirmó que era una traducción de un texto de la época de Jesús, pero no ofrece ningún dato confiable, ni la más mínima prueba. El pretendido manuscrito original nunca ha sido encontrado. Además, para cualquier persona que conozca medianamente el cristianismo, todos los textos de Szekely muestran un desconocimiento enorme sobre sus enseñanzas y claramente manipula la figura de Jesús. Este autor utiliza el nombre de los esenios, que ya en esa época habían despertado un gran interés en el *mundo espiritista,* para dar a conocer sus ideas sobre ayunos y alimentación, afirmando con contundencia que Jesús era vegetariano y que predicaba el vegetarianismo, entre otras opiniones personales que vierte sobre Jesús y sus enseñanzas. Son unas ideas completamente alejadas de un mínimo conocimiento; de hecho, Szelely sigue los mismos pasos de otros antes que él, como el propio Kardec o Josefina Luque Álvarez, autora mediúmnica —escribía con el seudónimo de Hilarión del Monte Nebo— de un libro extensísimo sobre Jesús llamado *Arpas eternas.* En esta obra *fabrica* a un Jesús a medida y capricho de su mediumnismo, algo por otro lado recurrente en esta época del esoterismo de salón. En esta misma línea Allan Kardec publicó *El evangelio según el espiritismo,* un pobre intento de fusionar el mediumnismo con el cristianismo.

Dada la información que actualmente se tiene sobre esta secta judía, como en tantas otras veces llegamos a una frontera en la que ya depende del nivel de credibilidad que cada cual otorgue al mediumnismo. Para mí es absolutamente insuficiente que un individuo como Kardec pusiera en el escaparate esotérico a esa comunidad judía con el aval de su mediumnidad. Por mi parte no doy ninguna credibilidad a lo que Kardec afirma. También creo que más de la mitad de las afirmaciones de Blavatsky pertenecen a la fantasía y que todo lo que escribe Szelely sobre los esenios es una invención nacida de su propio credo y de esa *moda* de crearse un Jesucristo, y un cristianismo a la medida para validar opiniones personales.

Hoy en día es difícil de creer que en esa época para algunas personas fuera suficiente que un autor dijera «me lo decían los espíritus» para que, a sus afirmaciones, por más disparatadas que fueran, se les concediera una credibilidad sin más base que esa misma afirmación. Sin embargo, sabemos que quedan todavía personas para las cuales también sigue siendo suficiente que alguien diga por *canalización* el primer disparate que se le ocurra para que sus afirmaciones queden también avaladas. Gracias a Dios, esos tiempos están cambiando y esas fantasías e invenciones cada vez tienen menos público —aunque siempre existirán los que prefieren el autoengaño—.

«Mientras no se pueda distinguir entre el autoengaño y la realidad, nada real os podrá enseñar un derviche. Aquellos cuyo alimento es el autoengaño y la fantasía solo con engaño y fantasía pueden ser alimentados[16]».

---

16. Extracto de un cuento sufí tomado del libro *El monasterio mágico*, de Idries Shah.

# Lugares sagrados

En relación con el Temple y sus construcciones, un lector me pidió que escribiese sobre los *lugares de poder* —por mi parte, prefiero llamarlos *lugares sagrados,* tal como se los ha denominado a lo largo del tiempo en distintas culturas—. Este término me parece confuso: ¿qué poder? Se lo debemos al antropólogo peruano Carlos Castaneda y a sus obras en torno a las enseñanzas de un brujo indio mexicano llamado Juan Matus. Hoy se sabe que esta persona nunca existió y que Castaneda se basó para construir este personaje en distintos informadores indios, en sus propios conocimientos de antropología y especialmente en lo referido al uso tradicional de drogas como el peyote. Su indiscutible talento literario, las favorables críticas recibidas, la entusiasta aceptación de los lectores y el buen hacer editorial permitieron que sus obras se convirtieran en un fenómeno comercial de enorme éxito: trece libros y casi treinta millones de ejemplares vendidos en diecisiete idiomas.

Sin embargo, mucho antes los romanos habían denominado a estos lugares *locus sacrum.* Para los griegos eran un *omphalos,* 'ombligo'. Un ejemplo de *omphalos* era el famoso oráculo de Delfos. Desde esta perspectiva de ombligo, dichos lugares eran un punto de comunicación —en Delfos con Apolo— y a la vez un lugar de *nutrición,* es decir, un lugar en el que se consideraba posible recibir un tipo de energía espiritualmente superior. En cuanto al *locus sacrum* de los romanos, se refería a lugares de culto en los que la presencia divina era más intensa. Estos podían ser desde sencillos altares en la naturaleza —por ejemplo, los dedicados a las musas en los bosques— hasta enormes y suntuosos templos —como el de Júpiter en Roma—. Como vimos, los templos en el Antiguo Egipto eran las casas de los *neteru* y la misma construcción del templo sacralizaba el lugar en donde se situaba.

Pero ¿qué distingue a un lugar sagrado? Haciendo un pequeño resumen podemos señalar varias características:

- Uno, y muy importante, se refiere a lugares en los que murió o fue enterrado una persona con gran *carga* espiritual. Las *stupas* budistas, los morabitos musulmanes o las tumbas de santos cristianos dan fe de esta idea de que, cuando alguien de alto nivel espiritual fallece, se genera alrededor de su tumba un potente campo energético benéfico, capaz de impregnar todo lo circundante, incluida la naturaleza de alrededor —de ahí las fuentes de aguas curativas, por ejemplo—, y de favorecer la propia energía espiritual de quien allí acude devocionalmente a partir de la bendición que queda allí presente. En este mismo orden, cualquier objeto o reliquia del santo también era capaz de guardar y transmitir su bendición. Un ejemplo de una fuerte e intensa carga espiritual podemos encontrarlo en las tumbas de san Francisco de Asís o en la de Rumi.
- El segundo se refería a lugares en la naturaleza poseedores de una energía propia inocente y limpia poco *contaminada* por el hombre, en términos de violencia, derramamiento de sangre, luchas de poder, etc. Estos lugares se elegían por tal motivo y allí se hacían construcciones destinadas a aprovechar esa energía y multiplicarla: ese era uno de los famosos *secretos* de los constructores. El ejemplo son los templos de distintas culturas, monasterios, ermitas, etc. En este caso era la actividad humana la que también incrementaba la sacralidad del lugar a lo largo del tiempo por medio de ritos, oraciones, etc. Los ejemplos son numerosísimos y se pueden destacar varios en el Camino de Santiago, desde la magnífica catedral de León hasta modestas iglesias como la de Eunate.

- El tercero eran los mencionados *omphalos* o lugares de conexión entre los cielos y la tierra. Son esos lugares por donde suben y bajan los ángeles, como la *escalera de Jacob* del evocador relato bíblico: «... soñó con una escalera apoyada en tierra y que tocaba los cielos, y he aquí que los ángeles de Dios subían y bajaban por ella...». Y continua: «... y tomando la piedra que se había puesto de cabecera, la erigió como estela y derramó aceite en ella». Efectivamente, se creía que determinadas piedras señalaban dichos lugares; de hecho, en Delfos, el *omphalos* estaba marcado por una piedra que aún se conserva. Estos lugares también han sido denominados «centros del mundo», pues señalan un punto de convergencia y fusión de las distintas energías de un entorno geográfico concreto. Un lugar de este tipo hoy activo sería Santiago de Compostela, pues este sitio reúne la condición mencionada de tumba santa, la condición de *omphalos* y el de ser un lugar *muy rezado y venerado*, susceptible de convocar, guardar, multiplicar y repartir una bendición muy poderosa. Sin embargo, se puede afirmar que ciertos lugares de este tipo, *activos* en otras épocas, han dejado de serlo una vez cumplida su función y hoy solo conservan el recuerdo, como un poso, de su actividad. Por otro lado, se puede afirmar que hay otros desconocidos por la historia y que precisamente están bajo el *anonimato* para evitar la interferencia humana en su función. A su vez, al igual que algunos han quedado desactivados, se activan otros nuevos. Estos cambios se deben al hecho de que si, efectivamente, son puntos de unión entre cielo y tierra, dado que las estrellas del cielo se mueven, esas conexiones también cambian. Por el mismo motivo, muchos de estos lugares están activos solo en determinadas fechas. También la *activación* de un lugar con características propicias puede ser realizada por un grupo o por una sola persona con capacidad para ello, habitualmente de modo no permanente y en el contexto del cumplimiento de un fin determinado.

Queda mencionar otro tipo de lugares que, en vez de tener una energía limpia y benefactora, poseen una energía densa que puede ser dañina. Fueron llamadas «puertas del infierno». Encima de ellas muchas veces se edificaron grandes edificios, que por un lado *taponaban* dichas puertas y por otro *filtraban* su energía para, ya eliminada su naturaleza nociva, utilizar positivamente su fuerza. Un ejemplo sería el monasterio de El Escorial. Hay que recordar que, por lo común, cuanto más densa es una energía de este tipo, más fácilmente accede a ella la sensorialidad humana; cuanto más sutil y delicada es una energía, más difícil es acceder a ella con nuestros sentidos.

También hay que recordar que las características geográficas de un lugar servían de señal para diferenciar los distintos tipos de energías naturales, pues no era la misma la de una montaña, un bosque, un desierto, una gruta, etc. En muchos de estos casos, no era necesaria ninguna edificación humana, ya que ciertos lugares de este tipo poseen un tipo de energía muy potente y limpia, caracterizada por el hecho de que es susceptible de adaptarse a la naturaleza humana y de ser, por tanto, incorporada y, en las condiciones justas, ser metabolizada, y así cargar, expandir y renovar la propia energía personal. Algunos ejemplos serían las montañas sagradas como Arunachala, las grutas como la de Eleusis o bosques como el de los robles sagrados de Dodona.

Por último, queda recordar lo contado de la activación en determinadas fechas de ciertos lugares, o incluso a ciertas horas del día, como las *ara solis* romanas, activas durante el amanecer, el mediodía y la puesta del sol, o en unas fechas concretas del año, como por ejemplo la famosa iglesia de San Pantaleón en

Burgos durante la celebración del santo el 27 de julio, que es cuando se produce el milagro de la licuefacción de la sangre de este médico mártir. Muchas veces la dedicación a un santo nos da, mediante su fecha de celebración en el santoral, la pista de cuándo es más activa la energía de ese lugar. Por otro lado, ciertos lugares solo son activos de día y otros solo de noche. Incluso algunos varían su función según sea de día o de noche. Un ejemplo son las criptas, que a menudo están bajo el suelo de edificios sagrados.

Valga este pequeño resumen para rememorar el conocimiento práctico de cultos y religiones de la antigüedad que, a través de la lectura del Libro de la Vida, nos han dejado un legado aún hoy muy valioso.

## El psiquismo y el Hua Hu Ching

Un lector me preguntó por mi opinión sobre los denominados «poderes psíquicos» tales como clarividencia, telepatía, etc. Para contestar he preferido que lo haga el *Hua Hu Ching,* posiblemente uno de los textos de sabiduría más importantes conocidos, lo que a su vez me permite rendirle un homenaje al taoísmo.

En 1976, el maestro Ni Hua Ching salió de China, y con él el *Hua Hu Ching.* En la época de guerra y luchas políticas en China en el siglo XIV, este libro fue prohibido y sus ejemplares fueron quemados. Sin embargo, la tradición de enseñanza oral del taoísmo permitió que perviviera en la memoria de ciertos maestros taoístas. Su origen legendario lo atribuye al mismo Lao Tsé y se considera como una recopilación de las enseñanzas del *Tao Te King.* Incluso algunos especialistas lo consideran una continuación de este, pues ambos poseen los mismos 81 capítulos o divisiones en el texto —aunque se ignora si esta división del

*Hua Hu Ching* se hizo posteriormente con el propósito de que se asemejara al *Tao Te King*—. Hoy los estudiosos dicen que es una recopilación del siglo IV de enseñanzas taoístas y se atribuye su autoría a Wang Fu. El nombre de la obra significa 'El tesoro supremo' y más allá de unas atribuciones u otras, posiblemente sea la obra posterior al libro del Tao de enseñanza taoísta más importante hasta la fecha, e indudablemente es una extensión del más poético y críptico *Tao Te King*.

El maestro Ni Hua Ching lo pasó a escrito al llegar a Estados Unidos. La obra fue publicada en inglés en 1992 por la editorial Harper Collins Publishers, con la edición a cargo del poeta y erudito Brian Walker. En 1995 lo edité en español en la colección que entonces dirigía, Arca de Sabiduría, que reunía obras clásicas de las distintas religiones. Este es en mi opinión un libro imprescindible para cualquier persona interesada en el conocimiento clásico y tradicional.

Presentado el texto, paso a reproducir fragmentos al respecto de los *poderes,* con algunos comentarios por mi parte:

Sección 20
«Quien es clarividente puede ver formas que están en todas partes, pero no puede ver lo que no tiene forma. Quien es telepático puede comunicar con la mente de otro, pero no puede comunicar con quien ha logrado el estado de no-mente. Quien es telequinético puede mover un objeto sin tocarlo, pero no puede mover lo intangible. Estas capacidades solo aparecen en el reino de la dualidad, en consecuencia, carecen de sentido.

Dentro de la Gran Unidad, aunque no existen cosas como la clarividencia, la telepatía o la telequinesia, se ven todas las cosas, se comprenden todas las cosas y todo está siempre en su lugar».

En todas las grandes corrientes religiosas y esotéricas no se ha dado nunca un valor a estas capacidades; al contrario, están asociadas a *maya* o ilusión, y como dice el texto, están vinculadas al mundo dual de la mente ordinaria. Por otro lado, dado que estas capacidades pueden producir fascinación en algunas personas, provoca una sobrevaloración de estas que, a su vez, procura que la mente quede aún más atrapada en esa otra *sensorialidad* que encadena a la mente de un modo todavía más fuerte, al confundir esos *poderes* con algo real y valioso, cuando son solo otro aspecto de *maya,* la mayoría de las veces provocados por violentar los sentidos ordinarios. Por todos es conocida la violencia que sobre la sensorialidad ordinaria pueden ejercer los psicotrópicos. Por ello, para las vías de realización clásicas estas capacidades en realidad siempre han representado un obstáculo para el crecimiento espiritual.

Las vías tradicionales, en cambio, sí han mencionado, aunque definida a veces de distinto modo, la *percepción espiritual,* que posee características muy distintas a las capacidades antes mencionadas, pues su fuente es otra. El *Hua Hu Ching* también habla de ello:

Sección 62

«¿Quieres alcanzar el Tao puro? Entonces has de entender e integrar en ti las tres principales energías del Universo.

La primera es la energía de la tierra. Centrada en el vientre se expresa como sexualidad. Quienes cultivan y dominan la energía física alcanzan una purificación parcial.

La segunda es la energía del cielo. Centrada en la mente, se expresa como conocimiento y sabiduría. Aquellos cuyas mentes se funden con la Mente Universal también alcanzan la pureza parcial.

La tercera es la energía armonizada. Centrada en el corazón, se expresa como percepción interior espiritual. Quienes desarrollan la percepción interior espiritual también alcanzan la pureza parcial.

Solo cuando realizas las tres —dominio de la energía física, estado de la mente universal y percepción interior espiritual—, y las expresas en una vida virtuosa integral, puedes alcanzar el Tao puro».

Valorando esta sabiduría volvemos al dicho de «aunque hables de caballos, eso no te convertirá en un jinete». Actualmente hablan profusamente de caballos no solo personas que nunca han montado en uno, sino que ni siquiera los han visto en una cuadra. Hablan de caballos a partir de copiar lo que han leído en libros o recibido en cursos de personas que tampoco nunca han montado un caballo, pero que hablan mucho sobre ellos. Y a veces algunas personas que dicen poseer esos poderes psíquicos los utilizan para comunicarse incluso con extraterrestres…

## Extraterrestres y el 96 %

Un lector me preguntó por mi opinión sobre el asunto de los extraterrestres. Este no es una cuestión fácil de abordar, ya que hay que empezar recordando que el ser humano solo accede a aquello que queda dentro del campo de su percepción sensorial y que, según esa percepción, es capaz de elaborar y deducir por medio de su intelecto que, lógicamente, está limitado a su percepción. Exactamente igual que un pez en su pecera: no lo percibo *ergo* no existe. Esto se debe a que la mente humana solo puede manejar códigos y elementos que le son reconocibles y que por tanto pueden actuar como referentes.

Obviamente, para un ser humano su referente para intentar acercarse a comprender qué es un extraterrestre es el propio ser humano: no tiene otro. Por tanto, no podrá establecer respecto a ese extraterrestre diferencias cualitativas sino cuantitativas —más altos, más bajos, más hermosos, más feos, más inteligentes...—, pero siempre a partir de referencias reconocibles, incluso si apela a la fantasía o a la imaginación.

Por ejemplo, podemos proponer la descripción de un extraterrestre formado principalmente de nitrógeno y no de carbono, sin estar condicionado a ninguna forma concreta, carente de mente, con pensamiento lineal, fuera de la dimensión tiempo, con una consciencia unificada pero que puede dividirse en múltiple, con un conocimiento capaz de un inmediato acceso al objeto de conocimiento y cuya acción en la economía del cosmos no responda a la reactividad, sino al rol específico que cumpla inmerso en una consciencia superior.

Pero todo esto aparece dentro del marco de un retrato imaginado que claramente queda fuera de nuestra pecera: es muy difícil acceder a concebir a un extraterrestre con esas características. Es por ello por lo que toda descripción de extraterrestres parte de semejanzas con el ser humano que resulten identificables, desde que estén constituidos con una base de carbono como nosotros, que tengan forma, y que además sea esta humanoide, o que tengan una consciencia individualizada con una mente intelectiva.

Un buen amigo me envío un vídeo de Miguel Alcubierre, un físico muy afamado, que habla de la «materia oscura», que no está hecha de átomos como la materia que conocemos y que es cinco veces más abundante en el universo que la materia física. Además de ello, habla de la «energía oscura» y dice que solo el 4 % del universo está hecho de la materia que conocemos; el 96 % restante es materia y energía oscuras, y que la ciencia actual ignora qué son ambas. En el vídeo afirma con humor que, cuando los físicos no saben qué es algo, le ponen un nombre. También dice que al menos ese 96 % cuantifica nuestra ignorancia; es decir, que se deduce que todo lo que nosotros conocemos como materia es una excepción en el universo. Por tanto, por mera estadística, lo más probable es que los extraterrestres pertenezcan a la parte del 96 %. Si además consideramos el porcentaje de lo que es la vida orgánica dentro de ese 4 % material (rocas, minerales, gases, organismos...), el resultado es tan ínfimo que apenas es medible. Hay que repetir pues que la posibilidad de vida orgánica resulta una excepción dentro de una excepción, y, dentro de esa excepción, lo es mucho más el ser humano dotado de consciencia individual de sí mismo. Esto sin mencionar las numerosísimas variedades de formas de vida orgánica —como bacterias, virus o todo el diverso mundo vegetal y animal—, con los que compartimos eso que conocemos como vida en esta minúscula roca ubicada en un apartado rincón del Universo. El ser humano es solo una forma entre millones de formas solo en este planeta.

Sin embargo, volviendo a los referentes, es natural que cualquiera referencia a un ser extraterrestre se haga a partir de aquello que nos es reconocible e identificable: pueden ser más altos, más bajos, más grises, con la más cabeza grande, más rubios, más malos o buenos, con naves que surcan los cielos (por lo que estarían integrados en el mismo espacio–tiempo), con unos propósitos u otros respecto a nosotros...; es decir, referencias siempre dentro de un marco que podamos reconocer.

Pero esto no es nuevo. Por ejemplo, los egipcios ya tenían sus propios *extraterrestres.* Uno es Ra, el sol, un ser descrito con conciencia de sí mismo, inteligencia, voluntad y propósito, que pertenece al marco de lo material y perceptible. La diferencia respecto a nosotros es que para los egipcios el Sol era alguien, no algo.

Como el lector me pide mi opinión, personalmente creo que los extraterrestres pertenecen a ese 96 % mencionado por Alcubierre y, por tanto, quedan fuera de nuestra *pecera,* en la que habitamos esta ínfima cantidad de entidades materiales dotadas de una biología muy precisa, verdaderamente excepcional y supeditada a las condiciones de vida en este planeta, que dispone de consciencia de sí misma individualizada y susceptible de alcanzar la Inteligencia, entendida esta como la posibilidad de acceder, aunque sea mínimamente, a vislumbrar la coherencia existente entre ese 96 % *oscuro* y nuestro 4 % compuesto de átomos. Y siendo nosotros una excepción al margen de ese 96 % de lo que está formado el universo, parecería más interesante y útil reflexionar respecto a esa rara excepción que somos, y que, según la afirmación actual culturalmente dominante, resultamos como producto de un azar. Asumiendo que somos ignorantes en un 96 %, se entiende mejor aquello que ya decían los antiguos de que ignorancia y arrogancia siempre van de la mano

## ¿Cuándo se perdió la sacralidad?

Si apelamos a la historia de nuestras raíces culturales, siempre nos encontraremos con Grecia. Esta vez vamos a recordar sus tres grandes santuarios sagrados: Eleusis, Delfos y Epidauro.

Cada uno de ellos está vinculado a los tres grandes interrogantes comunes del ser humano: *conocer que hay más allá de las puertas de la muerte* (en Eleusis), *conocer lo que nos depara el futuro* (en Delfos) y *conocer las causas por las que enfermamos y cómo sanarnos* (en Epidauro). Cada uno de estos interrogantes han estado presentes de un modo u otro a lo largo de la historia en cualquier cultura y aún hoy siguen teniendo una vigencia total. Sin embargo, hay notables diferencias entre entonces y hoy.

La diferencia estriba en que, en aquellos lugares, tanto las preguntas como las respuestas que pudieran hallar los peregrinos a estos santuarios estaban vinculadas al misterio y se hallaban en manos de los dioses, y por tanto se referían a *lo sagrado*. Dichos peregrinos, a su vez, entendían que ellos debían no solo llegar al lugar sagrado, sino situarse interiormente en sagrado.

Hoy es diferente, ya no hace falta peregrinar a Delfos. En aquel templo dedicado a Apolo, durante siglos, la pitonisa respondía mediante gritos a la consulta efectuada por el peregrino que llegaba hasta allí y que era interpretada por los sacerdotes que se la daban al consultante, a veces en forma de poema o de breve sentencia enigmática. Hoy, en cambio, cualquier persona puede conocer el futuro fácilmente llamando por teléfono a alguno de los videntes que aparecen en televisión consultando el tarot u otras mancias. Tampoco hay ya que peregrinar a Eleusis para participar en sus misterios, hoy son cientos los libros que cuentan lo que ocurre en el más allá y los médiums pueden hablar con los fallecidos o incluso acceder a los *registros akásicos* de otras vidas. Respecto a la salud, es más fácil aún, sobre todo la referida a la psicológica, pues sobran las terapias que conducen a limpiar emociones —incluidas las de los antepasados— que nos enseñan a alcanzar la felicidad y tener éxito —especialmente económico— o ganar toda la autoestima que sea necesaria y empoderarse hasta el infinito y más allá, entre otras muchas ventajas hoy asequibles mediante libros y cursos al alcance de todos.

Simplemente navegando por internet nos encontramos con personas muy serias que saben cómo se origina el cáncer —incluso cómo se cura— o nos ofrecen métodos para alcanzar cualquier cosa con el poder de la mente, que va desde hacerse rico hasta conectar telepáticamente con ballenas o seres del espacio. Algunos canalizadores hasta nos explican el origen del mundo y del ser humano, el funcionamiento del universo o cómo es la vida en otros planetas. En la actualidad no quedan misterios. Sobran Eleusis, Delfos y Epidauros, y toda la sabiduría del pasado junta.

Luego viene la realidad.

Esta dice que, si las pirámides las han hecho unos extraterrestres o no, esta disquisición no tiene repercusión en la vida cotidiana de un individuo, salvo que este prefiera vivir de la fantasía a vivir una vida real. Sin embargo, esta creencia es tan innecesaria como inocua.

Pero si alguien ofrece un método de «sanación psicológica y emocional» definitivo, en ese caso sí entran en juego otras consideraciones que van a afectar directamente a la vida de las personas. La primera es la referida a la vulnerabilidad. Si alguien se apunta a alguna de esas terapias, lo hace desde la premisa de que lo necesita. Ya en Epidauro existía un código ontológico de los *iatromantes*, referido al cuidado exquisito que un médico debía tener frente a su paciente, dado precisamente que este pone su vulnerabilidad en sus manos, lo cual lo coloca en una posición de superioridad. Este código está presente hoy entre médicos y psicólogos, pero en muchas de estas terapias actuales más parece que esa vulnerabilidad se entregue aún con mayor mansedumbre al terapeuta. La práctica de la medicina entendida como sacerdocio partía del principio de que el enfermo «se encontraba en sagrado», y esto implicaba una impecabilidad y responsabilidad enormes.

Hasta no hace mucho era común ver a personas haciendo ofrendas a tal o cual santo. La necesidad pone en marcha acciones y decisiones para que se cumpla el deseo de que algo ocurra o que deje de ocurrir, pero sin el discernimiento adecuado muchas de ellas ponen al necesitado al borde del precipicio.

Ya René Guenon habló de esta etapa oscura en la que el sentido de la sacralidad se ha perdido, y la arrogancia y la soberbia se han instalado sin rubor frente al misterio. No, los misterios de las puertas de la muerte siguen cerrados. No, no es verdad que se conozca el futuro, ni el que se construye con los materiales y energía del presente, ni menos el que está en manos de Dios y sus designios. No, no es verdad que podamos curar todo, cada día mueren muchas personas de cáncer y de otras enfermedades que no sabemos curar. No, la mente humana no es omnipotente, y ni el universo ni la vida obedecen sumisamente a las demandas y deseos humanos.

El aludido Guenon dijo que esta fase oscura se debía a lo que él llamó «el reino de la cantidad». Todo lo cualitativo se ha transformado en cuantitativo. Con ello, se ha perdido primero la comprensión respecto a lo *suficiente* y, por otro lado, de tanto mirar al *cuánto* se ha olvidado el *qué*. Un enfermo acudía a Epidauro partiendo de la base de que una parte de la enfermedad le correspondía a él y otra a los dioses. Iba allí a saber primero qué parte era la suya y cuál correspondía a los dioses, a los que pedía consejo y ayuda. Si convergía su comprensión nacida en aquellas *incubaciones* que vivía con el designio de los dioses, podía sanar y agradecer su curación; otras veces eso no pasaba, su enfermedad continuaba y era la senda que lo llevaba a la muerte. Sin embargo, si hubiese antes participado en los misterios de Eleusis, aquellos en los que una espiga de trigo era cortada y una parte de su grano se convertiría en pan, y la otra en semillas de la que nacerían nuevas espigas, en ambos casos comprendería que ese grano cumple una función después de *morir* al separarlo de la espiga. Nuevamente el Libro de la Vida, una Vida que nace y renace.

# El libro de la Vida

## El nombre de Dios y la música

Los hebreos nos hablan del *Shemhamphoras* o nombre oculto de Dios. En el islam se dice que, además de los 99 nombres de Alláh, hay un último nombre oculto; en la masonería aparece la leyenda de «la palabra perdida»; en el Padrenuestro tenemos la frase «... santificado sea tu Nombre»; dice el *Corpus Hermeticum:* «La sustancia acuosa primordial, habiendo recibido la Palabra, creó la forma», y esta palabra, nombre o verbo está en el origen de muchos relatos vinculados a la creación. En el Antiguo Egipto, todo lo que llegaba a la existencia lo hacía al ser nombrado por la voz de Thot.

Además, hemos visto que es muy frecuente la idea de que tal o cual lengua es sagrada. La lista es muy larga, desde el sánscrito hasta el árabe, desde el hebreo hasta el persa, o el japonés, o el griego. También los nazis llegaron a la conclusión de que el alemán era una lengua superior a las otras. Para los antiguos egipcios su lengua era igualmente sagrada. Así sucesivamente muchas lenguas reclaman su condición de sacras, sobre todo aquellas que disponen de un libro o textos considerados también sagrados, sobre todo por el motivo de que Dios mismo o sus mensajeros hablaron en esa lengua en concreto y no otra. Valgan como ejemplos los Vedas, la *Torá* o el Corán, textos sagrados transmitidos por lenguas sagradas, según opinión de los fieles de cada una de sus religiones. Por mi parte opino que en muchas de ellas se encuentran ciertos *sonidos* comunes que, con la pronunciación adecuada, pueden actuar sensiblemente sobre el ser humano dentro de un contexto y un escenario propicios, en tanto vibraciones que, por sintonía y armonía, actúan resonando en el individuo.

Estos son los *sonidos* sagrados, es decir, formas sonoras que no poseen significantes ni significados, ni están vinculados a ninguna función comunicativa, en las que para cada palabra hay una imagen o idea asociada, como ocurre con las lenguas. Pero un sonido por sí mismo no tiene la capacidad de generar imágenes o ideas asociadas. De este modo, los sonidos *traspasan* la barrera del intelecto y llegan a capas más profundas de la estructura humana, una estructura que vibra. El mejor y más obvio ejemplo es la música, una sucesión de sonidos que, gracias a las leyes matemáticas de la armonía, son capaces de generar en el ser humano estados internos asociados a la belleza, incluso a lo sublime, y le da la oportunidad de acceder al «lugar de la paz y de la conexión». Toda religión ha utilizado una música sacra como vehículo. Los ejemplos son innumerables y, de hecho, es muy posible que el uso de esas lenguas sagradas llevara implícito el uso de la música como soporte; es decir, no se recitaban, se cantaban, en una comunión entre el sonido y el significado de la palabra. Desde esta perspectiva, el nombre de Dios, esa palabra perdida, sería un canto, y el movimiento asociado a la creación de la palabra, una danza; de ahí las también numerosas danzas sagradas que acompañaban ritos y ceremonias. Recordemos que, en el hinduismo, era la danza de Shiva la que creaba el mundo. Si el sonido transporta la esencia, el movimiento lo transforma en sustancia, y según ese movimiento y su geometría, es susceptible de alcanzar la forma.

Como bien sabemos, si hay algo capaz de *mover* al ser humano, independientemente de su ideología, su cultura o su contexto social, es la música, ya que tiene la virtud y el poder de impedir que a ella acceda el intelecto, que, si llega, lo hará después del impacto sensorial y energético que procura. Y no existe instrumento musical superior a la voz.

¿Será ese *perdido* u oculto nombre de Dios una melodía, un canto?

Dentro del ámbito de la música sacra, se considera que hay un tipo de música —tambores, ritmos intensos— que actúan sobre la energía que está por debajo del diafragma y la dinamizan, otra que actúa sobre el área pulmonar y cardiaca —cuerda y viento especialmente— y otra que actúa sobre el *sancta sanctorum* del ser humano, el canto polifónico a *capela,* o a veces acompañado de cuerda y viento, valga el ejemplo del gregoriano o del barroco cantado. De diafragma para abajo, la música favorece el movimiento, el baile, la energía que celebra la vida fecunda. En el pecho, la música actúa sobre emociones y sentimientos, elevándolos y sublimándolos. En el *sancta sanctorum* favorece el contacto con lo divino que habita dentro y fuera de la criatura humana. Pero, ¿qué es el *sancta sanctorum?* Para responder debemos empezar concibiendo el cuerpo humano como un templo, si bien es imprescindible entender que la Música, así, con mayúsculas, es un vehículo de transmisión, activación, transformación y producción de energías muy elevadas.

# El violín y el violinista

Me gusta mucho ver vídeos de violinistas, la mayoría mujeres, interpretando *Las cuatro estaciones* de Vivaldi, y contemplar cómo, al poco de comenzar, ya ellas se han convertido en música y el violín es una parte más suya, como así lo muestran en sus gestos y en su rostro. Se convierten en instrumentos de producir belleza, esa belleza tan necesaria que le sirve al ser humano de alimento para su parte más preciosa y que es purificadora.

También me sugiere la metáfora de que, frente al sonido de un violín, una persona que haya oído hablar de la belleza de ese sonido, interesada en ello y con curiosidad respecto a cómo se produce, puede pasar una vida estudiando a fondo la mecánica del violín para conocer todo lo relativo a las leyes del sonido, a su diseño, a su madera, a sus cuerdas, a sus clavijas, etc.; sin embargo, solo con esto no llegará a obtener una respuesta correcta al respecto por una razón, pues no ha tenido en cuenta al violinista. Y hay otra conclusión: solo te puedes acercar al conocimiento de algo a través del medio de acceso correcto al mismo, y, por ejemplo, el medio de acceso a la música es el oído, pero no la vista. Es por este principio por el que el intelecto es inútil para acceder a cierto nivel de conocimiento.

Muchas veces nos pasa eso a la hora de mirarnos en el espejo interior, para intentar comprendernos. Profundizamos hasta la extenuación en el estudio del sonido y su propagación, sabemos todo sobre la mejor madera para un violín, afinamos las cuerdas, lo pulimos, no dejamos que le afecte la humedad o el polvo, lo cuidamos..., pero no sonará la música de Vivaldi hasta que aparezca el violinista y comience a tocar. Él sabe leer la partitura y conoce la técnica de la ejecución. No se puede entender que es un violín sin conocer la función del violinista. Él hará que el violín *despierte,* le confiere la *vida,* en tanto comienza a realizar la función para la que fue creado por el lutier.

Usando la misma metáfora, ocurre a menudo que, cuando aparece el violinista, tememos dejarle nuestro violín. Nos aferramos a él como un niño a su juguete más preciado y, en vez de permitirle que lo toque, lo metemos temerosos de nuevo en su estuche para seguir estudiándolo hasta el hastío; eso sí, añorando su sonido, ese sonido del que hemos oído hablar.

Lo peor es que otras veces ni siquiera se presta atención a la presencia del violinista cuando asoma, absortos como estamos en el estudio del violín. Al final, de ese modo, se olvida que el violín no es un objeto de estudio y que su fin, su función, es la de ser un instrumento musical diseñado para que, por su medio, se interpreten las más hermosas partituras. A partir de ese momento es cuando se escriben libros eruditos y se dan conferencias bien documentadas sobre violines, por aquellos que nunca han escuchado cómo suenan y para aquellos que tampoco han escuchado nunca un violín. Un Stradivarius en su estuche no vale de mucho; con un humilde violín un violinista sí puede tocar a Vivaldi. Y los que ya saben cómo suena prefieren ir a un concierto antes que asistir a una conferencia sobre violines. Afirma un dicho sufí: «Saber mucho de caballos no te convierte en un jinete».

Otros, mientras, siguen añorando un sonido que intuyen que existe, que han oído a sus mayores decir que es hermoso, que es casi como un milagro de belleza cuando lo toca un violinista virtuoso. Pero no terminan de dejar su instrumento a cargo del violinista.

Al final todo consiste en abandonar el violín en sus manos y dejar, dejarse, llevar por la música que empieza a emanar de sus cuerdas bien pulsadas, siguiendo la matemática armoniosa de la partitura, que ejecuta integrado en un conjunto orquestal formado por diferentes instrumentos con funciones distintas.

Cuando empiezan a sonar las notas es cuando se comprende que violín, violinista y música son ya lo mismo, y que el violín necesita del violinista y de la partitura; que la partitura necesita del violín y del violinista, y que el violinista necesita del violín y de la partitura. Y detrás, Vivaldi, que un día en su corazón y en su cabeza concibió la música de *Las cuatro estaciones.*

Para que esta se realizase, se plasmase en algo vivo, necesitó escribir una partitura y precisó de un violinista que la ejecutase y de un violín como instrumento: con esas tres cosas se produce el paso desde la música aún *no nacida,* que solo habitaba en el corazón de Vivaldi, hasta el nuestro al hacerse viviente y bella en nuestros oídos y nuestros corazones.

Esta es la verdadera magia, la más potente, la *heka* egipcia, y suele estar más cerca y más accesible de lo que pensamos si nos acercamos a ella desde la sencillez del lenguaje de la vida. Entre los distintos lenguajes, el de la música está en la cima.

Y sí, tal vez seamos violines, instrumentos que el Gran Compositor utilizará si se lo permitimos. Y sí, también, al final, podremos ser el violinista. Y partitura. Solo hace falta dejarse llevar, como cuando se oye a Vivaldi. Tal vez así se entienda mejor que somos un templo que vive: que late, que resuena, que vibra…

## El ser humano: el templo que vive

En la antigüedad tanto los arquitectos como los médicos tenían una condición sacerdotal. Sus funciones eran sagradas. Eran personas de enorme preparación, no solo técnica sino también humana. No todos podían serlo, debían ser personas de inteligencia y virtud. Hoy vas al médico y muchos de ellos en vez de mirarte a los ojos miran la pantalla de un ordenador, muchas veces por necesidad... No tienen la culpa, es lo que les han enseñado en esta sociedad que se ha olvidado de lo sacro. Se dice que los masones, aquellos constructores de catedrales, tenían en verdad un secreto heredado de Egipto. Ese secreto era el de construir *templos vivos.*

Si tomamos una ensalada, los vegetales al ser ingeridos incorporan a nuestro cuerpo sus vitaminas, minerales, fibra, etc., que interactúan con el organismo. ¿Podemos decir que un templo vivo es aquel capaz de interactuar con la persona que entra en él? Miremos la música: ¿podemos decir que es viviente o no? Recordamos que la música, la unión y sucesión matemática y de geometría armónica de sonidos, es susceptible de cambiar inmediatamente estados de ánimo, algo sabido por todos. Pues bien, un edificio construido y *animado* cumple funciones precisas sobre las personas, sobre la geometría de su construcción. Una persona que entra en una catedral *se ordena.* No es algo de lo que se dé cuenta, no pasa por su mente, pero la catedral actúa y, de algún modo, muchas personas lo perciben.

Hoy se ha perdido esa sabiduría que en un tiempo pasado tuvieron los constructores. La masonería perdió hace siglos el conocimiento de la práctica de la arquitectura sagrada y, en cuanto al simbolismo, actualmente se repiten una serie de ideas de tipo intelectual apelando siempre a un manual. La masonería de hoy es como el desván de la abuela: hay cosas interesantes pero viejas e inconexas y que se ignoran para qué sirven. En la masonería hubo conocimiento y fue una buena escuela de filosofía clásica, pero penetraron en las logias las ideas *político-sociales* y eso procuró que la masonería bajase varios niveles en la escala de sabiduría, lo normal que sucede cuando se pierde el vínculo con lo sacro.

Lo más importante en un templo es el vacío. En realidad, un templo es un contenedor que posee cierta geometría. El vacío del contenedor determina la forma del contenido. Si pongo arena en un cubo cuadrado, la arena se volverá cuadrada. En las catedrales el vacío tiene forma de cruz, como sabemos. Los antiguos constructores conocían la llamada geometría sagrada, aquella capaz de pasar del diseño armónico en un plano, basados en principios como la proporción áurea o la serie de Fibonacci, a llevarlo a la forma y los volúmenes. Esa geometría que produce el vacío por resonancia provoca un sutil efecto en el ser humano. Es en ese vacío, pensemos en una catedral, en el que se manifiestan luz y sonido, las dos emanaciones básicas en las que se sustenta la vida. Luego viene la orientación, las vidrieras, la proporción, la resonancia... Respecto a la palabra vitalizadora, esta estaba en manos de los sacerdotes, los que sabían de su poder y, cómo no, el uso paralelo de la música. Originalmente a una catedral se la consagraba y se la *despertaba* a través de un ritual muy preciso, con la unción de las paredes y el altar, y por último, con la celebración de la eucaristía. Aparecía también la música. Un ejemplo es el canto gregoriano, que era, y es, capaz de *sostener* la sacralidad de un lugar en términos de *limpieza y elevación energética*. La piedra era la que constituía el tejido de la construcción. El verdadero maestro cantero tallaba la piedra y la convertía en *viva,* pues transfería su energía viviente a la piedra, a la que previamente se la sometía a un triple proceso: agua, sol y unción. Luego se la *nombraba* y se le ponía el signo. El edificio completo terminado también recibía la purificación con el agua, el incienso y la unción de las paredes por medio de las doce cruces, que indicaban que el templo estaba listo para la celebración de la eucaristía. El tallaje de la piedra por el cantero permitía que esta, antes informe e inútil para la construcción, adquiriera una forma útil: escuadra y compás, esferas para lo móvil, volúmenes con ángulos rectos para lo fijo. Las marcas de cantero son signos de que esa piedra está viva, que la hizo suya el cantero, que son sus hijas. La suma de todo ello nos da como resultado esas verdaderas maravillas que son las catedrales góticas, aunque vale decir lo mismo para sencillas iglesias románicas o para una mezquita; se trata de que sean lugares donde pueda habitar lo sagrado. De este modo, lo más importante es comprender que ciertos templos son *seres vivos* y que respiran, laten y que son operativos. Estos edificios actúan en el ser humano si están activos, pues no todos lo están: algunos, muchos, hay que activarlos; otros están *muertos*. Un hombre o una mujer de Dios los puede activar casi con su sola presencia en inocencia, únicamente con su latido y su aliento. Pero cualquier persona puede beneficiarse estando allí sencillamente con tranquilidad, en paz, sin que haya necesidad de hacer nada salvo orar. Hay que dejar que el templo opere, basta con estar presente con la mente calmada. La geometría armónica, la luz que llega de las vidrieras, la propia sacralidad del lugar..., todo propone una posibilidad de elevación, una posibilidad de oración.

## Las casas de Dios

En el Antiguo Egipto se levantaron diferentes templos para albergar la presencia y función de los distintos *neteru*. De este modo, Hathor, Ptah, Horus, Isis, Osiris, Thot, etc. tuvieron sus casas; sin embargo, también construyeron un templo, que estuvo dedicado al *misterio del ser humano*. Y muy importante, significaba que ese misterio incluía de modo esencial la fisiología humana, entendida esta como la verdadera puerta de acceso al conocimiento de una realidad de índole superior. Este fue el templo de Luxor, al lugar en el que se acudía en procesión en la más importante festividad sacra egipcia, la fiesta de Opet, en la que de modo mistérico se celebraba lo que el cristianismo llamó «el misterio de la encarnación».

Y si es el cuerpo el que sirve y alberga el espíritu al cual le ha dado la carne y la sangre como vehículo, se deduce que el cuerpo es templo. Y ahí comienza la idea de que, detrás y a través de un sutil vínculo, la constitución humana, con sus órganos y funciones, muestra las leyes constitutivas de la creación y las funciones cósmicas.

Para ello basta entender el concepto de *ib*, el corazón espiritual del que *haty* es una copia orgánica, a través de la cual se pueden entender las funciones espirituales del *Ib*. En tanto el corazón físico tiene unas características, es evidente que el conocimiento anatómico es la mayor ayuda para la comprensión de esa *otra anatomía* que en el pasado se llamó *anatomía oculta,* en el sentido de que ni es accesible a la sensorialidad ordinaria ni en la actualidad con los conocimientos que se poseen resulta detectable ni mesurable.

## Energías vivientes

En una mirada básica a los principios que sustentan la vida, vemos dos de ellos presentes de modo profundo en la constitución humana. El primero es el principio de nutrición, pues todo lo que está vivo necesita de aportes externos que ha de incorporar para subsistir. El otro principio es aquel que impulsa al ser humano a garantizar la siguiente generación, para lo cual la vida y su inteligencia utiliza el potente mecanismo del sexo para garantizar la continuidad de la humanidad.

El ser humano se nutre de la naturaleza gaseosa por medio del oxígeno, de la naturaleza líquida por medio del agua y de la naturaleza sólida por medio de los alimentos. Estas formas de nutrición generan un residuo eliminable que se desecha en una purificación continua, bien sea por la expulsión del dióxido de carbono, la orina o las heces. Todo ello en un ciclo de ingesta, absorción de lo que se necesita y eliminación de lo que no se precisa. Sin embargo, en la economía de la Vida, aquello que el ser humano elimina es necesario y utilizado para otras formas de vida, valga el ejemplo del dióxido de carbono. Todo lo que vive necesita abastecerse de una nutrición externa a él. Recordando a los antiguos alquimistas, lo sólido, lo líquido y lo gaseoso mostraban las tres formas de energías básicas, con estados intermedios entre ellos.

Hoy se define como materia aquello que tiene una gran fuerza de unión en sus partículas (átomos, iones, moléculas). Así, los líquidos tienen una menor fuerza de unión en sus partículas que los sólidos y los gases aún menos. Además, puede haber cambios de fase de un estado a otro a partir de factores como, por ejemplo, los cambios de temperatura.

Sin embargo, desde hace poco se habla del descubrimiento de un nuevo estado de la materia que se ha llamado plasma, que se situaría entre lo gaseoso y lo líquido. Es definido como «un sutil fluido». La diferencia con la naturaleza de un gas es que el plasma está ionizado, es decir, que sus partículas están eléctricamente cargadas y responde a interacciones electromagnéticas. Como cualquier gas, no tiene ni forma ni volumen, salvo que se le meta en un contenedor. La física llama a estos estados de la materia como «estados de agregación de la materia», definiendo así que a un estado se le agrega una mayor fuerza de unión de las partículas que lo forman.

En la actualidad se considera que el plasma es el estado más abundante del universo y que la mayor parte de la materia del cosmos es plasmática. No parece pues arriesgado suponer que, en el ser humano también, además de gases, líquidos y órganos sólidos, esté presente ese plasma, que responde a las interacciones electromagnéticas. Para intentar entender mejor estas posibles interacciones baste recordar que la luz es un campo electromagnético. Recordemos también esos principios básicos de que cualquier materia cargada eléctricamente se ve influida por campos electromagnéticos y, a su vez, los genera. Una carga eléctrica es la capacidad de una partícula de intercambiar fotones. Un fotón es la partícula presente en todas las acciones electromagnéticas y forma parte de la luz visible.

Y si ahora nos vamos al corazón humano, resulta que en él hay un impulso eléctrico que genera él mismo a través de células especializadas que, lógicamente, intercambian fotones. Da la impresión de que en el ser humano habitan y actúan fuerzas y energías que desconocemos, y que posiblemente pertenezcan al ámbito de la luz, entendida esta también como vehículo de contacto y campo de información. El ser humano sería pues el *lugar* privilegiado en el que encontrar la multiplicidad de manifestaciones y funciones de la luz, algunas hoy conocidas y otras aún desconocidas. Desde la perspectiva de considerar al ser humano como el *verdadero misterio,* se entendería el clásico "conócete a ti mismo".

Posiblemente, respecto al conocimiento profundo de la anatomía humana, queden algunas últimas fronteras que cruzar. Tal vez un paso gigantesco lo dé quien o quienes descubran esa parte lumínica del ser humano presente en la totalidad de su constitución, y operativa en el ejercicio de nuestra actividad cotidiana, por ejemplo, en forma de consciencia, como a su potencialidad de crecimiento y expansión, que provocaría la iluminación. No obstante, antes se debería entender y prestar atención a la naturaleza espiritual del ser humano, algo que hoy para el llamado pensamiento científico es imposible, en tanto concibe la creación en su conjunto como exclusiva materia surgida fruto de un azar. Si esta concepción del mundo y del ser humano no fuera lo suficientemente demoledora para alguien mínimamente inteligente y sensible, hemos asistido en Occidente en los últimos años a la difusión de esa neorreligión de la *new age,* con postulados y creencias tan absurdas y fantasiosas como carentes de un mínimo valor tanto filosófico y espiritual, que, sin embargo, se postuló como alternativa a las religiones tradicionales.

## El Verde y Anahita

El zoroastrismo, la religión del fuego, propia de Irán y presente desde su fundación por el profeta Zoroastro, todavía es hoy una religión viva en algunos lugares de Irán e India. Esta religión influyó, y mucho, tanto en el judaísmo como en el cristianismo y el islam. Sobre su fundador no se sabe mucho. Se cree que nació en algún lugar del actual Irán sobre el siglo VII a. C., es decir, más o menos contemporáneo a los reinados de los famosos Ciro el Grande y Darío I. También se supone con relativa certeza que hablaba la lengua llamada avéstico antiguo, una de las más primitivas del indoeuropeo, pues en este idioma escribió el *Avesta.* Zaratustra era su nombre avéstico y Zoroastro el nombre griego. Fue el renovador y reformador de la muy antigua y desconocida religión indoirania, que compartía creencias y filosofía con el hinduismo, por lo que se considera que ambas pudieran tener una fuente común en alguna antiquísima religión, hoy perdida. Lo que sí sabemos es que implantó un credo monoteísta que terminó con los ritos sangrientos y que estableció el culto al fuego, en el entendimiento de que este era la primera manifestación visible del poder divino. Sobre él se sabe que se retiró al desierto y que, después de alcanzar un éxtasis, manifestó haber sido investido por Aura Mazda, el creador, para su misión de renovar tanto las creencias como los cultos y ritos del pasado.

Todavía hoy, vinculada con la potencia de la primavera, sobre mediados de junio, los fieles zoroastrianos hacen una peregrinación a una gruta cerca de Yazd, Irán, de la que brota una fuente sagrada. Al lugar se le llama «el Santuario Verde», pues allí se cree que nace «el verdor que da la vida» y «se regenera la vida». A sus aguas se las llama «el agua de la vida». Es el origen del mito del agua de la inmortalidad, mito vinculado con Al Kidhr. Se cree que existen seis grutas sagradas similares, pero esta era y es la más importante. Su nombre es *Pir e Sabz* —curiosamente *pir*, en lengua persa, significa 'maestro'—. En el centro del santuario hay una estructura en forma de flor, donde se ponen ofrendas y un altar con tres fuegos. Antiguamente el lugar estaba dedicado a la divinidad Anahita, señora de la naturaleza, y estaba protegido por ella, pero especialmente lo era del agua dulce y la lluvia, sin las cuales no hay vida. Esta antiquísima divinidad femenina, joven, dulce, sencilla, sabia, sanadora, virgen y sin embargo asociada a la fertilidad de la vida, pero también fuerte cuando es necesario, y que reside en las estrellas, es la encargada de la velar por la vida y por todas sus criaturas. Zoroastro mantuvo su culto junto al del fuego, y no es extraño encontrar en Anahita similitudes con la Hathor egipcia, la Artemisa griega o la Virgen María cristiana.

Posteriormente, esta divinidad femenina se asoció, a partir de la llegada del islam, con la figura de Al Kidhr, 'el Verde' o 'el que verdea', es decir, 'el que produce el verdor'. De este modo, nos encontramos hoy un sincretismo entre esta figura sagrada dentro del islam chií iranio y una antigua diosa, posiblemente previa incluso a la aparición del zoroastrismo y originaria de las primitivas religiones dravídicas. Ya en los misterios de Osiris, este resucitaba mostrando que *reverdecía;* además, tal como nos dice la biología, la clorofila, el *verde,* cumple la función de convertir la luz en algo orgánico y asimilable.

Maestros sufíes cuentan que el Profeta declaró que Elías y Al Kidhr se reúnen todos los años en secreto durante el Ramadán en Jerusalén. Es al final de Ramadán cuando la vida se renueva y reverdece allí donde el verde llega. El verde es la *prueba* de la resurrección.

Con el tiempo se asociaron en la misma figura Elías, Al Kidhr y san Jorge. La festividad de este último se celebra el 23 de abril en las iglesias de Occidente y el 6 de mayo en las de Oriente. Su imagen característica es aquella en la que montado a caballo lancea a un dragón con el fin de liberar a una doncella, la inocencia, de ahí su vínculo con la caballería espiritual y su función de protección de lo sagrado. Ya dijo el Maestro Doménico: «La Vida es el vestido de la Verdad», y es en la propia Vida donde se encuentra la belleza, como una forma privilegiada de acceso a su misterio. Y esa percepción está muy vinculada a la presencia.

## Presencia, silencio y belleza



El término *presencia* está vinculado al de *presente* en lo referido al tiempo; se refiere por tanto al ahora, no al antes ni al después. Pero también se refiere al *estar* en un lugar —estar presente— por lo que se refiere igualmente a un espacio. Hay un dicho muy antiguo que dice: «Solo puedes estar donde están tus pies». Podemos añadir, que solo los pies te pueden llevar de un lado a otro —es la conocida imagen del peregrino—. Cuando los pies nos han llevado a un lugar *sabemos* que estamos allí, sabemos que es real nuestra presencia en ese sitio. Pero si viajamos solo con la mente o de modo simbólico, prescindiendo de los pies, nuestra presencia no será real. Al igual que en el espacio, nos movemos en el tiempo: he viajado desde el día de ayer al día de hoy; en el día de hoy viajo en el tiempo desde el segundo anterior al segundo de *ahora:* un viaje que no se detiene.

Pero, como bien sabemos, los pies forman parte del templo que somos. Ir de la cocina de nuestra casa al salón es un viaje, corto, pero un viaje. Nos movemos en tiempo y lugar, y nuestra presencia debería ir acompasada. Si me he movido de la cocina, la presencia no puede quedarse en la cocina, debe desplazarse conmigo. El templo–cuerpo lo hace, pero la mente-consciencia a veces va por delante y otras por detrás, *se sale* del templo; a veces el cuerpo–templo está en la cocina, pero la mente–conciencia va de vagabundeo por ahí.

Cuando entramos en un templo, por ejemplo, una catedral, pareciera que su atmósfera pide silencio. El silencio es una condición asociada a un estado de consciencia que ayuda a que se afiance la presencia, también el silencio se encuentra en el no-movimiento: todo esto abre una puerta a un estado interior.

Si algo caracteriza a nuestro universo sensible es el movimiento: respiración, latido, digestión, neuronas, todo es movimiento —hasta en un muerto hay movimiento en su descomposición orgánica—. La naturaleza se mueve, los planetas y galaxias se mueven, los átomos se mueven, la creación se mueve…, y si algo caracteriza lo creado es la belleza.

Ver la belleza significa alcanzar a contemplar lo sagrado. También dijo Platón que solo el amor y la belleza llevan al conocimiento. A partir precisamente de su discípulo Aristóteles, la filosofía se vinculó a la especulación intelectual por un lado y, por otro, a elaborar y definir modelos de vida que facilitasen el logro de la felicidad, algo que propició el nacimiento de la *ética* en la Grecia antigua. Para Aristóteles la felicidad consistía en alcanzar las metas que cada ser humano se proponía en el necesario e imprescindible entorno de la virtud, pues, sin virtud, la areté, tal como enseñó Sócrates, la felicidad no era posible. En lo colectivo, la virtud se alcanzaba con la implementación en la sociedad de lo bueno, lo bello y lo justo; respecto a la individualidad, con la práctica de la fortaleza, la templanza y la prudencia.

Sin embargo, para Platón la felicidad como tal solo se consigue después de la muerte. Mientras, únicamente existe la satisfacción de los deseos más o menos placentera y la posibilidad de alcanzar cierto estado de bienestar, con la buena salud como elemento de referencia básico. Luego fueron el hedonismo propuesto por Epicuro, el cinismo de Diógenes o el estoicismo de Zenón, otras corrientes de conducta vitales que fueron avaladas como útiles a lo largo del tiempo en la consecución del objetivo de alcanzar, dentro de lo posible, algo parecido al estado de felicidad.

Pero, volviendo al conocimiento, hay que recordar de nuevo a Sócrates, maestro de Platón, que dijo: «Solo hay un bien: el conocimiento; solo hay un mal: la ignorancia». Si hubiese alguna duda sobre a qué se refería con «conocimiento», es la frase de Platón del inicio la que la despeja. Y aclara el camino de acceso: al conocimiento no se llega por la senda de la erudición o de la acumulación de información y de saberes prestados, sino a través del camino del amor y la belleza; es decir, es un camino experimental, el amor es experiencia, la belleza es experiencia. Se debe a que el amor y la belleza son capaces de atravesar las barreras de la mente y de eludir los filtros de la subjetividad condicionante, aquella definida en la famosa frase del *Talmud* que dice: «No vemos el mundo tal como es, sino tal como somos". Ese «somos» forma las capas del yo que envuelven al Ser. Y esas capas ocultan la realidad y distorsionan la percepción.

Estos caminos de amor y belleza procuran, por un lado, por medio del amor, la posibilidad de ser uno con el objeto de conocimiento; es decir, no hay separación entre conocedor y objeto de conocimiento, y por tanto desaparece el conocer entendido como un proceso consecutivo que necesita de premisas y contextos mentales previos. A su vez, todo objeto de conocimiento pierde su condición de cosa o de abstracción y se convierte en sujeto, es decir, en algo vivo: amor y belleza solo están presentes en lo viviente. Lo mismo ocurre con la belleza en tanto también en ella está presente la unidad, la identificación con la fuente de la belleza, que además provoca una elevación hacia niveles espirituales más altos a quien la contempla y participa de ella.

Desde la erudición, eso, el objeto de conocimiento, está allí, alejado; *yo,* conocedor, estoy aquí, ambos separados por el muro de la percepción deficiente, pues no percibimos cómo *es,* sino cómo *somos.* Y es el objeto de conocimiento el que pone las condiciones respecto a la percepción, no el perceptor: la música pone la condición de ser percibida por el oído, el perfume de ser percibido por el olfato. Además, el intelecto, para percibir, para intentar entender, necesita la distancia entre conocedor y objeto de conocimiento, y esa distancia es en sí misma una distorsión.

Amor y belleza, en cambio, actúan a través de la *penetración,* de la *inmersión:* el amor te penetra y te permite penetrar, la belleza te penetra y te permite penetrar. Ambos buscan cruzar las barreras del yo y reducir las distancias. A su vez, y solo así, puede una persona verdaderamente amarse y contemplar su propia belleza, únicamente desde la penetración que atraviesa las capas del yo y que es capaz de alcanzar el centro donde está la morada del Ser que es, por su propia naturaleza, primordial, bello y amable —es decir, inocente—, y eso solo es posible a través del amor y la belleza.

Alguien dijo que contemplando la belleza nos convertimos en belleza. Si hay algo que caracteriza a nuestra sociedad actual es la dificultad que tiene lo bello de pervivir frente al empuje de lo feo, una fealdad que se ha extendido de modo aplastante utilizando la mediocridad como elemento difusor. De este modo ha llegado y se ha instalado en las artes plásticas, la música, la arquitectura, etc. Este feísmo ha llegado a ser aceptado socialmente al amparo de la mediocridad, lo que provoca que se haya extendido el *síndrome del rey desnudo,* es decir, una buena parte de la sociedad sabe distinguir bien lo que es feo, pero se acepta este feísmo debido a la enorme fuerza de la opinión generalizada, e impuesta socialmente, de que es «moderno», «diferente», «popular», «que tiene mensaje» o cualquier otra excusa que procura justificar, sobre todo, la falta del talento necesario para crear y transmitir belleza. Se coloca en mínimos el nivel artístico requerido y así quedan declarados como artistas gente sin talento pero que son valorados como tales, para mayor satisfacción de esa mediocridad que lo patrocina. Lo peor es que esta misma mediocridad está instalada en el mundo del pensamiento y se ha *popularizado* junto al feísmo como acompañante: hoy asistimos al triunfo de la mediocridad en todos los ámbitos. Así, la opinión sobre cualquier cosa *se ha democratizado.* Todos tenemos una opinión y es cierto, pero es muy posible que, si yo me lanzara a opinar sobre la mecánica del automóvil o sobre otras tantísimas cosas que ignoro, es probable que mi opinión no le interesase a nadie; es más, no *debería* interesarle a nadie, sencillamente porque carece de valor y por tanto es irrelevante. La mediocridad ha puesto a la baja también el nivel de conocimiento sobre cualquier materia: mientras unos saben otros opinan sobre lo que no saben, pero se sitúan frente a ellos en un mismo nivel de igualdad. Además, cada vez es más difícil distinguir qué es conocimiento o cuáles son unos hechos objetivos frente a lo que solo son opiniones. Se ha afirmado que, en nuestra cultura actual en declive, los medios de comunicación son el verdadero escaparate de la realidad social. Además, estos mismos medios participan activamente en la creación de la cultura imperante y de su discurso. En ese escaparate encontramos más feísmo que belleza, más opinión irrelevante y desinformada que conocimiento. En los últimos tiempos parece que además hay un intento de hacer de todo un espectáculo cruel, mostrando lo peor que se le pueda sacar a una persona en cualquier ámbito cotidiano en el que un espectador se pueda reconocer.

En cambio, el encuentro del ser humano con lo bello le resulta como una suerte de higiene energética, sensorial y anímica que procura beneficios inmediatos. Es por esto por lo que sea hoy una bendición que todavía existen muchas personas, gracias a Dios, que conserven la belleza heredada del pasado y que la creen. Ni son valorados ni son conocidos en su mayoría, pero su labor hoy más que nunca es necesaria, sobre todo si entendemos la belleza como una emanación de la divinidad que nos nutre y sana al ponernos en contacto con la expresión más elevada del arte, entendido este como el encuentro entre ética y estética. Además, el bien, lo bueno y lo justo, además de lo bello, son tanto las puertas que conducen a un trabajo espiritual como al fruto obtenido del mismo.

## Trabajo espiritual

Solo en la Luz, que participa de lo Real, es posible el crecimiento.
Solo es posible el crecimiento espiritual dentro de una vía espiritual. Esto que parece tan obvio a veces no es entendido por muchos, que se definen como buscadores.
Hay gran cantidad de prácticas que llevan al ser humano a una mejor calidad de vida, a un bienestar físico, emocional o mental, bienestar que lógicamente es anhelado y es susceptible de configurar un marco propicio para que aparezca la posibilidad de acceder a una vía espiritual. Sin embargo, no pueden ser vías espirituales, ya que actúan desde, por y para el binomio

mente-emociones, e incluso a veces, con y para el psiquismo. Dado que la mente y las emociones pertenecen al mundo y no trascienden, es evidente que solo con estas prácticas no se pueda acceder al Ser. En cuanto al psiquismo, es bien sabido que, como vimos, en sí mismo significa una barrera que impide el paso hacia planos superiores, pues, si algo define la naturaleza del espíritu, es la luz y el psiquismo no participa de ella. Porque iniciarse en la Vía —llamémosle así a la convergencia y origen de todas las que han aparecido en el marco de la historia— no tiene solo que ver con el natural deseo de bienestar ni con el mero conocimiento intelectual.

Si algo nos duele, tomamos una medicina y nos mejora; si tenemos problemas de relación u otros de ámbito emocional, vamos al psicólogo y también mejoramos, así sucesivamente. Pero no se puede confundir esto o a la voluntarista fusión de prácticas tomadas de aquí y allá con una vía espiritual ni pretender por tanto un verdadero crecimiento espiritual. Así se crecerá como persona y se mejorará en los ámbitos trabajados, lo cual ya es mucho, pero no permitirá un crecimiento espiritual, entendido este desde la perspectiva del Ser y el nacimiento a lo Real, es decir, lo que se ha conocido desde tiempos remotos como Vía iniciática. Esta vía iniciática ha de entenderse como un reactivo, como un acelerador. La vida ofrece siempre la posibilidad de evolución y mejora, pero esta, de modo natural es lenta en su acción. Es la necesidad y el propósito en libertad de un individuo el que, en relación directa a su sinceridad, provocará que de un modo u otro la vía aparezca ante él.

Una vía espiritual es aquella que en el tiempo estuvo presente en las sucesivas religiones y que ofrecieron la llave del verdadero crecimiento adaptado a las necesidades del momento en que debían cumplir su función: religión egipcia, hinduismo, budismo, cristianismo, islam, etc. y siempre, dentro de lo que se ha llamado a lo largo de la historia «la tradición original[17]», ya que es esta la que ha estado presente en todas las religiones que funcionaron como vía real y operativa.

El verdadero motor del inicio de una vía espiritual es la necesidad de Dios. Por este motivo muchas personas en condiciones socio–mentales–emocionales–físicas de bienestar sin embargo aspiran a algo más que son incapaces de definir. Esta dificultad de definición se debe a que no es un apetito del deseo o de la mente, sino una necesidad del corazón, entendido este tanto como la sede, como el protagonista del trabajo espiritual. Cuando el deseo es tan fuerte y sincero que es capaz de vencer todos los prejuicios previos, aparece por primera vez la capacidad de percibir el lenguaje del corazón. La iniciación, es decir, iniciar el recorrido de la Vía, es algo que no compete a una decisión de la mente, pues no está involucrada ni por medio de la razón ni del intelecto, pero sí de la inteligencia, entendida esta como la expresión en lo humano de la Inteligencia Pura, también presente en todo lo Viviente. Es una decisión que tomará el corazón.

A partir de este momento —dependiendo de un misterio que compete a Dios y sus designios—, se produce la llamada, que ahora sí se escucha. Así, la persona entra en contacto por primera vez con la Vía. Según su capacidad de escuchar el lenguaje del corazón, responderá o no a esta llamada. Entran en juego entonces sobre todo tres factores: el miedo, la autocomplacencia y la importancia personal. En resumen, ese miedo, tan natural, se debe a que se intuye la entrada a territorios desconocidos en los que no valen los mapas utilizados hasta entonces. La autocomplacencia se dispara ante la también intuitiva certeza de que no será fácil y que habrá que *trabajar* en condiciones de

---

17. Al respecto, ver mi obra *Enseñanzas de la tradición original,* un resumen de las enseñanzas del maestro Doménico.

autodisciplina y paciencia. La importancia personal se agiganta, pues entrar en la Vía presupone que el individuo ni sabe nada ni ha llegado todavía a ninguna parte, lo cual suele resultar especialmente duro, precisamente para los que pueden presentar un historial voluminoso como buscadores, eruditos o expertos en distintas prácticas.

Una Vía auténtica tiene sus raíces y presencia en lo Real y luego se expresa en el mundo habitualmente con ropajes discretos carentes de ostentación.

Por tanto, su naturaleza, leyes, funcionamiento, estructura, etc, perteneciendo a lo Real, no son susceptibles de ser percibidas, salvo atisbos, por el individuo que todavía se encuentra *dormido* y acaba de comenzar a aprender a aprender.

Efectivamente, todo ha de comenzar por la capacidad de aprender y, nuevamente, se debe volver al lenguaje del corazón. Se da por hecho que tenemos la capacidad de aprender y es cierto en lo que se refiere a nuestra estructura mental–emotiva–orgánica, pero el corazón solo es capaz de escuchar el lenguaje que comprende. Es como un niño pequeño. Empieza a hablar poco a poco, escuchando a los que le rodean y, habitualmente, ama. Esta es una particularidad especialmente difícil para los que se inician en la Vía: ponerse en esa posición de *infantilidad,* el famoso estado de «no sé», que ya es en sí mismo una conquista. Recordemos aquello de «Dejad que los niños se acerquen a mí». Para facilitar esa posición de aprendizaje, es aconsejable apelar a la inocencia, indispensable en toda la Vía, y a sus aliados, especialmente la ternura hacia uno mismo y los demás, y aunque parezca paradójico, apelar también a la condición del *guerrero,* entendida esta como aquella que ayuda a *no mirar a los lados;* a no quejarse, a continuar adelante, haya calma o tormenta; a ser sobrio; a entender que la soledad será su compañera muchas veces, a vivir en virtud y servicio; a practicar la impecabilidad y la dignidad con uno mismo; a entender el respeto y el no juicio al prójimo, etc. En definitiva, la condición del guerrero que cabalga el caballo blanco de la inocencia, sea Santiago, sea san Jorge, sea el Kalkiavatara, el avatar que en su caballo blanco aún ha de venir según los Vedas, sea el Mahdi...

Las religiones están muriendo en lo referido a sus estructuras externas. Solo así es posible que crezca la religiosidad inherente al ser humano hasta ahora atrapada tras los muros de los interminables dogmas que cada religión ha desarrollado a lo largo del tiempo. Al ir perdiendo una religión su función operativa, sus custodios optaron por la herencia de quedarse solo con los *ropajes del muerto,* con lo externo y periférico, pero no con la sabiduría sin forma que, como un perfume, incluso hoy se percibe en ellas. Pero hubo un momento en el que las religiones prefirieron las creencias y los dogmas frente al amor, frente a Dios. Dijo san Agustín: "ama y haz lo que quieras: si callas, calla por amor; si gritas, grita por amor; si perdonas, perdona por amor".

Otros, huérfanos de esta herencia y con la legítima rebeldía por bandera, aspiraron a recrear otra religión con los retales de aquellas vestiduras remendadas con todas las aportaciones que encontraron dignas de integrar. Pero solo las buenas intenciones no son suficientes, y si además los retales se ensucian de psiquismo, superstición e ignorancia, el resultado de esa nueva religión sincrética conocida como «nueva era» se mostró como otro cadáver, pero esta vez carente del perfume de ninguna sabiduría. Valga igualmente para el resto de pseudo religiones especialmente las nacidas del protestantismo más confuso o para los integrismos nacidos de las religiones clásicas.

Pero todo esto, lejos de ser doloroso, salvo para los muy apegados a los dogmas, representa una gigantesca oportunidad para cualquier individuo sincero y coherente con su verdadera necesidad espiritual. Hoy, más que nunca, las puertas están abiertas:

un corazón limpio y una mente sana son suficientes para iniciar el recorrido. A todos nos pertenece la inocencia, todos podemos amar y ser amados, todos tenemos oportunidad cada día de practicar el bien, de sembrar lo bueno, de ejercer la virtud frente a uno mismo y frente a los demás. De acercarnos cada vez más a Dios.

# Epílogo

Una entrañable amiga me envía un vídeo con su nieto, un bebe nacido hace poco. Es hermoso ver en él —en cualquier bebé— la encarnación de la verdad viviente en forma de inocencia, esa inocencia en una presencia que carece de pasado. En un bebé es posible contemplar todo lo mejor del ser humano, es el espejo de lo divino encarnado: inocencia, amor y belleza. Nuevamente viene al recuerdo la frase de Jesús: «Dejad que los niños se acerquen a mí, no se lo impidan, porque el reino de los cielos es de los que son como ellos» (Mateo, 19-14); o: «De cierto os digo que, si no os volvéis y os hacéis como niños, no entraréis en el reino de los cielos» (Mateo, 18-3).

No entraré aquí de nuevo en el tema de vidas pasadas, tan querido por ciertos sectores, pero me parece una bendición y un privilegio que nazcamos sin el peso de un pasado que sería un impedimento para que la inocencia estuviera presente. Quienes hayan leído mi libro de *La impostura de la nueva era* ya estarán informados del origen espurio de la idea de que las *vidas pasadas* tienen algún valor; al contrario, cualquier tradición esotérica y espiritual no contaminada por la *new age* sabe que es una pérdida de tiempo cuando no una actividad que puede llevar a la confusión y ser perjudicial para el desarrollo espiritual de una persona. El bautismo cristiano de un recién nacido justo muestra el corte de una posible atadura con el pasado definido por el credo cristiano como «pecado original». Solamente mirando a los hijos de un bebé se puede contemplar esa limpieza original que porta en términos de luz y de presencia de lo divino.

De cara a la vida, significa el don de afrontarla a partir de esa inocencia primordial, pues solo desde ese punto cero es posible un verdadero aprendizaje. Y si hay pesos del pasado se deben a la propia naturaleza humana, que, no lo olvidemos, se ancla en el reino animal. Y ese sí es un peso que hay que conocer.

A la vez que se vive el presente se acumula un pasado, un pasado que, salvo que se le conceda la posibilidad de solidificarse con los materiales densificados de las emociones, ideaciones, fantasías e ideologías, está destinado a su disolución una vez que ha perdido su utilidad. Es cierto que, durante la vida humana, esa estructura llamada memoria se encarga de que ese pasado quede archivado por cuestiones que lo hacen valioso, como cuando no se olvida montar en bicicleta, haber aprendido a leer o sumar, o recordar que es peligroso acercarse al fuego o a animales salvajes; es decir, la memoria que es útil.

Por otro lado, es el pasado el que forma parte del límite de la mente secuencial, o sea, la que funciona de modo lineal en términos de ayer-hoy-mañana, cuando en realidad una mente más operativa funciona de modo *integrativo*. De este modo se entiende y se valora lo que el pasado dejó como fruto, y no cómo se alcanzó ese fruto, que, si se integra como experiencia, puede convertirse en aprendizaje. Con el fruto obtenido se puede en el presente hacer algo. También en el hoy es cuando tenemos la oportunidad de corregir, pero no se puede volver atrás en el reloj de la vida.

Es cierto que nuestra carne está hecha de millones de otras carnes que existieron y que nuestra psique está formada a partir de millones de psiques que existieron, pero no es menos cierto que el ser humano tiene herramientas y modos de librarse de ese peso. Primero construyendo su individualidad como se construye una obra de arte; después, sumergiéndose poco a poco en el océano de la Presencia divina. Y para ello siempre podemos ver la Vida en su integridad, en su verdad y en su hermosura, en la inocencia y presencia de un bebé en toda su sacralidad encarnada: el Libro de la Vida y su misterio.